KB158209

신념의 마력

C. M. 브리스톨 지음/ 오태환 옮김

도서출판 선영사

신념의 마력

1판 1쇄 인쇄 / 1987년 02월 10일
1판 1쇄 발행 / 1987년 02월 28일
2판 1쇄 발행 / 1999년 2월 10일
3판 1쇄 발행 / 2002년 6월 20일
4판 1쇄 발행 / 2013년 4월 20일
5판 1쇄 발행 / 2022년 9월 10일

지은이 / C. M. 브리스톨
옮긴이 / 미래경제 연구회 오태환
편집 주간 / 장상태
편집 기획 / 김범석
편집 디자인 / 김원석

펴낸이 / 김영길
펴낸곳 / 도서출판 선영사
주 소 / 서울시 마포구 서교동 485-14 선영사
TEL / (02)338—8231~2 FAX / (02)338—8233
E—mail / sunyoungsa@hanmail.net

등 록 / 1983년 6월 29일 (제02—01—51호)

ISBN 978—89—7558—387—2 03180

·잘못된 책은 바꾸어 드립니다.

신념의 마력

C. M. 브리스톨 지음/ 오태환 옮김

머리말

　인간은 누구나 두 가지 커다란 욕구를 갖고 살아간다. 고통에서 벗어나기 위한 욕구와 성취에 대한 욕구가 바로 그것이다. 이 두 가지의 욕구가 순조롭게 채워지고 있는 동안은 누구나 다른 사람과 잘 어울릴 수 있고, 환경에도 잘 적응한다. 특히 자기 자신에 대해 만족하여 살아갈 수 있다.

　그러나 만일 그것이 자기 안에서이든 자기 밖에서이든, 어딘가에서 이 두 가지의 욕구가 제대로 충족되지 않으면, 그 충족되지 않는 욕구 이외의 곳에서는 고통을 받게 된다. 즉, 양심이나 육체나 대인 관계에서, 아니면 생활에 있어서 괴로움을 겪게 된다. 오늘날 이 세상에는 행복하게만 사는 사람이 매우 드문 것을 볼 때, 평생 동안 진정으로 행복하게 사는 사람이 그리 많지 않은 것 같다.

　만일 당신이 지금 당신 앞에 놓여진 현실은 행복하지도 건강하지도 부유하지도 못하기 때문에, 자기 자신을 보잘것없는 존재라고 생각해서 무엇을 성공시킬 수 있는 자신감이 없다고 한다면, 이 책은 바로 당신을 위해서 씌어진 것이다.

미국의 사상가 H. D. 솔로는 이렇게 말했다.

"실패한 사람들은 침묵 속에서 절망의 인생을 보낸다."

실패한 그들은 왜 그렇게 불행하고 불운한 사태가 계속해서 자기의 생애에 일어나는가를 알지 못하고 쩔쩔맨다.

왜냐 하면 이렇게 불행하거나 불운한 삶을 살고 있는 대부분의 사람들은 눈앞에 펼쳐진 암담한 현실과 맞부딪쳐 싸우기는커녕, 거기서 도피하거나 자포 자기함으로써 세상을 향해 자신의 목소리도 한번 질러보지도 못하고 절망과 한탄으로 세월을 보내고 있기 때문이다.

그런데 사람은 성공하든지 실패하든지 모두 정신을 쓰고 있다. 성공하는 사람은 성공할 수 있는 올바른 정신을 사용하고, 실패하는 사람은 실패할 수밖에 없는 그릇된 정신을 사용한다.

그 차이는 정해진 것이 아니라, 정신적인 마술의 힘의 사용 방법에 있다. 누구나 실패할 이유가 없다. 약자가 되고 의기가 꺾이고 불행을 감수할 필요가 없다. 누구든 가난하고 슬퍼하고, 고독을 안고 살아갈 이유는 없지 않은가. 우리의 정신에다 실패의 특효약인 신념의 힘을 걸어보자.

사람들이 어떤 일이든 그 일을 성취하기 위해서는 자기가 계획한 일이 이루어지리라는 확신을 가지고 있는가 하는 경중에 따라 성공의 여부가 달렸다고 본다. 다시 말하면 이것이 곧 신념의 경중의 차이이다. 신념이란 믿음이다. 믿음은 신도 움직일 수 있는 무한한 힘이다. 그렇다면 바로 이 믿음, 즉 신념의 힘을 가지고 사람을 대한다면 어떤 사람도 자기편으로 만들 수 있으며, 어떠한 일에나 적용한다면 쉽게 이루어질 것이다. 이 힘이 바로 '신념의 마력' 이다.

신념의 힘이란 어쩌면 그토록 신비로운 것일까? 신념의 힘이라는 것을 완전히 아는 사람은 아직까지 아무도 없다. 그러나 우리는 적어도 아는 대로는 그 신념의 힘을 사용하여 가능한 한 최선의 성과를 얻어야 하지 않겠는가?

신념의 힘이 무엇인지 완전히 모르기 때문에 그것을 사용하지 않겠다고 할 사람은 없다. 이를테면 우리는 항상 전기를 사용한다. 그러나 전기가 무엇인가 그 정체를 분명히 아는 사람은 흔하지 않지만, 사용 방법은 누구나 알고 있는 것처럼, 신념 또한 마찬가지이다.

아주 작은 씨앗을 땅에 심으면 그것이 자라나 나무가 된다. 그런데 어떻게 해서 그렇게 되는지는 별로 알려고 하지 않는다. 그저 씨를 뿌리면 바라는 결과를 얻는다는 것만 알 뿐이다.

따라서 씨앗이나 신념은 모두 우리가 사용할 수 있는 것들이며, 실제로 사용하고 있는 명명백백한 존재이다. 그러므로 이 책의 목적은 이 위대한 신념이라는 도구를 정확히 파악하고, 그것을 사용함으로써 건강과 행복과 성공을 얻을 수 있고, 또 우리의 마음 속에서 꿈틀대고 있는 절실한 욕구까지도 만족할 수 있게 이끌어주는 것이다.

　이 책을 독파한 독자는 스스로를 '자신의 신념을 사용하는 마술사'라고 자부해도 좋다. 우리는 신념과 그 힘에 대해서 깊이 알게 됨에 따라, 인간이 가진 신념은 누구나 놀라운 기적을 행할 수 있다는 사실을 깨닫게 된다.

　나는 이 책의 독자 제위께 행복과 평화와 성공이 가득 차 있는 신비로운 창고의 문을 여는 열쇠를 드릴 것을 믿어 의심치 않는다. 아무쪼록 이 책을 읽고 또 읽음으로써 그 창고문을 쉽게 열어 행복과 평화와 사랑을 차지하게 된다면 역자로서는 더 이상 기쁠 게 없다.

1897년 1월
역자드림

제 1 장
나는 어떻게 신념의 힘을 얻었나

신비의 힘, 미지의 힘, 과학을 초월한 형이상학,
마음의 물리, 마음의 과학인 심리학,
미개인과 문명인의 미술들,
이런 온갖 것은 확실히
초자연의 세계가
있음을 인정하게 한다.

신념의마력
C.M.브로스톨 / 미래경제연구원

제 1 장
나는 어떻게 신념의 힘을 얻었나

THE MAGICAL POWER OF BELIEF
성공의 피안彼岸에 이르는 길

어려운 고비를 쉽게 돌파하고 영광스러운 성공의 저편 언덕에 무난히 도달할 수 있는 좋은 방법은 없는 것일까? 만일 그런 방법이 있어서 그것을 손쉽게 터득하고 실지로 응용할 수 있다면 얼마나 좋을까?

그 방법이 동력의 일종이라도 좋고, 사람의 능력을 촉진하는 박력이라도 좋고, 혹은 과학의 어떤 힘이라도 무방하다. 어쨌든 그런 무슨 아주 좋은 방법이 없을까?

나는 있다고 확신한다. 그래서 나는 이 책에서 그 방법을 누구에게나 알기 쉽고 흥미 있게 설명해 주고, 또 그것을 자유롭게 활용할 수 있는 방법을 적어 보려고 한다.

언제인가 나는 로스앤젤레스에서 많은 실업가들을 모아 놓고 강연을 한 일이 있었다. 그런데 강연이 끝난 며칠 뒤에, 그들 중의 한 사람이 다음과 같은 내용의 편지를 보내 왔다.

　선생님께서는 우주에서 참으로 신비로운 어떤 것을 끌어내려다 주신 것 같았습니다. 그것은 우연의 일치 비슷한 이야기였지만, 그 오묘함과 신비로움은 모든 사람들을 일시에 매료시키고도 남음이 있었다고 생각합니다.

　이 편지를 읽은 나는 무엇인지 귀중한 광맥을 찾아낸 것 같은 느낌을 받았다. 그것은 내가 평소에 생각해 오던 것이 큰 효과를 나타낸 것이었기 때문이다.

　나 자신으로 볼 때는 이것이 극히 당연한 일이었지만, 일반 사람들은 이런 사실을 잘 모르고 있었으므로, 아주 신비롭게 여겨졌을 것이다. 뿐만 아니라, 이 사실은 예로부터 몇몇 행운아만 알고 있었을 뿐, 일반 사람들은 어쩌면 당연한 사실이었겠지만 이런 위대한 사실을 전혀 모르고 살아왔다.

　10여 년 전에 내가 그것에 대하여 강연도 하고 작은 책자를 내서 설명하기 시작했을 때는 과연 내가 하는 말을 일반 사람들이 이해해 줄지 사실 의심스러웠던 것이다. 내가 주지시킨 그 신비의 힘을 실생활에 응용한 사람들은 남보다 세 배 이상의 수입을 올리고 있었으며, 자기의 사업을 성공적으로 발전시켜 놓았는가 하면, 별장 지대에 훌륭한 집을 세울 만큼 상당한 재산도 모아 놓고 있었다. 그래서 나는 보통 수준의 머리를 갖고 자기 자신에게 성실한 사람으로서, 이 신비의 힘을 실천에 옮기기만 하면 누구나 소망대로 성공할 수 있다는 것을 다시 확신하게 되었다.

그러나 그 때까지만 해도 이러한 나의 신념을 책으로 출판할 생각은 없었다. 그런데 바로 그 몇 달 후 출판사업에 관계하는 어떤 부인이 내게 찾아와 다음과 같은 말을 하였다.

"제대하고 돌아온 군인이나 전후의 어려운 시대를 만나 미처 자리를 잡지 못하고 허덕이는 사람들을 위해, 당신이 지금까지 강연해 온 것을 모아 일반 사람들이 널리 읽을 수 있는 책을 한 권 출판해 주시면 어떻겠습니까? 선생님은 그런 사람들을 도울 수 있는 오묘한 힘을 마음 속에 간직하고 계시리라 믿습니다. 이제 그것을 세상에 널리 알려야 할 때가 왔습니다. 세상의 모든 사람들이 그것을 원하고 있습니다."

그래도 나는 그리 쉽게 결심이 서지 않았다. 하지만 나는 제1차 세계대전 때 유럽에 가 싸운 적이 있었고, 제대한 후에는 제대 군인들을 위하여 직업 같은 것을 알선해 주는 일을 해 본 경험이 있었으므로, 당시 제2차 세계대전 후 몇 년씩이나 고국을 떠나 있다 돌아온 군인이나 민간인들의 고충을 누구보다 잘 이해할 수 있었다.

또 큰 뜻을 품고 있는 사람들로 하여금 그 소망을 달성시켜 주고 싶다는 마음에서 우러나오는 연민의 정도 없지 않았다. 그래서 나는 결국 이 신념의 힘, 믿음으로 해서 생기는 기적의 능력에 대하여 자세히 기술하여 보기로 마음먹은 것이다.

믿기만 하면

이 책을 읽는 사람 중에는 나를 미치광이나 혹은 신들린 바보라고 할 사람도 있으리라고 생각한다. 그런 사람들에게는 내가 반세기 이상이나 이 세상에 살아오면서, 실업가로서의 경험과 신문 기자로서 오랫동안 지대한 공을 쌓은 사람임을 먼저 알려 주고 싶다.

나는 경찰 출입 기자로 인생의 첫걸음을 시작했다. 이름하여 사건 기자였던 나는 진실만을 찾는 훈련을 받았고, 그런 덕택에 무엇이든 남의 말을 그대로 믿는 어리석음을 범하지 않게 되었다.

그 뒤 나는 두어 해쯤 어떤 대신문사의 종교 기자 생활을 한 일이 있다. 거기서 나는 모든 종교의 지도자·목사·전도사·승려, 혹은 정신 요법사·종교 치료사·심령술사·크리스천 사이언스·신사조단, 유니티 교파의 두목, 태양과 우상을 숭배하는 종파 등, 쉽게 말하면 온갖 이단자와 엉터리 종교인들을 만날 기회가 많았다.

영국의 유명한 복음 전도사 G. 스미스는 그 무렵 미국을 방문, 각지를 순회 설교 중이었는데, 나는 저녁마다 그의 연단 가까이에 자리잡고 앉아, 청중들이 울거나 혹은 히스테릭한 목소리로 부르짖으며 자기 몸을 주체하지 못하고 교회의 통로를 왔다갔다 하는 걸 보고 이상한 느낌을 가진 일이 있었다.

그리고 기독교의 한 교파로서 격렬한 감정으로 몸부림을 치면서 몸을 떠는 진교파의 모임에 처음으로 참석했을 때에도 그 기이한 현상에 놀라지 않을 수 없었다. 그 뒤 여러 심령회에 참석했을 때마다 나의 호기심은 더욱 높아가기만 했다.

그 밖에도 한기가 들어서 온몸을 달달 떨면서도 환호성을 지르며 얼음 같이 찬 물에 멱을 감는 사람들이라든가, 인디언의 우무^{비를 내리게 해달라고 비는 춤}, 그 외의 온갖 유사한 것을 나는 놀라운 눈으로 바라보곤 했다.

유럽에서도 농촌의 순박한 신앙과 각지의 사원에서 일어나는 기적들을 흥미 있게 구경하기도 했다. 몰몬교와도 직무상 접촉을 해 보았는데, 그 교조인 스미스가 돌항아리 속에서 발견했다는 3장의 황금판에 쓴 성전에 관해서도 자세한 사연을 들었다. 캐나다에도 신비가 있었다.

또 하와이의 카프나들은 신에게 빌면 사람을 살리기도 하고 죽이기도 할 수 있다는 이야기도 들은 적이 있었다. 애송이 기자 시절엔 어떤 유명한 영매^{영혼과 말이 통할 수 있는 자}가 법정에서 심령 현상을 부정하는 여러 방청객들에게 영혼의 출현을 보여주지 못하고, 패소하고 물러가는 것도 목격하였다.

그 때 법관은 그 영매에게 만약 영혼이 여기서 말을 하도록 해 보인다면 무죄 석방하겠노라고 선언했다. 심령 현상을 지지하는 그 영매는 얼마 전에 심령회에서도 심령 현상을 훌륭히 보여주었다고 증언했음에도 불구하고 법정에서는 실패했다.

그 후 몇 해가 지난 뒤에 나는 일종의 사기단이라고 낙인 찍힌 점술인에 대한 기사를 쓴 일이 있었는데, 그 때 나는 집시 손금쟁이에서부터 수정 구슬로 된 요지경 따위를 이용하는 심령술의 영매에 이르기까지 모든 사람들을 직접 방문하였다.

인디언의 한 늙은이한테서는 나 자신의 수호신의 말이라고 하면서, 나의 과거·현재·미래에 대한 설명과 함께 내가 일찍이 들어 본 적이 없는 친척들에 대한 소식도 들었다.

황금선^{黃金線}의 기적

나는 내가 아는 사람들이 병원에서 죽어 나가는 것을 자주 보았다. 그런가 하면, 그보다도 훨씬 더 중한 병으로 신음하던 사람이 병실의 침대 위에 일어나 앉기도 하는가 하면, 얼마 안 있어 말끔히 완쾌되어 퇴원해 나가는 것도 보았다.

반신 불수의 중환자가 불과 수일 내에 완치되기도 했다. 또 팔에 구리 쇠고리를 끼어서 류머티즘과 관절염이 완전히 나았다고 주장하는 사람도 봤다. 물론 정신 요법으로 병을 고치는 사람들도 많이 보았다.

나의 가까운 친지들로부터 손에 난 사마귀를 몇 마디 주문으로 쉽사리 떼어 버렸다는 이야기도 들었다. 치명적인 독을 가진 독사한테 일부러 자기 몸을 물리고서도 끄덕없이 살아 있다는 사람의 이야기 등 많은 이야기를 들어왔다.

또 나는 역사상 위대한 인물의 전기류도 많이 읽었다. 인생의 위업을 이룩해 낸 사람들과 인터뷰도 많이 했다. 그럴 때마다 무엇이 그들을 항상 남보다 높은 자리에 앉게 했는가 하고 생각해 본 적이 많았다.

운동 경기의 코치가 보잘것없는 야구나 축구팀을 가지고 그들에게 무엇인가를 주입함으로써 당당히 우승의 영광을 얻게 하는 것도 보았다. 불경기로 말미암아 경영난에 빠진 회사의 사원들이 일자리를 옮겨 큰 성과를 거두는 예도 보았다.

　나는 천성적으로 호기심이 많은 사람이다. 그래서 무슨 일에나 그 원인을 캐묻고 해답을 구해야 직성이 풀리는 성품이었다. 그러한 과정은 나를 매우 기묘한 곳으로 가게 만들었고, 이상한 일을 목격하는 기회도 갖게 했다. 나는 종교라든가, 종교적 단체라든가, 또는 생리적 요법과 심리적 요법이라는 과학에 관한 책도 손에 닿는 대로 읽어 왔다.

　예를 들면, 근대의 심리학·형이상학을 비롯하여 오랜 옛날부터 전해 내려오는 미술, 아프리카의 부즈교, 인도의 요가 명상법瑜伽冥想法:요가란 주·객관의 모든 사물이 서로 응하여 융합하는 일, 접신술接神術·크리스천 사이언스·통일회·진리회·신사상회, 프랑스의 퀘어 요법, 그 밖에 이른바 정신 관계의 연구에 관한 것이라면 무엇이나 가리지 않고 철학이건 주술이건 간에 고대 철인의 저서는 거의 빼놓지 않고 읽었다.

　그러나 그 내용의 대부분은 터무니없는 것이었다. 그 반면, 어떤 책은 말할 수 없이 심오하기도 했다. 그래서 나는 어떠한 교리라도 그것을 진심으로 인정하고 믿음으로 응용하기만 하면, 거기에 적혀 있는 효과를 실질적으로 얻을 수 있는 하나의 황금선이 있음을 차츰 깨닫게 되었다. 그 한 줄기 선이란 결국 신념이나 신앙심이라고 단적으로 지적할 수 있다.

　말하자면 그 모든 원동력이라고도 할 수 있는 신앙심이란 것이, 많은 사람들에게 심리 요법의 효과를 나타내어 어떤 사람을 높은 성공의 단계로 올려놓기도 하고, 난치의 병을 쉽게 완치해 주는 기적적인 영험을 나타내기도 한다.

어째서 신앙이 기적을 나타내느냐 하는 것에 대해서는 아직 만족할 만한 해명을 할 수 없다. 그러나 그것에 대하여 조금도 의심할 여지는 없다. 비슷한 조건에 놓여 있는 사람이지만 A는 영험을 얻고, B는 그것을 얻지 못하는 예가 많은데, 이것은 신앙의 도度가 깊고 얕기 때문일 것이다. 믿기만 하면 그야말로 요술 같은 기적이 일어난다 성경에 적혀 있는 예수 그리스도의 많은 기적들도 다 이 같은 신앙심의 영험이라고 볼 수 있다. '신념의 마력이다'라는 말이 나의 머리를 떠나지 않았으며, 그것을 실증하기 위하여 연구를 거듭해 왔다.

세상에서 이른바 비밀 맹우 조직에는 대개 비의秘義에 해당하는 전법 조항傳法條項이라는 것이 있는데, 그것을 이해하고 터득한 사람은 극히 드문 것으로 안다. 결국 '진리를 이해할 만한 마음의 준비가 되어 있는 사람이 아니고서는 그것을 받아들일 수 없다'라는 말이다.

마음의 준비가 되어 있는 어떤 맹렬 단체에서는 회원 후보자에게 먼저 매우 심오한 책을 준다. 계급이 올라감에 따라 차츰 어려운 연구를 시키기 위해서이다. 만일 그 후보자가 그 속의 씌어진 것을 참으로 이해하고 그것을 지켜 나가면, 그 책은 그야말로 심오한 인생의 문을 열기 위한 주문처럼 그의 길을 열어 줄 것이다.

그러나 안타깝게도 너무나 심원하게 느껴서인지, 아예 모르겠다고 읽어 보려 하지도 않은 사람이 대부분이다.

내가 《지구를 흔드는 강력 폭약》이란 책을 저술했을 때는 그런 대로 내용이 쉬웠기 때문에 누구나 쉽게 이해했을 줄로 안다. 그러나 시간이 흐름에 따라 어떤 독자는 그 내용이 너무 간단하다고 불평해 오기도 했고,

또 어떤 이는 무슨 말인지 이해할 수가 없다고 투덜거리기도 했다. 어쨌든 이 문제에 대하여 알려고 하는 사람이 적은 것만은 사실이다.

내가 클럽이나 회사 또는 각종 단체에서 강연을 할 때 극히 초보적인 것에서부터 시작하지 않으면 내 말을 알아듣지 못하는 사람들도 많았다. 그래서 나는 이 문제를 누가 읽어도 쉽게 알 수 있는 말로 풀어씀으로써 한 사람이라도 더 많은 사람을 성공의 결승점 안으로 들어갈 수 있도록 도울 결심을 하기에 이른 것이다.

정신과학은 인류의 역사와 마찬가지로 오랜 역사를 가지고 있다. 모든 시대를 통하여 현명한 사람들은 이 과학을 이해했으며, 이것을 지혜롭게 이용하였다. 내가 할 일은 이 문제를 현대어로 해석해서 몇 세기 동안 전해 내려온 대진리를 모든 사람들에게 입증하는 일이다. 그러기 위해서 얼마 되지는 않지만 현재의 정신 연구가들이 걸어온 길을 실례로 들면서 독자들의 정신을 일깨우는 데 도움을 주려고 한다.

현대 세계의 흐름으로 보아 다행한 것은 세상 사람들이 차츰 '마음의 과학에는 무엇인가 소중한 것이 있다'라는 생각을 가지게 된 일이다. 그러므로 이제는 몇 백만이라는 사람들이 이 문제를 알고자 하는 동시에, 이것을 실제 생활에 활용하면 큰 효과를 얻을 수 있을 것이라 생각하게 되었다고 믿는다.

숙원을 달성하는 원동력

독자들의 이해를 돕기 위해 나는 나 자신이 일생 동안 체험한 몇 가지 이야기를 먼저 하려고 한다. 그러면 독자들은 이 마음의 과학에 대해서 더 한층 이해하기 쉬우리라고 여겨진다.

제1차 세계대전 때 나는 어느 부대에도 속하지 않은 비정규군의 한 사람으로 전쟁에 참가하기 위해 프랑스에 도착했다. 그런 관계로 일정 기간 이상 근무하지 않으면 봉급을 받을 수 없었다. 그래서 그 기간을 채우기까지 나는 껌이라든가 담배 같은 것조차 살 수가 없었다. 동료가 껌을 씹고 담배를 피우는 걸 볼 적마다 내게 돈이 한 푼도 없다는 게 그렇게 서러울 수가 없었다.

그 뒤 어느 날 밤, 몸도 움직일 수 없이 빽빽하게 찬 군용 열차 속에서 나는 이런저런 생각을 하던 끝에 내가 만일 제대를 한다면 톡톡히 돈을 벌어야겠다고 굳게 마음먹은 적이 있었다. 그 후로 나의 일생에는 중대한 변화가 왔다.

본래 나는 젊었을 때부터 책 읽기를 매우 좋아했다. 집에서는 의무적으로 성경을 읽어야 했다. 소년 시절에는 무선 전화·X선·고주파·전기 기계 등에 흥미를 갖고 있었으므로 이 방면의 책을 닥치는 대로 읽었다.

그러나 이것들은 전기의 영역을 벗어날 수 없는 문제였기 때문에 다른 것과 관련시킬 생각을 못 했다. 마음의 문제를 전기와 관련시켜 생각하기 시작한 것은 그 뒤 법대를 졸업하던 해 J. T. 하드슨이 《심령 현상의 법칙》이라는 책을 빌려 준 때부터였다.

그러나 당시의 내 마음이 그런 방면으로 열려있지 않았으므로 그 책에 씌어져 있는 진리를 충분히 이해할 수 없었다.

심리 문제에 대해서는 그 책을 읽은 지식밖에 없었으면서도 나는 군용 열차 안에서 돈 벌 결심을 하였다. 이 결심을 할 때 내 마음 속에 위대한 원동력이 각성할 만한 어떤 원인이 숨어 있음을 나 자신은 모르고 있었다. 왜냐 하면 내 생각과 내 신념의 힘으로 큰 재산을 만들 수 있으리라고는 꿈에도 생각지 못했기 때문이다.

그 뒤 어떻게 되었는지 그런 결심이 있은 후, 나도 모르는 자신의 힘에 이끌려 불가사의한 일들에 직면하였다. 즉, 군의 신문인 〈Stars & Stripe〉의 기자가 되었는가 하면, 전쟁이 끝나고 귀국하자 알지도 못하는 유명한 투자 금융계의 인사로부터 전보를 받고 나서 그 은행에 취직을 했다.

모두가 우연한 일뿐이었다. 은행의 월급이란 그리 많은 것은 아니었지만, 돈을 모을 수 있는 길로 가고 있는 것만은 사실이다. 그러나 어떤 방법으로 돈을 모을 수 있을 것인가에 대해서는 미처 생각지 못하고 있었다.

아무튼 나는 10년도 못 되어 내가 생각했던 것보다는 훨씬 많은 돈을 벌어 그 은행의 대주주가 되었을 뿐 아니라, 다른 유리한 사업에도 손을 뻗칠 수 있게 되었다. 나중에는 태평양 연안에 있는 유명한 회사의 부사장이 되었다.

그러는 동안 내 마음의 눈에서는 돈이라고 하는 영상이 잠시도 떠나지 않았다. 이 마음의 눈의 영상이란 말을 특히 기억해 주기 바란다. 그것은 다음에 설명할 신념의 위력과 밀접한 관계가 있기 때문이다.

우리들의 마음이 비어 있을 때, 예를 들면 전화로 말을 하고 있을 때

옆에 있는 종이에 아무 의미도 없는 선을 긋거나 낙서를 하는 일이 있다. 나는 그런 경우에 언제나 '달러'라는 글자를 쓴다. 나중에 보면 메모 용지나 수첩 표지, 그리고 중요한 통신철에까지도 그런 글자가 가득 씌어져 있었다.

거듭 말하거니와 이 이야기를 특히 기억해 주기 바란다. 이것은 다음에 이야기할 소위 신념의 위력을 사용하는 과학과 밀접한 관계가 있다. 〔이 저자의 머리에는 달러, 즉 돈이란 관념이 머리에서 굳게 새겨져 있어, 자나 깨나 돈을 벌어야겠다는 일념이 모든 것을 지배하게 되고, 그 일념이 잊혀지지 않아 강력한 영상이 그로 하여금 돈을 벌게 하는 원동력이 된 것이다. 옛말에 정신일도 하사불성_{精神一到 何事不成}이란 말이 있는 바와 같이, 한 가지 목표를 향하여 강력한 정신력을 집중하면 사람은 필연적으로 그러한 목표로 이끌려가기 마련이다〕.

나의 과거를 가지고 판단한다면 사람들의 번민의 80~90퍼센트는 돈과 관련이 있다. 특히 전후 경쟁이 심해진 시대에는 몇 백, 몇 천만이 돈 때문에 고민하고 있었다. 그런데 내 마음의 과학이란, 그러한 문제 전반에 걸쳐 어떠한 욕망에도 응용이 되었고, 실제로 훌륭한 결과를 볼 수 있었다.

내가 이 실용과학에 대해서 자세한 설명을 하기 전에, 한 마디 해둘 것은 이러한 우연의 일치로 여겨지는 일은 이미 예전부터 종교나 심리학 등에서 취급되어 왔다는 것이다.

그러나 종교라든가, 신비에 가까운 심리 기술의 냄새가 나면, 그만 일반 사람들이 흥미를 가지면서도 경시해 버리는 일이 많다는 것도 알고 있다. 그렇기 때문에 나는 이것을 사업가들의 단순한 표현법으로 설명하려고 한다. 평범한 말로 명확하게 설명해야만 나의 본뜻이 사람들에게 널리 전파될 것이기 때문이다.

무엇이든 그것이 꼭 이루어진다고 믿으면 그것은 반드시 이루어지고야 만다는 말은 누구나 흔히 듣고 있을 것이다. 라틴어의 옛말에, "가질 것이라고 믿어라. 그러면 갖게 된다" 라는 말이 있다. 즉, 신념은 당신의 숙원을 달성시켜 주는 원동력이란 뜻이다.

만일 당신이 병에 걸렸다 해도 마음 속으로 꼭 고칠 수 있다는 신념을 가졌다면 고칠 가능성은 많아진다 이 신념은 철두철미하게 믿고 조금도 의심하지 않는 절대적인 것이라야 한다. 즉, 신념 또는 신앙이 당신의 육체에 외부적 또는 물리적 효과를 가져온다는 것이다. 지금 나는 보통의 정상적 상태에 있는 사람을 대상으로 말하고 있다.

불구자가 야구나 축구의 우수한 선수가 된다든가, 혹은 박색인 여자가 하룻밤에 미인이 된다는 뜻은 아니다. 그것은 근본적으로 가능성과 희망이 없는 일이다.

그렇지만 놀랄 만한 치료법의 효과를 나타내는 경우도 있으니까 그런 일이 전혀 불가능하다고 말할 수는 없다. 마음의 능력에 대하여 좀더 구체적인 연구가 거듭된다면, 지금까지의 의학의 힘으로 불가능하다고 단정했던 요법으로 효과를 올릴 수 있게 되리라고 나는 생각한다.

그러므로 나는 무슨 일이거나 절망이라는 것을 생각지 않는다. 모든 일에 긍정적인 사고를 가진다면 일을 실현시키는 데 큰 도움이 될 것이다.

영국의 저명한 의학자 알렉산더 캐논 박사가 밝힌 마음의 개념에 대한 저술은 세계적으로 논쟁의 초점이 되었다. 캐논 박사는 그의 저서를 통해, "게는 다리가 잘려 나가면 다시 길러내는데, 사람이라고 해서 잃어버린 다리를 다시 기를 수 없으란 법이 없다. 다만, 그런 것은 불가능한 일이라고 생각하기 때문이요, 만일 그런 생각을 깨끗이 제거해 버리면 다리는 두 번 생겨 나올 수도 있을 것이다."

라고 주장하고 있다. 즉, 박사의 말에 의하면 만일 잠재 의식의 깊은 밑바닥에서부터 고정 관념을 바꿀 수만 있다면, 게가 다리를 재생시키듯이 사람도 다리를 재생시킬 수가 있으리라는 것이다.

그런 말은 너무나 터무니없는 말이라 당장에는 받아들이기가 어렵다. 그러나 그런 일이 앞으로도 전혀 불가능하리라고 누가 감히 단언할 수 있을 것인가?

나는 내과나 외과 할 것 없이 모든 부문의 전문의들과 식사를 같이할 때가 많다. 만약 내가 그런 말을 하면 그들은 나를 정신 병원으로 데리고 가서 진찰을 받게 할 것이 분명하다.

그러나 그 중에서도 미국의 최고 학부를 나온 지성인들은 육체의 기구적 장애만이 아니라, 그 치료에 대해서도 마음가짐이 정말 큰 영향을 주고 있다는 사실에 귀를 막으려는 어리석은 짓은 하지 않는다. 그것은 이미 시대에 뒤떨어진 일로 알기 때문이다. 중요 종합 병원에서는 정신 요법 부문의 독립된 연구실을 갖고 있음을 보더라도 정신적 요소를 얼마나 중요시하는가를 가히 짐작할 수 있다.

바로 몇 주일 전 일이지만, 내 옆집 사람이 와서 손의 사마귀를 없앤 이야기를 들려주었다. 그 사람은 딴 병으로 입원하고 있었는데, 어느 날 베란다에 나가 앉아 있다가 어떤 환자가 자기의 친구와 나누는 이야기를 듣게 되었다.

"자네 손에 돋은 사마귀를 떼고 싶지 않은가? 내일 곧 떨어지도록 그 방법을 가르쳐 주지. 내가 그것을 세어 주기만 하면 떨어지게 돼 있는걸."

베란다에서 이 말을 들은 내 옆집 사람은,

"나도 좀 헤아려 주시오."

라고 말은 했다고 한다. 이야기는 그뿐이었다. 그 뒤 그 일을 잊어버린 채 퇴원하고 나와 문득 생각이 나서 손을 보았더니, 그 많던 사마귀가 하나도 남지 않고 다 없어졌다는 것이다.

이 이야기를 내가 잘 아는 전문의에게 물어 보았다. 그랬더니 나를 경멸하는 눈으로 그런 일이 어디 있느냐고 반문했다. 그러나 맞은편에 앉았던 외과 교수 한 사람이 암시로써 사마귀를 없앤 실례가 얼마든지 있다고 나를 응원해 주었다.

전쟁 말기 콜롬비아 대학 의학과에서 잠재 의식이나 정신 분석과 심리 치료 병원을 개설했을 때 나는 또다시 사마귀 이야기를 꺼내 보고 싶었지만, 의사들 가운데 내 편이 되어 줄 사람이 있지 않을 것 같아 말을 하지 않았다.

그러나 그 몇 해 전에 스위스의 지리학자 헤임 씨가 암시에 의하여 사마귀를 뗀 일과, 또 스위스의 전문 의원 블록 교수도 심리학과 암시의 힘을, 같은 목적에 사용하고 있다는 사실이 의학 잡지에 게재된 적이 있었다.

그 뒤, 캐나다의 명의 F. 칼즈 박사는, 암시는 확실히 유효한 것이어서 전염성 바이러스균에 의하여 생기는 혹사마귀도 낫는다고 명백히 발표하였다. 캐나다의 의학 잡지에 발표한 칼즈 박사의 논문에 의하면,

"세계 각국에서 혹사마귀를 떼는 여러 가지 마술이 행해지고 있다……. 거미줄을 잡아매는 방법, 초생달이 돋을 때 두꺼비 알을 네거리 흙 속에 파묻는 일 등 온갖 방법이 행해지고 있다. 이 모든 마술적 방법은 만일 환자가 그 효과를 모두 다 믿기만 한다면 효과를 보게 되어 있다."라고 했다. 그 밖에 다른 피부병을 신비의 힘으로 치료한 자신의 경험담도 써 놓고 있다.

"나는 다른 의사들이 시험하지 않는 유지약제를 발라 주고, 환자가 희망을 가질 수 있는 말을 해 주어, 난치의 피부병을 고친 일이 있다. X광선 요법을 쓰다가 전기 스위치가 고장났을 때, 할 수 없이 암시의 힘을 사용했던바, 질환이 거뜬히 나았다."

이와 같이 칼즈 박사의 실험에 의하면, 신념의 위력은 실제에 있어서 사마귀를 떼고, 기타 피부병을 완치하는 데 있어서도 그 어느 것보다 신비한 마력을 발휘해 냈다. 즉, 환자의 마음가짐에 달렸다는 얘기이다.

정신의 힘을 믿어야 한다

어떤 의학자들과 텔레파시에 대한 이야기를 하고 있을 때, 여러 연구가와 대과학자들도 그 사고의 감응을 믿고 있다는 말이 나왔는데, 특히 록

펠러 의학 연구소의 A. 캐럴 박사가 텔레파시를 믿을 뿐 아니라, 사람은 멀리 있는 다른 사람에게 여러 일에 대한 생각을 보낼 수 있다는 것을 과학적으로 확증했다는 말이 나왔다. 그 때 미국 의학협회의 회원이며 전국적으로 유명한 전문가 한 사람이,

"그 사람은 늙어서 노망기가 있으니까."

라고 말했다. 나는 놀란 눈으로 그 사람을 쳐다보았다. 캐럴 박사는《미지의 인간》이란 유명한 저서를 냄으로써 세계 굴지의 의학 연구가가 되었을 뿐 아니라, 그 저서로써 노벨상까지 받았던 분이다.

나는 이 의학자들을 비난하려 하지는 않았다. 그때 모였던 의사들은 매우 유능하고 공정한 사람들로서, 그 중에는 나와 절친한 친구도 있었다.

그러나 내가 이 이야기를 꺼낸 것은, 일부의 의학자들이 자기들의 전문 분야에만 눈을 고정시킨 채, 이미 낡은 것이 돼 버린 독단적인 소신을 끝끝내 고수하려는 경향이 있다는 것을 지적하기 위함이다.

그러나 레지스탕스는 비단 의학계에만 있는 것이 아니라, 다른 방면의 전문가들 사이에도 있다. 예를 들면, 실업가 중에도 자기의 좁은 상상력이 미치는 범위 이외의 일은 어떠한 새로운 사상이라도 좀처럼 받아들이지 않으려는 사람이 더러 있는 것을 본다.

나는 몇 번이나 그런 사람들에게 책을 빌려줄 테니 읽어 보라고 그 내용을 이야기해 주었지만, 대부분의 사람들은 그런 것에는 흥미가 없다며, 끝내 책을 받지 않았다.

이것은 확실히 하나의 역설이다. 전문적 교양이 높아 보이는 사람들도 사고의 위력이란 말이 나오기만 하면 그것을 부인하고 생각해 보려고 하

지 않는다. 그러나 그들은 다소라도 성공을 한 이상 무의식적으로나마 그 힘을 이용하고 있다.

거듭 말하지만, 대부분의 사람들은 자기가 믿고 싶은 것만을 믿는다. 혹은 자기에게 유리하도록 일을 꾸미려 할 뿐, 자기에게 불리한 것은 아예 부정하려고 한다.

우리가 살고 있는 현대 문명을 창조해 낸 사람들도 그 당시에는 무지한 사람들에게 조소와 경멸과 질시를 받았다. 나는 가끔 영국의 소설가 M. 코렐리의 말을 생각한다.

"많은 사람들이 자기들의 태만과 무관심으로 말미암아 발견하지 못하고 무심코 보아 넘기던 일에서, 어느 한 사람이 운좋게 무엇인가 특별한 이익이라도 얻게 되면, 그는 반드시 질투와 분노를 사게 된다. 문외한은 그의 주의를 에워싼 신비로운 마음의 세계를 명확히 파악할 수가 없다. 따라서 마음의 세계의 교리는 그러한 사람들에게는 덮어 놓은 책과 마찬가지이다. 그들 스스로가 열어 보려고 하지 않는 책이다. 그러므로 성인들은 심원한 지식을 대중에게 공포하려고 하지도 않았다. 그것은 일반 대중의 좁은 마음의 한계와 그 좁은 생각에서 진실이 왜곡되는 것이 무서운 까닭이다……. 어리석은 위인은 자기가 배울 수 없는 일에 대해서 조소를 보임으로써 자기의 우월성을 나타내려고 한다."

그러나 오늘날에는 사색가나 모든 과학자들이 마음의 과학에 대한 그들의 연구 결과를 대중 앞에 내놓고 자유롭게 토론하거나, 실험 결과를 보고하고 있다. 제너럴 일렉트릭 회사의 유명한 기사인 G. P. 스타인메츠 씨는,

"앞으로 50년간에 있을 가장 중요한 진보는 정신계·사념, 또는 영에 대한 것이리라."

라고 말했다.

노스웨스턴 대학의 심리학 교수 R. 골트 박사는,

"우리는 인간 가운데 잠재해 있는 영에 관한 지식을 해명하여야 할 새 시대의 문전에 와 있다."

라고 말했다.

신비의 힘, 미지의 힘, 과학을 초월한 형이상학, 마음의 물리[物理], 마음의 과학인 심리학, 미개인과 문명인의 마술들, 이런 온갖 것은 확실히 초자연의 세계가 있음을 인정하게 한다. 물론 그렇게 생각하는 사람은 일부에 지나지 않을지도 모른다. 그러나 나의 결론으로는 그러한 것의 힘에 대하여 설명할 수 없는 단 한 가지 일은, 어째서 그런 여러 가지 힘이 오직 믿는다는 한 가지 사실에서 나오게 되느냐는 것이다.

돈으로 환산할 수 없는 그것

나는 그즈음 클럽의 오찬회와 회사, 또는 판매 관계의 회합에서, 그리고 라디오를 통하여 수없이 많은 사람들에게 이 과학에 대한 것을 설명했다. 그리하여 실제로 놀랄 만한 성과를 내 눈으로 목격할 수 있게 되었다.

내 과학의 기술을 충실히 실천한 사람들은 보통 수입의 3~4배를 올리고 있었다. 그 중에는 몇 배 정도가 아니라, 놀라울 만큼의 수입을 올린 예도 있다. 내 서류철에는 여러 가지 부문에서 활동하고 있는 사람들로부터 온 보고와 감사장이 수없이 많은데, 모두가 이 과학을 이용함으로 해서 얻은 성과에 대해 실증을 보여주는 것들이라 해도 과언이 아니다.

일례로, 라디오 청취자들에게 잘 알려진 퍼시픽 노스웨스트의 A. C. 딕스는 이 심리 기술의 덕분으로 10만 달러 이상의 돈을 벌었다고 몇 년 전에 내게 알려 왔다. 그의 말에 의하면, 이 문제를 전에 학리적으로 연구해 본 일도 없거니와, 그것을 실제로 경험해 보기까지는 정말 믿기 힘든 사실이었다는 것이다. 그는 43세 때까지 현금이라고는 겨우 65달러밖에 없었으며, 나중에는 직업을 잃은 채 거리를 헤매고 다닐 정도였었다.

"처음으로 《지구를 움직이는 폭약》이라는 책을 보았습니다. 이 책은 내가 옛날부터 알고 있는 것을 실제로 활용할 수 있도록 잘 설명해 주었습니다. 더구나 처음으로 나이애가라 폭포를 보는 느낌이었습니다. 전부터 이야기를 듣고 있었지만, 그것을 직접 본다는 것은 하나의 확증이 아닐 수 없습니다.

이 책은 내가 전부터 어렴풋이 알고 사용하고 있던 방법을, 분명하고도 알기 쉽게 설명해 주었습니다. 그 효과를 현금으로 환산한다면 얼마만한 가치의 것이 될까요? 사람들은 그 가치를 구체적인 현금으로 환산해 보지 않으면 모르니까 말입니다.

나는 이렇게 말하고 싶습니다. 나는 43세 때 파산을 하고 가족들을 굶주리게 했는데, 그런 가운데서 10만 달러를 만들었지만, 그 돈을 보험과 연금으로 지불했습니다.

나는 5천 달러를 차용해서 시작했던 계약을 3만 달러에 팔고, 앞으로

10년 동안 놀고도 5만 달러를 받을 수 있는 새로운 사업을 시작했습니다. 일하면 할수록 수입이 커지게 되어 있습니다. 이것은 결코 가식된 말이 아닙니다. 과거 10년 동안에 있던 일을 그대로 말씀드릴 뿐입니다. 이런 일이란 하루 아침에 이루어지는 것은 아닙니다만, 어쨌든 반드시 이룰 수 있는 것만은 확실합니다."

필요하면 찾게 된다

불경기가 극심하던 1934년, 어떤 대도시의 사업 촉진 국장이, 나의 이야기를 실행에 옮긴 개인이나 상점의 눈부신 성과를 직접 보고, 그 사실을 조사한 일이 있었다. 그 결과 그는 자기가 조사한 것을 세상에 발표하는 동시에, 내게는 다음과 같은 편지를 보내 왔다.

귀하의 가르침을 응용하여 성공한 여러 사람들의 진술에 의하여, 귀하의 가르침이 사업을 개선하고 촉진하는 데 어떠한 힘보다 그 공적이 크다는 것을 단언할 수 있습니다. 귀하가 실현시키고 있는 경이적인 소문을 처음 들었을 때, 나는 너무나 터무니없는 소리라고 의심했던 것입니다.

그러다가 그 교훈을 실제로 응용한 회사원 또는 수입을 3배 이상으로 올린 판매원들의 말을 종합하고, 또 귀하의 강연을 직접 듣고 나서 연구해 온 결과, 그것이 놀랄 만한 동적 위력을 가지고 있다는 사실을 알았습니다.

물론 일순간에 모든 사람을 매료시킬 수 있는 것은 아닙니다만, 귀하의 교훈을 응용한 개인이나 회사가 놀랄 만한 위력을 보여주고 있는 것만은 사실입니다. 귀하는 성공하였습니다. 그리고 귀하가 체득한 것을 타인들에게 나누어 주셨다는 것은 참으로 기쁜 일입니다.

이 사람은 타도시의 실업계에서 이름을 날렸고, 최근에는 이 과학에 대하여 새 실용 효과를 실험 중이라는 말까지 적어 보내 왔다. 이렇게 내 과학을 응용해서 놀랄 만한 성적을 올렸다는 확인의 편지는 얼마든지 있다. 어떤 사람들은 첫 성공에 이어, 계속해서 올리고 있는 실적까지 증언해 주고 있지만, 그 중에서도 특수한 것으로 미국 상이군인원호회의 유명한 D. 퀘일 씨의 다음의 편지를 들 수 있다.

처음에는 귀하의 생각을 그대로 받아들이기가 곤란했습니다만, 저의 환경과 신체 조건이 거기에 대한 관심을 갖게 하여, 마침내는 그것을 이해할 수 있게 되었습니다. 이 일 자체가 이 과학의 하나의 증명입니다.

1924년 저는 다리의 국부적 마취 때문에, 지팡이를 짚고 움직이는 것이 고작이어서, 최선의 노력을 다 해도 가까운 곳을 달팽이 기듯이 걸음을 걸을 수 있을 뿐이었습니다. 일찍이 은행 중역을 지내면서 사회에서 활약해 온 저로서는 이런 상태를 견디어 나간다는 것이 참으로 고통스러웠습니다.

그러나 1933년 정부는 법개정으로 저를 보상 명부에서 삭제해 버렸기 때문에, 스스로 생활비를 벌지 않으면 안 되게 되었습니다. 집도 그 밖의 재산도 다 팔지 않으면 안 될 막다른 골목에 부딪친 저는, 그야말로 앞이 캄캄했습니다. 필요에 쫓기다 보니 귀하가 그처럼 소상히 설명해 주신 원칙을 실행하는 이외에 제가 살아나갈 길은 없다고 생각하게 되었습니다. 불구자이기 때문에 하는 수 없이 택한 보험과 회계의 일도 나를 도운 하나의 원인이 되었는지 모르겠습니다.

같은 일을 물고 늘어진다는 것은 자신감을 심어 줍니다. 평소의 행동에 대하여 갖는 올바른 마음이 그대로 성공으로 연결되는 것입니다.

저는 아직 예전의 부를 되찾지는 못했습니다. 그러나 지금의 생활에서 괴롭게 느껴지는 건 조금도 없습니다. 차츰 회복되어 가고, 목표를 달성하게 될 날도 머지 않았으니까요. 그 길을 알고 있는 이상 공포란 있을 수 없으며, 그 어느 것도 행복한 생활을 방해하지 못합니다.

처음 이 퀘일 씨를 만났을 때는 그가 수도 철물 가게 앞에 책상 하나를 놓고 일을 시작하던 때였다. 그 뒤 매년 직업을 바꾸면서 비약적으로 발전하는 그를 보는 것이 내게는 하나의 즐거움이 아닐 수 없었다. 지금은 서부의 어떤 대도시의 번화가에서 큰 건물의 일층 전부를 임대하여 쓰고 있는데, 그의 발전은 그야말로 눈부신 것이었다.

그의 편지는 또 이런 구절이 있다.

참고가 되신다면 저의 현재 상황을 자주 편지로 써보내겠습니다. 아무튼 저는 지금 20가와 선디 가에 이르는 일대를 전부 점유하고 있습니다. 스물여덟 명의 사람이 내 밑에 고용되어 있고요. 사무실을 새로 지으려고 땅도 샀습니다. 모든 사람이 귀하의 교훈을 배웠으면 합니다.

당신 자신이 실험해 보라

내가 처음으로 이 과학을 시작했을 때에는 책 같은 것을 저술하겠다는 생각은 가진 바가 없었다. 다만 파산되어 가고 있는 내 회사를 구해 내려는 목적으로 시작했을 뿐이다. 그 때 나는 유명한 투자 은행의 부사장이었다. 회사는 경제 공황으로 쪼들리기 시작해서 일대 비운에 직면해 있었다. 그 때 나는 어떤 영감이 작용했는지는 몰라도 불과 다섯 시간 만에 나의 첫작품으로 소책자의 원고를 완성했다. 그것은 참고서나 노트 같은 것을 보면서 쓴 것도 아니었다.

그 원고를 끝내자마자 번개처럼 나의 머리를 스치고 지나가는 것이 있었다. 그것은 회사가 암초에 부딪치고 있는 것이 외부의 사태나 사건 때문이 아니라, 회사의 임원과 종업원의 정신 상태에 원인이 있다는 것이었다.

우리는 대중이 가지고 있는 불경기에 대한 공포심에 감염되어 그것에 압도되고 있는 것이었다. 우리는 경제 공황이 모든 사람의 기력을 꺾고 모든 경제적 재해를 심각하게 만들 것이라고 겁을 먹고 있었다. 즉, 그 파멸을 두려워한 나머지 도리어 그 파멸을 초래하는 현상을 나타내는 것이었다.

나는 회사를 구출해 내기 위하여 공포에 떨고 있는 회사 직원들의 사고 방식을 바꾸지 않으면 안 된다고 생각했다.

그래서 나는 그 일에 착수하기 시작했다. 그것은 이 책자의 서문에 F. E. 캠프 씨가 쓴 바와 같이 모든 개개인과 회사를 근본적으로 변모시킨 괄목할 만한 사업이었던 것이다.

내가 한 말에 대하여 대학의 심리학자들은 조소를 할지도 모른다. 그러나 현재 미국에 있는 과학 신봉자들이 그것을 유효하게 응용하고 있는 실증을 제시한다면 어떻게 할 것인가?

당신에게 있어 가장 중요한 것은, 그것은 자기에게도 유효한가를 알고 결정짓는 일이다. 그리고 그 결과를 실증하는 것은 자기 스스로의 경험뿐이다. 그러나 이 과학을 남에게 해를 끼치는 일에 사용해서는 절대로 안 된다.

인류가 이 세상에 태어난 이후 세상에는 선과 악이라는 미묘한 두 힘이 서로 작용해 왔다. 두 개가 똑같이 큰 세력을 가지고 자기의 세력과 힘을 넓히려 하고 있다. 그 운행의 근본 동력은 마음의 힘, 즉 대중을 규합하는 힘이다. 경우에 따라서는 악이 승리할 때도 있다. 또 다른 때는 선이 지배하게 된다. 국가사회를 건설하는 것은 모두가 선의 힘이다. 그러나 그 동일한 힘이 어느 정도 파괴에 쓰여지고 있다는 사실도 간과할 수 없는 사실이다. 역사가 그런 사실을 증명하고 있지 않은가!

만일 당신이 이 책을 끝까지 잘 읽는다면 과학의 힘이 얼마나 큰 파괴의 힘을 가지고 있으며, 동시에 건설 사업에 얼마나 크게 이용되는가를 깨달을 수 있을 것이다. 다시 말해서 물이나 불은 인간을 위하여 없어서는 안 될 존재이지만, 경우에 따라서는 무서운 파괴력을 가지고 있다는 것과 마찬가지이다.

그러므로 이 마음에 관한 과학을 악에 이용하지 않도록 주의하지 않으면 안 된다. 만약 당신이 그것을 악에 이용한다면 그것이 돌고 돌아서 당신 자신을 파멸케 하고야 만다는 것을 명심하라. 그것은 몇 세기 동안의 역사가 증명하고 있다. 이것은 다만 말로써만 그치는 것이 아니라, 엄숙한 경고의 말이다.

제 2 장
마음이란 도대체 무엇인가

정신의 황금이라고 하는 것은
사람이 자기 스스로를 발견하면
자연히 손에 들어오는 것이다.
그가 그 자신을 발견하면
자유도, 부나 성공도, 번영도 거기에 있다.

신념의마력
C.M.브로스톨 / 미래경제연구원

제2장
마음이란 도대체 무엇인가

사고思考, 불가사의한 힘

이제부터 말하려고 하는 것을 똑똑히 알기 위해서는 인간의 사고력과 그 사고에 따라서 나타나는 외계의 현상에 대하여 잘 생각하여 보지 않으면 안 된다.

우리가 '사고한다' 또는 '생각한다'고 하는데, 과연 무엇 때문에 하는 것이냐 하는 참뜻을 아는 사람, 또는 알고자 하는 사람은 의외로 매우 적다. 알고 있는 것, 사고한다는 것은 마음의 작용의 일종이라는 정도일 뿐이다.

전기에 대하여 생각해 볼 때에도 몇몇 전문가를 빼고는 전기의 실체를 아는 이가 별로 없다. 그러면서도 전기의 실제적 작용만을 보고 전기를 잘 아는 척한다. 마찬가지로, 마음이 사고라는 작용을 하는 모습도 도처에서 볼 수가 있다. 마음의 작용, 표현의 모습은 아이들과 늙은이들과 짐

승들의 표정을 보면 알 수 있듯이, 다소의 차이는 있다 할지라도 어떤 물건에서 느낄 수 있다.

이 책을 읽으면서 당신의 주위를 두루 살펴보라. 만약 당신이 응접실에 앉아 있다면 여러 종류의 가구들이 눈에 들어올 것이다. 시각이라는 데 중점을 두고 생각한다면 물건들이 보이는 그대로일 것이지만, 그것을 좀 더 깊이 생각할 때, 그 물건들이 어떤 사람의 창조로 말미암아 형태화된 만큼 그 물건의 근본을 이루고 있는 창작자의 사고, 또는 착상을 엿볼 수 있다. 가구를 만들고, 창문을 만들고, 책상이나 커튼을 만든 것은 결국 사람의 사고에서 시작된 것임을 알아야 한다.

자동차·마천루, 성층권을 비행하는 대형 비행기 및 재봉틀·바늘 할 것 없이 세상에 있는 수백만 수천만의 물건들이 어떻게 해서 만들어졌는가를 깊이 생각하면, 그 근원은 하나뿐이다. 그것은 불가사의한 힘, 즉 생각한다는 것이다.

그것들을 다시 더 파헤쳐 들어가면, 그러한 완성된 물품 혹은 우리가 가진 물품의 전부는 창조적 사고의 결과로써 생긴다.

R. W. 에머슨은 우리들 행동의 근원은 사고라고 말했다. 잘 생각해 보면 우리들의 세계는 사고에 의하여 지배되고, 외계에 있는 것의 전부는 우리들 마음 속에 본래부터 그 대상물이 있었음을 깨닫게 된다.

2천 500여 년 전에 석가모니가 말한 대로, '만물은 우리들 사고의 산물'이다. 당신의 일생이라는 것도 당신의 사고 과정으로 이루어진 것이다. 당신의 몸인 뼈와 살과 힘줄은 그 70퍼센트가 물로 되어 있으며, 나머지도 별로 가치 없는 몇 가지 화학물질에 지나지 않는다. 그러나 당신의 사고라는 것이 당신을 현재의 당신으로 만들고 있다. 따라서 성공의 비결은 외부에 있는 것이 아니라, 당신이 가지고 있는 인간으로서의 생각하는 힘에 있다.

역사를 보면 알 수 있듯이, 생각하는 방법에 따라 약한 사람이 강하게 되고, 강한 사람이 약하게 된 일은 얼마든지 있다. 그러한 힘들이 끊임없이 작용하고 있다는 사실을 입증할 실례도 우리 주위에 얼마든지 있다.

당신이 음식을 먹고 옷을 입고, 버스를 타기 위해 달음질치고, 자동차를 타고 소풍을 가고 하는 일들은 물론이거니와, 손 한 번 들 때에도 손을 들겠다는 사고의 충동에 의한 행동임을 당신은 알아야 한다. 일상 생활에 있어서의 모든 행동은 그것이 어떤 것이든 그 뒤에는 놀랄 만한 강한 힘이 숨어 있다.

당신의 걸음걸이·몸짓·말투, 옷 입는 버릇 등도 모두가 당신의 사고를 반영하고 있다. 느릿느릿한 행동은 느릿느릿한 사고를 표현하며, 단정한 행동은 자신에 찬 마음의 내부를 밖으로 표시한다. 당신의 외모는 곧 당신의 내부에 숨어 있는 의지를 말하고 있다. 따라서 당신이란 자체는 당신의 사고의 소산이다. 그 사람의 신념이, 곧 그 사람 자체이다.

사고는 모든 부·성공·물질적 이득·발견·발명, 그리고 모든 공적의 근원이 된다. 사고 없이는 대제국도 있을 수 없고, 대재산·철도 노선·로켓·우주선 기타 문화재도 무엇 하나 있을 수 없다. 만약 우리에게 사고라는 것이 없었다면, 우리는 원시 시대에서 한 치의 진보도 이루지 못했을 것이다.

당신의 사고는 성격·인생 행로·일상 생활 그 자체를 결정하는 것이다.

사람의 믿음이야말로 그 사람을 흥하게 하기도 하고 망하게 하기도 한다는 뜻을 이제는 쉽사리 알 수 있으리라 생각된다. 그리고 인간의 행위라는 것과 그것을 둘러싼 모든 것이 마음의 움직임에 의한 하나의 결과로써 나타나는 것이기 때문에, 생각한다는 마음의 발동이 없다면 그런 모든 사물이 존재할 수 없게 되므로 성경에,

"사람이 뿌리는 씨는 그 뿌린 사람이 거둔다."

라고 한 뜻과 셰익스피어가,

"선도 악도 없다. 사람의 마음이 그것을 만들 뿐이다."

라고 한 말은 이해할 수 있게 된다. 영국의 유명한 물리학자 A. 에딩턴 경은 우리가 살고 있는 이 우주는 우리들의 상상이 미치지 않는 범위에까지 이르고 있는데, 그것은 원래 사고의 힘으로 생겨난 마음의 산물이라고 말했다.

에딩턴 경과 같이 유명한 대물리학자인 J. 진즈 경도, 우주는 우리들 마음 속에 있는 것으로서, 우리의 마음과 같이 존재하는 위대한 우주적 마음의 사고 방법에 의하여 창조된 데 불과하다고 의미 심장한 말을 했다. 세계의 대과학자나 현대의 사상가는 고대의 현인들이 사색한 것을 그대로 계승하여 말하고 있다.

인간이 처음으로 지상에 생겨난 초기로부터 사고라는 것이 얼마나 위대한 것임을 잘 이해한 사람들에 의하여 인류 역사의 사업이 시작되었다.

위대한 종교 지도자·제왕·무인·정치가 들은, 사고가 정말 위대한 것임을 말해 주는 마음의 과학을 체득하여, 인간이란 것은 생각에 의하여 움직이고 다른 사람, 특히 자기보다 강하고 확신에 충만한 사람의 생각에

의하여 반사적으로 움직인다는 사실을 알았다.

따라서 강력하고 약동적인 사상을 가진 사람은 많은 사람의 마음을 움직여, 때로는 위대한 자유의 길로, 또 때로는 민중을 노예의 길로 몰아넣기도 했다.

그러므로 우리는 생각한다는 것이 어떤 것인가 하는 점을 충분히 이해하도록 최대의 노력을 기울이는 동시에, 나아가서는 그것을 이용하는 길을 알아 인생의 승리에 도움이 되고, 또 자기의 위대한 힘을 충분히 발휘하도록 하지 않으면 안 된다. 인류의 역사를 통해 볼 때 오늘날만큼 그것을 필요로 하는 때는 일찍이 없었던 것 같다.

사념의 힘이 큰 마력을 가졌다든가, 사념과 물질은 밀접한 관계를 가지고 있다든가 하는 말을 하면 소리 높여 조소할지도 모른다. 사실은 나도 옛날에는 그랬다. 그러나 지금의 나로서는 도저히 웃을 수가 없다. 나뿐만 아니라 사념이 어떤 것이라는 것을 조금이라도 아는 사람은 감히 웃지 못할 것이다. 왜냐 하면 지성이 있는 사람이면 사념, 즉 생각한다는 것의 힘이 지구 전체의 표면을 변화시킬 수 있다는 사실을 아무 때라도 알게 될 것이기 때문이다.

아일랜드의 유명한 문필가요, 시인인 G. 러셀은, 자기가 생각하는 사람이 되려고 노력하면 우리는 얼마든지 그렇게 될 수 있다고 말했다. 과연 우리는 자기 마음 속에 그리는 대로 이룰 수가 있다. 그 증거로 러셀은 자기의 뜻대로 대문필가·강연가·화가·시인을 겸한 대인물이 되었다는 사실을 들 수 있다.

그러나 우리가 잊어서는 안 될 것은, 우리 마음 속에 생각하는 사고의 대부분이 우리 자신의 것이 아닌, 즉 스스로 생각해 낸 것이 아니라는 사실이다. 우리는 다른 사람의 생각에 좌우되어서 그 틀에 박혀 버리는 것이 보통이다.

사회 생활에서 듣는 것, 신문과 잡지나 서적에서 읽는 것, 영화나 연극 또는 텔레비전에서 보고 듣는 것, 그리고 항상 접촉하는 여러 사람들의 회화에서 우연히 듣는 말에 의해 영향을 받는다. 말하자면 다른 사람들의 생각이 끊임없이 우리를 덮어씌우고 있다. 그 중 일부는 우리의 마음속에 잠겨 있는 생각과 일치되어 우리에게 위대한 미래의 영상을 그리는 길을 알려 주는 역할도 한다.

그러나 그 중에는 우리에게 방해되는 것도 많아, 때로는 우리 자신을 약하게도 하고, 높고 원대한 이상에서 떠나 방황하게도 한다. 우리를 방해하는 것은 결국 그렇게 외부로부터 들어온 사고들이다. 어떻게 하면 이러한 방해를 막을 수 있는가에 대한 방법은 다음에 별도로 설명하겠다.

엘 도라도가 여기 있다.

마음의 활동을 지배하는 인과의 법칙을 생각하는 사람은 드물다. '모두가 내부에 있다'라든가, '마음은 모든 힘의 근원이다'라고 하는 말의 참 뜻을 아는 사람은 별로 없다. 그러한 것을 가장 간결하게 설명한 것은 백여 년 동안에 걸쳐 실업계의 성서라고 일컬어지는 잡지 《상업과 금융》에 게재된 〈황금향〉이란 논문이다. 이제 그 요점을 간추려 적어 보기로 하겠다.

황금과 보석의 보고인 황금향_{엘 도라도}은 어떤 사람의 문전에나 있다. 당신의 이상향은 당신의 발 밑에 있다. 당신의 행운은 당신의 손이 닿는 곳에 있다.

모든 것이 당신 안에 있을 뿐이요, 당신 외부에는 아무것도 없다. 다른 사람들이 남모를 행운과 탐욕과 신랄한 수완으로 금광을 파내어 푸른 하늘 밑 넓은 바다 위에 행운의 배를 띄우는 것처럼 보여도, 그것은 겉으로 그렇게 보일 뿐이다….

사람은 개인적으로나 집단적으로나 풍성한 인생을 혜택받고 있다. 이것은 명백한 사실이다. 종교와 철학은 그것을 똑똑히 말해 주고 있으며, 역사와 과학은 그것을 증명한다.

'모든 것은 생명을 은혜받고 그것을 풍부하게 보존해 간다는 것이 일대 원칙이다.' 당신은 무엇을 구하고 있는가? 구하는 물건에 대해서는 대가를 지불하고 가져가야 한다. 대가의 자원에 한도는 없다. 당신이 바라는 물건이 귀중할수록 그 값은 비싼 법이다. 우리가 구하는 모든 것에 대하여 우리들 자신의 정신이라는 황금을 제공하고 교환하지 않으면 안 된다.

그러면 그 가능이라고 할 수 있는 정신의 황금은 어디서 발견할 수 있을까? 정신의 황금이라고 하는 것은 사람이 자기 스스로를 발견하면 자연히 손에 들어온다. 그가 그 자신을 발견하면 자유도, 부나 성공도, 번영도 거기에 있다. 이렇게 말하면 마치 무슨 재치 있는 재담_{才談}으로 여길지 모르나 결코 재담은 아니다. 미국의 역사와 전기류_{傳記類}, 또 세계의 역사가 그것을 증명해 주고 있기 때문이다.

그 확증을 일상 생활에서도 찾을 수 있다. 과거·현재·미래를 통하여 인간의 사업을 바라보고 정신의 황금을 발견한 사람의 힘은 영속적인 위력을 가지고 강력하게 약동하기 때문에, 그것보다 나은 것은 어디에서도 찾을 수 없을 것이다. 그런 강력한 힘만이 넓은 국토와 권력과 영달의 지배자가 될 수 있다.

또한 금력과 신용에도 반드시 그것이 따른다는 것을 알 수 있을 것이다. 공급과 수요의 법칙은 사고라는 것을 아는 사람에게 있어서는 그것이 단순한 경제적 원칙이 아니라, 정신에 관한 법칙임을 알 것이다. 자유를 갈구하는 그런 사람들은 같은 법칙이 인력(引力)에 있어서도, 과학의 친화력에 있어서도 운행되고 있음을 인정한다.

미국은 오랫동안 지상 최대의 황금향이었다. 자력으로 성공한 많은 사람들은, 자기의 사고력으로 기적을 실현시켜 자기 자신은 물론, 인류 전체를 부유하게 만들었다.

거기에는 착취라는 것이 없고, 천혜의 선물인 홍수가 있었다. 선취자나 영구한 소유주로부터 자유롭게 매입할 수 있는 공평한 계약 밑에서 그 산물이 누구의 손에나 들어갈 수 있었다. 스스로 애써 성공한 활동가에게 있어서는 세상에 있는 온갖 자금과 신용을 사용할 수 있었다.

마케이·오브라이언·하스트·페이아 등 19세기 중엽의 용감한 청년들은 미국이 캘리포니아에서 황금을 발견하기 전에 스스로 자기 마음 속에서 황금을 발견한 것이었다. 그들에게는 이 같은 발견이 꼭 필요했다. '만약 거기에 황금이 있다면 우리도 우리의 몫을 받자'고 서로 격려했을 것이다.

J. J. 힐과 같은 자유 정신에 불타는 사나이에게 있어서 마음의 부는 얼마나 큰 것이었을까. 그는 단 한 사람도 없는 광야를 뚫고 무의 경지에서 유의 경지로 대륙 횡단 철도선을 부설했다. 그의 미치광이 놀음이 철도 왕국을 이룩해 냈다. 그의 정신력에 의하여 삼림과 평원이 엘 도라도로 변해졌다. 이와 같은 힘으로써 암스테르담과 런던 시장에서 필요한 황금과 신용을 획득하고, 추운 북서부 지방에 수백만의 미국인을 위하여 일대 번영을 쌓아올려서, 그 부를 나누어 줄 수가 있었다.

T. A. 에디슨이 죽기 몇 해 전에,

"아이디어는 우주의 공간에서 온다. 이런 말을 하면 의외로 느껴지거나 혹은 믿기 어려운 것으로 여길는지 모르나, 사실인 것을 어떻게 하랴! 생각이란 공간에서 떠오르는 것이다."

라고 말했다.

에디슨은 확실히 그런 방면의 진수를 알고 있었다. 그만큼 아이디어를 많이 만들어 놓은 사람도 없다. 모든 사람은 자기 체내에 있는 황금향을 발견하여야 한다. 힘은 풍부하고, 자원은 무진장하다! 교회의 목사가 말하듯이 주어지는 수는 받는 사람의 수와 같다. 부족한 것은 힘이 아니라 의사(意思)이다. 만약 사람이 자신을 발견할 수만 있다면 의사는 가속도를 붙이며 황금향의 방향으로 나아간다.

풍부하고 강력한 상상력에 의하여 무엇이든 하나의 형체를 만들 수 있다. 대물리학자 파라셀서스는,

"사람의 정신은 누구라도 그것을 표현하기 어려울 만큼 위대하다. 만

일 우리가 사람의 마음을 올바르게 이해한다면, 우리들에게 있어서 지상의 무엇이든 불가능한 것은 있을 수 없다. 신념의 힘에 의하여 상상은 자극되고 완성된다. 의심이란 것이 종종 완성을 방해하기 때문에, 신념의 힘으로 상상을 굳게 하지 않으면 안 된다. 신념만이 의사를 확립시킬 수 있다."

라고 말했다.

신념이란 인격적인 것이고 개인적인 것이다. 구원의 손을 어떤 방법으로 잡아도 그것은 개인의 것이어서 각자가 자기를 발견했을 때 온다. 자기를 발견하는 것은 영원한 자기와의 일치를 완성시키는 일이다. 자기 표현욕이 강한 사나이가 이 황금향을 쌓는다.

"사람들이여, 자기 자신을 알라."

즉, 모두가 각각 자기를 알라고 하는 이 말은 최고의 금언이 아닐 수 없다. 자기를 알 때 그는 이미 황금향의 주인이다. 그들은 청춘의 샘물을 마시며 언제든지 즐기고 싶은 모든 것을 손에 넣을 수가 있다.

위의 말 속에서 파라셀서스의 말은 다시 읽고 음미할 가치가 있다. 만일 당신이 그뜻을 정확하게 이해하고 그 원리를 실제로 응용할 수 있는 방법을 발견한다면 사업에 성공하는 길이 틀림없이 훨씬 더 명백해질 것이다.

그러나 내가 여기에 지적하고 싶은 것은 그저 무턱대고 열심히 일을 하는 것만으로써는 성공을 획득할 수 없다는 것이다. 세상에는 아무리 열심히 일을 해도 뚜렷이 사람들 눈에 띌 만한 성공을 거두지 못하는 사람들이 수없이 많다. 그저 열심히 일을 한다는 것 이외에 훨씬 더 중요한 무엇이 필요하다. 그 무엇이야말로 창조적 생각, 그리고 그 생각 속에 실제로 그것을 이루어 낼 수 있다는 굳은 확신이 필요하다.

역사상에 보이는 위대한 성공자들은 그 사람들이 생각하는 방안에 의해서 성공을 불러왔다. 이들 성공자들의 손과 발과 육체는 다만 그들의 머리를 돕는 일을 하는 데 지나지 않는다.

한 걸음 더 나아가서 성공하는 데 중요한 원인은 당신의 욕구가 당신의 몸의 일부가 되고, 당신이 사물을 생각하는 자세와 그 목적이 한 줄이 되고, 당신의 정력은 거기에 집중되어 쉴 새 없이 그 일에만 집중되어야 한다.

당신이 구하는 바가 금전이든 명예이든, 혹은 지위나 지식이나 그 어떤 것이라도 좋다. 다만 어떤 것을 구하든 그 목적하는 바가 당신 생활 속에서 불타오를 만큼 강한 욕구로써 지속시키려는 마음만 가지면, 목적의 달성 같은 것은 절대로 힘든 것이 아니다. 그런데 자기 자신은 지나치게 힘든 것을 구하고 있지나 않나 하고 혼자서 생각하게 될지도 모른다.

그러나 무리라는 것은 없다. 믿는다고 하는 데서 오는 불 같은 힘을 이용하여 당신의 체내에 가지고 있는 힘을 약동시키면 무엇이나 이룰 수 있다. 다만 그 힘의 강약이 당신의 승리를 결정할 것이다.

만약 당신이 기혼자라고 하면, 당신은 그 여자를 당신의 처로 만들기 위하여 그 여자의 마음을 사로잡으려고 갖은 노력을 다하면서 애타는 긴장으로 지난날을 보낸 추억이 있으리라.

그러나 그것은 결코 정신을 소모시키는 괴로움이 아니었다. 도리어 그날그날 즐겁게 한 일이었을 것이다. 하지만 그 때 당신이 실제로 사용한 그 힘은, 내가 여기서 말하려는 바로, 그 과학의 기술로써 당신은 그 때 그 힘을 무의식적으로 사용했다는 데 지나지 않는다. 일생의 반려자를 획득하겠다는 욕구는, 당신이 그 생각을 가진 뒤 결혼하는 날까지, 당신의 마음에서 정점頂點을 차지하고 있었을 것이 분명하다.

그 생각 내지 신념은, 당신의 하루의 생활 중에서 한 순간도 잊지 않았을 것이며, 나아가서는 꿈에서까지 그것을 잊어버리지 않았을 것이다.

당신은 지금 무엇을 원하는가

당신의 생각과 욕구가 당신의 일상 생활에서 얼마나 큰 역할을 하고 있는지에 대해선 이제 어느 정도 이해했으리라고 생각한다. 그렇다면 당신이 할 일은 무엇이겠는가?

우선 당신이 해야 할 가장 중요한 일은 당신의 욕구가 무엇인가를 정확하게 결정짓는 일이다. 그냥 성공을 해 보았으면 하고 막연하게 생각해서는 안 된다. 우선 당신은 마음 속에 심리적으로 그런 일정한 형태를 만들어야 한다. 그 다음 자문해 보는 것이 좋다.

나는 지금 무엇을 향해 걸어나가고 있는가? 나의 결승점은 어디인가? 내가 정말 갈구하는 것을 눈앞에 그릴 수가 있는가? 만약 그 성공이 금전으로 계산할 수 있는 것이라면 그 가치는 얼마나 될까? 만약 하나의 일에 대해서 목적을 가졌다면 그 목표를 명시할 수 있는가?

내가 이렇게 자문하라고 하는 것은, 거기에 대한 대답이 오늘 이후 당신의 전생애를 결정하는 포인트가 될 것이기 때문이다. 이상하게 들릴지 모르지만, 백 사람 중 한 사람도 이런 자문에 명확히 답하는 이가 없다. 대개는 성공하고 싶어하면서도 구체적인 것을 물으면 모호한 대답을 할 뿐이다. 그저 그날 그날을 살아갈 뿐, 오늘 일거리가 있으니까 내일도 있으려니 생각하고, 노년에 들어서면 그럭저럭 누군가 돌봐 주겠지 하고 살아간다. 그들은 마치 물에 떠내려가는 코르크 병마개와 같이 살아간다. 즉, 물 흐름에 따라 여기저기 방황하다가, 누가 건져주지 않는 한 그대로 흘러다니는 코르크 신세와 같다.

그러므로 당신은 자기가 무엇을 바라고 있는가에 대해서 우선 정확한 생각을 가져야 한다. 먼저 어디로 나갈 것인가를 결정하고, 그 목표를 확실하게 눈앞에 그리며 살아야 한다. 그것은 물론 전반적인 주의 사항이다. 당신은 지금 새로운 직업을 구할 수도 있고, 좋은 직업으로 바꾸려 할 수도, 새집을 원할 수도 있고, 그렇지 않으면 단 한 켤레의 구두만을 바랄 수도 있다. 어쨌든 당신이 바라는 것에 대한 확실하고 강고한 목표를 가져야 한다.

그 예로서 위인 전기를 읽어 보면 많은 이들이 소년 시절에 이미 자기 일생의 목표를 세워 놓고 있다. 맥미란 수상은 열 살도 채 못 되어 수상이 될 것을 결심하였으며, 일부러 다우닝 가 1번지 수상 관저에서 사진을 찍은 일도 있었다고 한다. 일본의 아케다 수상도 학창 시절에 벌써 수상이 될 것을 확고히 결정했다.

인생의 목표를 세워서 그 목표를 향하여 줄달음치는 것이 승리를 빨리 얻는 방법이다. 비단 수상만이 목표가 아니라, 대사업가가 된다든가, 세계적 건축가가 된다든가, 위대한 예술가가 된다든가 하는 등 목표는 아무것이라도 좋다.

필요하다는 것과 바란다는 것 사이에는 큰 차이가 있다. 예를 들면 당신은 사업 관계로 새 자동차를 필요로 할지 모른다. 또 가족들을 위로하기 위하여 자동차가 요구될지도 모른다. 필요에 의해 대상을 요구할 때, 그 대상이 없으면 안 되기 때문에, 어떻게 해서든 사들이게 된다.

그러나 가족을 위한 것은 빨리 사들여야겠다는 특별한 계획이 없으면 힘들다. 그러므로 당신은 이때까지 가지고 있지 않던 새로운 책임을 지게 된다. 이 책임감이 내부적으로 새 힘을 길러 주고, 외부로는 새 자력을 획득하는 데 필요한 관계를 맺게 해 준다. 그러한 욕구는 좀더 새롭고 좀더 특이한 것이기 때문에, 그것은 당신의 생활을 변경시킬 것이다. 따라서 당신은 특별한 노력을 하지 않으면 안 된다. 즉, 신념의 힘에 의해 당신의 인생에 여분의 가치가 생겨나오게 된다.

그러므로 당신은 무엇을 하나 이루어내고 싶다든가, 또는 지금 현재 가지고 있는 이상의 것을 얻고 싶다고 원한다면, 욕구를 가지는 것부터 시작해야 한다. 그것도 모든 것을 태워 버릴 만큼 강렬한 욕구가 아니면 아무 일도 달성되지 않고, 아무것도 얻지 못한다고 생각해야 한다.

믿음은 산도 움직인다

명탐정 셜록 홈즈를 창작한 코난 도일은 오랫동안 영국 심리학회 회원으로 있었는데, 그는 사고 속에는 건설하는 힘과 파괴하는 힘에 있어서, 그것은 '산이라도 움직이는 신앙'과 같은 것이라고 믿고 있었다. 그것은 사실 틀림없는 일이지만, 그것이 사람 마음의 어디서 오는 것인가. 즉, 그러한 힘을 방사하면 단단한 물질을 분자가 분열하는 사태도 일어나지만, 그 힘이 사람의 어디서 나오느냐 하는 것은 모른다고 말하고 있다.

그런 말은 내가 여기에 인용하면 물질주의자들은 나를 비웃을는지도 모른다. 그것은 나도 잘 안다. 그러나 레이더가 어떤 일을 하고, 라디오의 전파가 어떻게 목재와 벽돌과 강철, 그 밖의 이른바 단단한 물질에 침투하여 가느냐 하는 것을 조금만 상기하여 본다면, 이 난해한 문제를 해결하는 하나의 실마리를 얻을 수 있을 것이다.

가령 사념思念의 힘이 과연 무엇이든, 만일 그것이 아주 빠른 진동수를 가진 것이라면, 단단한 분자에 영향을 주지 못할 까닭은 없을 것이다.

주사위의 숫자도 마음대로 조절한다

직업적 도박사들의 말에 의하면, 강력한 사념의 힘을 내면 화투나 투전이나 룰레트 같은 것의 승부에 있어, 이른바 이김수가 나는 것이라고 한다. 필자의 친지 중의 한 사람은, 거리 모퉁이의 담배 가게에 들어가자마자 기계통경품의 추첨을 뽑는 통의 손잡이를 두서너 번 일렁일렁하다가 돌릴라 치면, 틀림없이 최고의 상을 손에 들고 나오곤 했었다. 그래서 한번은 비결을 물어 보았더니 그는 이렇게 대답했다.

"나는 기분이 나쁠 때는 절대로 게임을 하지 않습니다. 거기 가서 이기고 오는 것은 반드시 이길 수 있다는 확신이 들 때뿐입니다. 조금이라도 마음에 자신이 없을 때는 이길 수 없다는 것을 알기 때문이지요. 그런데 게임을 하러 가기 앞서 마음 속에 오늘은 반드시 이긴다는 생각이 들면 이상하게 한 번도 실패하지 않게 되더군요."

무슨 실없는 소리냐고 일축해 버릴지는 모르나, 그렇게 생각하는 것은 너무 조급한 판단이다. 유력한 대학의 심리학과에서는 마음이 과연 물체에 미치는 영향력을 가지고 있나 없나를 결정하기 위한 실험이 이미 행해지고 있는데, 일부 실험 결과 그런 힘이 존재한다는 것으로 밝혀지고 있다. 그 실험은 그다지 대대적으로 선전되지 않았지만, 그 전모를 공표하는 기사는 이따금 발표되고 있다.

그와 같은 실험 가운데 아마 사람들의 이목을 가장 많이 끄는 것은 듀크 대학이 한 실험이리라 생각되는데, 그것은 바로 J. B. 라인 박사가 지도하는 일단의 심리학자들이 '사이코 키네시스'를 증명한 실험이다.

'사이코 키네시스'라고 하는 것은 사고하는 마음의 힘이 물건에 어떤 영향을 미치는 것을 말하는데, 이것은 결코 무책임하게 시정을 떠돌아다니는 말이 아니다. 군대 안에서 오락용으로 쓰고 있는 주사위를, 특별히 실험을 위하여, 고안된 기계를 써서 던졌다. 기계를 써서 던진 이유는 사람 손의 영향과 재주를 부리는 것을 견제하기 위해서이다.

1934년이래 20년 동안에 걸쳐서 실험이 계속되었다. 그 결과 라인 박사는 다음과 같은 발표를 했다.

"실험 대상자는 주사위에 대해서 어떠한 물리적 접촉도 주지 않고, 주사위가 나타내는 성적을 조절할 수 있다."

즉, 6이든 5이든 3이든 필요한 것을 내려고 마음을 집중하여 던지면, 비록 자기 손이 아닌 기계에 의해 실험자는 몇 번이나 주사위를 마음대로 조절할 수 있는 셈이 된다.

수없이 거듭되는 사이코 키네시스의 실험에서 나온 스코어를 보면, 어떤 수의 조합이 나오라고 마음을 집중시키면, 예부터 그것이 나올 확률이 백만 분의 일을 깨뜨리고 같은 숫자가 몇 번이고 계속해서 나왔다.

공포심은 불행을 초래한다

이 사실을 깊이 생각하고, 그것이 당신에게 무엇을 말하는가를 생각해 볼 필요가 있다. 그 실험은 '상상은 동수同數의 물건을 창조한다', '상상은 물체와 서로 관련된다', '상상은 그가 지향하는 것을 끌어들인다'라는 말들을 실증하고 있지 않은가? 《구약 성서》가운데서 욥은 이렇게 말했다.

"나의 두려워하는 그것이 내게 임하고, 나의 무서워하는 그것이 내 몸을 미쳤구나." 〈욥기〉 4장 25절

우리가 공포한 사념을 가지면, 그것이 일종의 창조력을 가지고, 불행한 사실을 끌어당기는 자석과 같은 힘을 나타낸다. 그와 같은 의미에서 건설적이고 적극적인 사상은 적극적인 결과를 끌어온다. 상상의 성질이 어떤 것이든 그것은 자기의 사상과 같은 것을 창조한다. 이 점을 충분히 이

해한다면, 어떻게 하면 그 두려울 만한 힘을 이용할 수 있을까 하는 점도 대개 알 수가 있다.

그러나 나의 지론은, 사고하는 것은 창조한다는 것이다. 그 지배력은 인간이 알지 못했던 광범위한 한도에까지 미치지만, 그것은 강도強度와 정서의 성질, 감정의 깊이, 진동 강도의 여하에 달렸다는 것이다.

다시 말하면, 텔레비전 방송국의 파장이나 전력에 비유할 수 있다. 즉, 사념의 항상성恒常性과 농도와 강도에 정비례하여 창조력과 지배력이 발생한다.

이것을 설명하기 위하여 여러 가지로 규명되고 있으나, 사념이라는 것이 과연 전기 에너지의 일종인지, 그렇지 않으면 무슨 다른 종류인지는 더욱 연구하지 않으면 안 될 문제이다. 그러나 전기학계의 대천재 니코들스 테러스가 암시한 고주파의 전기 실험을 시험해 본 일이 있는 나로서는, 방사라든가 진동 같은 것을 생각해 볼 때, 이것을 본능적으로 전기와 결부시켜 그 현상과 비슷한 것이라고 생각하고 싶어진다. 그러는 편이 나에게는 알기 쉽기 때문이다.

이러한 생각을 가지는 것은 나뿐만이 아니다. 과학자들은 인간의 뇌수에서 발진되는 진동을 실제로 기록할 수 있는 기계를 완성했다. 이 기계는 이제까지 정신 건강 측정에 주로 사용되어 왔는데, 의사들의 말에 의하면 그것은 감정과 꿈 또는 먼 장래에 일어날 질병 같은 것에 이르기까지 자세하게 진단할 수 있을 뿐만 아니라, 이것을 연구할 수도 있다고 한다.

1944년 예일 대학의 H. S. 바야 박사와 그 지도하에 있는 연구원들은 12년간의 연구를 계속한 결과, 모든 생물은 자기 몸의 주변에 전기를 발산하고 그 속에 싸여 있으며, 또 생명력은 전기적 힘으로 우주의 각종 생명체와 연락하고 있다고 발표했다. 옛날부터 불가사의론자와 신비주의자, 또 형이상학자들은 인간이 영광燦光을 가지고 있다고 주장했으며, 그것은 실제로 보았다는 실례도 많이 기록되어 있다. 그러나 예일 대학의 실험 결과가 발표될 때까지는 그것을 전기성電氣性과 관련시켜 설명한 사람은 하나도 없었다.

옛날 헬머스 트리스메기다스와 그 일파의 철학자들은 진동설을 주장했다. 대수학자요 철학자였던 피타고라스는, 기원전 6세기의 사람이지만, 만물은 진동에 의하여 존재하고 있다고 말했다. 이것은 본질에 있어서 오늘날이 과학이 말하는 전자파이다. 모든 물질은 일렉트론陰電子으로 구성되어 있다. 즉, 전기를 띤 미립자陰電子가 끊임없이 서로 작용하고 있다. 더 좋은 말이 발견되지 않았으므로 편의상 나는 진동이라든가, 발진微粒이란 좋은 말을 쓰고 있지만, 어쨌든 전력을 가진 미립자의 주파수가 변하면 물질의 본체도 변한다. 여러 물질의 상위相違는 진동 구성, 즉 일렉트론과 프로톤의 수에 따라 다르다. 여기에 옛날 연금술사들이 쓰고 있던 힘의 설명이 가능하다. 그들은 값싼 분자나 금속들을, 값비싼 금이나 은으로 바꿀 수 있다고 생각하였다.

그들은 병도 그와 같은 방법으로 고칠 수 있다고 생각하였다. 영국의 물리학자 라더포드는 라디오 방사능의 연구로 유명한 사람인데, 분자가 열등劣等한 금속을 고급의 금속으로 변경시킬 수 있다는 설을 전자파 이론으로써 설명하고 있다.

인간이 뿜어내는 전기

인간의 신경계통은 단지 진동파만을 감지한다. 우리의 오감, 즉 보고, 듣고, 느끼고, 맛보고, 냄새를 맡는 다섯 가지의 감각은 외계의 물체가 발산하는 진동을 받아들인다.

그것은 진동이란 것의 본질이 확실해질 것이다. 예를 들면, 우리가 높은 소리를 듣는다는 것은 결국 음의 진동으로 전해 오는 것을 받아들이는 것이다. 우리가 파란 나뭇잎을 본다는 것도 빛의 파장을 눈이 받아들여, 그것을 뇌에 보내는 작용을 말한다.

그러나 사람의 오감이 수신할 수 없을 정도의 높은 주파수를 가진 진동도 우주와 지구상에는 적지 않다. 한 가지 예를 들어 말한다면, 개가 짖는 소리 속에는 인간의 청각으로는 감지할 수 없는 매우 높은 음조가 있는데, 그것은 개에게만 들린다는 것이다.

우리는 지압 요법이란 말을 듣고 있다. 두통이 심할 때에 관자놀이를 눌러 주면 아픔이 낫는다는 것이다. 이것은 손가락 끝으로 누르는 순간 전기 에너지가 어떤 형태로 작용하기 때문일 것이다.

성서에는 예수가 손으로 만져서 병을 고쳤다는 실례가 많이 있다. 그 해석은 아직 깊이 알려지지 않은 전기의 분야, 즉 진동의 과학에서 밝혀질 수 있지 않을까 한다.

인간의 이러한 전기적인 주변대周邊帶는 바야 박사가 주장하듯이 우리 자신이 발산하는 것으로, 모든 생물을 둘러싸고 있고, 우리 손가락 끝에서 또는 마음 속에서 사출射出하여 일종의 센 충격을 준다. 즉, 그러한 사출이 다른 사람이나 물체에 진동에 영향을 미치는 것이 아닐까?

산악 지대의 고지에 사는 사람들은 방 안을 돌아다니다가 어떤 금속성의 물질을 손에 대면 전기의 불꽃을 일어나는 것 같음을 종종 느끼는 때가 있다고 한다. 이것을 말할 것도 없이 마찰에서 생기는 일종의 정전기인데, 이것만 보아도 인체에 전기가 흐름은 명확한 사실이다.

예일 대학의 연구자들이 실험한 것을 그린 재미있는 그림이 있다. 상처가 없는 건전한 양쪽 엄지손가락을 전류계에 매어서 소금물을 담은 두 개의 컵에 담그면, 전기는 양극의 왼손에서 음극의 오른손으로 향하여 흘러, 전류계는 1.5밀리볼트를 가리킨다. 그런데 또 하나는 두 손가락 중 한 군데에 가벼운 상처를 내어 컵에 담그면, 이 때엔 전극이 변하여 양극이던 왼손이 음극으로 변하고, 반대로 오른손이 양극으로 변하며 전류는 12밀리볼트로 상승한다.

이 그림을 보면, 프랑스의 과학자인 H. 파라듀크 박사가 수년 전에 완성한 생명 계량기가 생각난다. 이것은 종 모양의 유리 그릇 안에 가는 명주실로 잡아맨 구리침을 늘인 것이다. 바늘 밑의 유리 그릇 안에는 원형의 두꺼운 종이에 눈금을 그려 놓았다.

이와 같은 기구를 두 개 늘어놓고 실험자의 두 손가락을 유리 그릇으로부터 1/2 인치가 되는 곳에 놓고 명주실에 매달려 있는 바늘에 마음을 집중시킨다. 그리고 사념의 방향을 이리저리 바꾸면, 바늘의 방향은 실험자의 마음과 같이 이리저리 움직인다. 즉, 바늘은 변해 가는 명령적인 사념의 흐름에 따라 그대로 순종한다.

그와 비슷한 원칙에 의한 간단한 실험이 하나 더 있다. 보통 종이를 약

3인치 사각으로 잘라 한 끝과 다른 끝을 대각선으로 접는다. 그 종이를 펼쳐 다시 다른 대각선으로 접는다. 말하자면 두 대각선의 줄이 중앙에 교차하게 된다. 그러고는 긴 바늘을 코르크 병마개 중간에 꿰어, 바늘 끝이 병마개 위 1인치쯤 나오게 한 그 코르크 마개에다, 바늘을 꽂은 채 끝을 위로 해서 거꾸로 엎은 유리컵에 얹는다.

이것은 바늘 끝에 놓은 종이와 사람의 두 손이 자유로이 움직이게 하기 위함이다. 그러고는 두 대각선으로 접은 종이를 두 선의 교차점이 바늘 끝에 닿도록 올려놓는다. 종이는 대각선으로 접혀 있으므로 피라미드형을 이루고, 네 변은 아래로 향하여 균형을 취한다.

코르크와 바늘과 종이를 올려놓은 채 유리컵을 바람이 없는 방의 테이블 위에 가만히 놓는다. 즉, 난방과 창문을 피하여 옆을 파동과 공기의 유통이 없는 곳을 택한다. 그러고는 두 손으로 컵을 씌우듯이 종이를 둘러싸고 손과 종이의 간격을 0.5인치쯤 하여 종이가 자유롭게 움직일 수 있게 한다.

처음에는 종이가 한쪽 방향에서 다른 방향으로 천천히 움직일 것이다. 그러다 손을 움직이지 않게 힘을 주면서 종이가 한쪽 방향으로만 돌도록 사념하고 마음을 모으면, 종이는 자기 생각대로 돌며, 마침내 바늘 끝을 중심으로 빠른 속도로 돌게 된다. 만일 당신이 마음 속으로 종이의 방향을 변경시키려고 생각하면 당신의 마음과 같이 운동을 중지하고 이어 다른 방향으로 돌기 시작한다. 물론 당신의 호흡으로 종이의 운동에 영향을 주어서는 안 된다.

이렇게 종이가 도는 원인에 대해서는 여러 가지 많은 설명들을 하고 있다. 양 손의 열파^{熱波}라든가, 혹은 인체에서 나오는 무슨 교류^{交流}라든가…… 만일 종이가 한 방향으로만 움직인다면 이런 설명으로 충분할는지 모른다. 그러나 실험자가 연습을 거듭해서 자신을 갖고 사념을 집중시키면, 종이는 한쪽으로 돌다가 반대 방향으로 돌 수 있다는 것을 생각할 때, 이 원리는 전에 말한 생명 계량기와 같은 것이라 아니 할 수 없다.

또 하나 비슷한 실험이 있다. 그것은 다이어렉트라고 하는 두꺼운 종이를 시계 원반같이 둥글게 만들고, 시계와 같이 1에서 12까지의 숫자를 그린 것을 쓰는 실험이다. 이것은 옛날 독일 귀족들이 창설한 장수법과, 연금술을 알고 있었다는 장미십자사^{薔薇十字社}라는 비밀 결사가 창출해 낸 원반인데, '로즈이크루샨 디어레트'라고도 한다. 뾰족한 바늘을 원반 중심에 꽂고 그 바늘 끝에 화살형으로 만든 얇은 종이를 평형을 이루게 올려놓는다.

원반을 유리컵에 채운 물 위에 띄우고, 바늘 아래쪽은 물에 잠기도록 한다. 실험자는 양 손을 유리컵·원반·화살 들의 위에 덮는다. 그러고는 화살에게 돌기를 명령하여 마음먹은 숫자까지 돌게도 하고 또 멈추게도 한다.

그러나 이런 실험은 누구나 당장에 성공한다고 할 수는 없다. 그것은 사고나 사념의 집중력과 투영력은 각 개인에 따라서 다르기 때문이다.

만일 우리들의 손이나 손가락들로부터 일종의 전기가 나와서 그것에 동력적이랄까 자력적이랄까 일종의 물결이 있어서, 그것이 의식적이거나 무의식적이거나 우리의 생각대로 변화하는 것이라고 하면, 데이블 터닝^염력으로 테이블을 움직이는 실험인데, 구미 각국의 심령회에서 자주 행해지고 있다과 자동 필기 아무 생각 없이 손이 저절로 움직여 글을 쓰는 것, 프란세트, 위자판, 그 밖의 신비회에 영매靈媒로 행해지고 있는 방법도 전부 해석될 수 있다.

예일 대학의 실험에서는 모든 생물은 스스로 발산하는 전기에 둘러싸이고 있는 것을 실증했고, 듀크 대학에서는 사고와 염력念力이 물체를 움직인다는 것을 실증하기 위하여 여러 가지로 실험 연구를 추진시키고 있다. 이제 그러한 생각과 방식을 증명하는 사실들을 들어 보겠다. 웨스팅하우스 전기 회사의 조사 기사 P. 토머스 박사는 미국 기자협회에서 다음과 같이 말했다.

"우리가 무슨 일을 하고 있을 때나, 이야기를 하고 있을 때나, 무엇을 생각하고 있을 때에는 반드시 어떤 형태의 방사를 하는 법이다. 그러한 방사를 전기적인 것이라고 생각한다. 머지않아 우리들은 인격이라든가, 염력이라든가, 염력의 방사 같은 것까지도 전기 반응으로 포착하여 그것을 해석할 수 있으리라고 생각된다."

사념의 방사

독자들 중에는 '사념의 방사'라는 것에 대하여 명료한 이해를 하지 못한 사람이 있을지도 모르므로 간단히 설명하겠다.

연못의 수면에 던진 조약돌이 물에 닿자마자 곧 수면에 작은 동그라미를 계속해서 사방에 보낸다. 동그라미는 끝없이 벌어져서 마침내 저쪽 못의 가에까지 이르러 사라지는 것같이 보인다. 던진 돌이 크면 클수록 물결은 높고 크다.

크기와 무게가 같은 두 돌을 동시에 서로 가까운 곳에 따로따로 던지면 그것은 제각기 물결의 동그라미를 그리다가 어떤 곳에서 겹쳐진다. 우리들의 육안으로 보기에 만일 두 개의 동그라미가 서로 크기가 같다면 서로 만난 곳에서 그 물결이 없어지든지 융합해 버린다. 만일 한 물결이 좀 크다고 하면, 그것은 작은 물결 위를 넘어서 작은 물결의 흔적 위로 멀리 멀어져 간다.

이 사실을 우리 자신의 마음의 물결이나 사념의 힘과 비교하여 보자. 좀더 큰 사념은 다른 사념의 물결을 멈추거나 그것을 압도하여 버릴 것이다. 더욱 강력하게 집중된 사념은 그 속도도 빠르고 진동도 크므로, 작은 진동을 그만큼 강하게 물리치고 더욱 빨리 그 창조적 일을 해나갈 것이다.

우리들은 사고의 여러 단계, 즉 의식의 깊이도, 사념의 집중, 신앙의 강약 등에 대한 말을 듣고 읽고 하지만, 그것은 우리가 외계에 내보내는 힘의 농도 또한 강도를 말한다.

창조적 힘이 나오는 것은 사상이 완숙되었을 때, 또는 마음 속에 사물의 선명한 영상이 그려졌을 때, 또는 우리의 상상 가운데 숙원을 이룬 미래의 자기 모습을 눈에 보이는 듯이 그렸을 때, 다시 말하면 욕구의 목적물인 집·자동차·텔레비전·가구 등 기타 물건의 그림이 마음 속에 똑똑히 보일 때일 것이다. 그런 때라야 비로소 그 욕구를 실현시키는 창조력이 생겨 나온다.

나는 이른바 신비스러운 종교의 교리와 여러 심령 과학의 기술과 정통파 교회의 교리도 연구했으나, 그것들은 다 각자가 각기의 분량의 정도에 상응하는 효능을 가지는 것임을 깨달았다. 즉, 신자가 가지는 신앙의 정도에 따라 효능이 나타나며, 기도의 효과도 마찬가지로 교인의 의무적인 기도이거나, 개인의 자발적인 기도이거나, 신앙의 정도에 따라 효능이 나타난다.

일찍이 《토요 문학 평론》지에 T. 사그루의 기사가 실린 적이 있었다. 그의 말에 의하면 정신 치료 운동은 급속히 발달하여, 근래엔 가는 곳마다 상당히 유행하고 있었는데, 누구나 경탄할 만한 성과를 거두고 있다고 한다.

어떤 62세의 노부인은 반신 불수로서 손가락이 관절염 때문에 오그라졌는데, 인도의 요가 행자가 하는 호흡법으로 건강을 완전히 회복했다. 사그루 씨의 말에 의하면, 건강을 회복한 뒤의 노부인은 다른 사람이 보기에는 40세 정도밖에 안 된 것 같다는 것이다. 또 다른 부인은 신비적인 심리 요법으로 좋은 결과를 얻었고, 실제 나이보다 열다섯 살이나 더 젊어 보이게 되었다. 또 현역에서 은퇴한 전도사는 12년 동안이나 심령 실험을 끈기 있게 계속한 보람으로 놀랄 만한 성과를 거두고 있다.

나는 이상의 사실 가운데서 다만 한 가지의 결론을 얻을 수가 있었다. 그것은 모든 기구·신조·종교의 유파 등은 다 그것 자체가 훌륭하다기보다는, 도리어 그것을 믿는 신자의 신앙심의 힘에 의해서 놀라운 효과를 올렸다는 것이다. 즉, '신념의 마력'이라는 결론을 얻었다.

잠재 의식에 눈을 돌려라

오스트리아의 유명한 심리학자 S. 프로이트의 저서는 오늘날까지도 정신 병원의 교과서처럼 되어 있지만, 이 사람이 세계의 주목을 받게 된 가설엔 이런 말이 있다. 우리들의 마음 속에는 어떤 강력한 힘이 있지만, 오늘날까지도 그것을 명확하게 설명해 내지 못했다. 즉, 의식하는 마음이란 전혀 별개의 것이다. 그것은 우리들의 사상·감정·행동의 근원으로 끊임없이 일하고 있다는 것이다. 다른 학자들은 우리들의 정신 생활의 이 부분을 '혼'이라고 부르며, 어떤 심리학자들은 그 소재 위치를 '태양신경총'이라고 해서, 위 뒤의 척추 앞 근방이라고 말하고 있다.

또 다른 사람들은 그것을 초자아·내부의 힘·초의식·무의식·잠재 의식 등과 같은 여러 말로 부르고 있다. 그러나 그것은 뇌수와 같은 하나의 기관도 아니며, 육체적·물리적인 것도 아니다. 그리고 과학자들은 인체 내부의 어떤 곳에 그것이 존재해 있다는 것을 정확히 말하지 못하고 있다. 그러나 그것은 확실하게 존재하며, 유사 이래 인류는 그것이 실제로 존재하고 있다는 것을 인정해 왔다. 옛날 사람들은 그것을 '영혼'이라고 말했다.

앞에 말한 파라셀서스는 '의식'이라고 불렀고, 다른 사람들은 '정신'이라고 불렀으며, 뇌수의 부속물처럼 생각했다. 또 일부에서는 양심이라고 해서 '육체의 은밀한 작은 소리'의 주인공이라고도 했다. 또 다른 일부 사람들은 우리 인간이 서로 결연되어 있는 최고의 지혜인 '신의 일부분'이라고도 주장했다. 그 때문에 우주의 마음이라고도 했는데, 그것은 인류

뿐만 아니라 모든 동식물에게도 있다고 했다.

이것은 어떻게 이름 지어져도 좋다. 나는 이것을 다만 잠재 의식이라고 부르려 한다. 그것은 인간 생명의 본질로서, 그 힘의 극한은 아직 명백히 밝혀져 있지 않으나, 24시간 동안 쉬지 않는다는 것은 사실이다. 이것은 어떤 큰 위험이 닥쳐왔을 때는 반드시 구명하려고 나타난다. 눈앞에 무엇이 임박해 올 때는 그것을 알려 준다. 우리들의 힘으로는 도저히 불가능한 일까지도 때때로 성취시켜 준다. 여러 가지 방법으로 우리를 인도하고, 그것을 올바르게 이용하기만 하면, 이른바 기적도 이루어낸다.

객관적으로 그것은 명령받은 대로 움직인다. 즉, 현재 의식現在意識이 명령하고 간절히 원하는 일을 해 준다. 주관적으로는 주로 그 자신의 의식에 의해서 행동한다. 외부로부터 받은 영향의 반동反動일지도 모르는 그 행동도 어떤 사정으로 인하여 자발적 행동처럼 보이는 것인지도 모른다. 물리학자 E. 에딩턴 경은 이렇게 말했다.

"내가 아는 바에 의하면 정신은 원자를 변경시킬 힘을 가지고 있으며, 원자의 운동을 조절할 수도 있다. 또한 세계의 발전은 물리적 법칙에 의해서 운명 지워진 것이 아니고, 인과율因果律에 의하지 않은 인간의 자유 의사에 의하여 변화를 받고 있을지도 모른다고 생각한다."

이 사상을 잘 생각해 보면 매우 놀랄 만한 이론이 된다. 차라리 전자파나 진동 이론의 선에서 생각하는 것이 더 알기 쉬울 정도이다.

이 문제를 연구하는 학도들은, 재산과 권력과 명성을 잡은 세계의 모든 사람들이 이미 오래 전부터 이 잠재 의식을 활용해 왔던 사실을 알 것이다. 또 육체의 병을 고치고, 인간으로서 지극히 곤란한 문제에도 이것을 사용해 왔다. 이 위력은 누구나 쓸 수 있도록 준비되어 있다. 당신이 취할 오직 한 길은 이 위력을 믿고 내가 이 책에서 설명하는 과학의 기술을 사용하는 것뿐이다. 혹은 당신 자신이 활용할 수 있는 독특한 방법을 창안해도 좋다.

1930년대에 미국의 신문 독자에게 널리 알려져 있던 평론 기자 D. 슬리드 씨는 나에게 이런 말을 한 적이 있다. 그의 생각으로는 잠재 의식이란 귀중한 것으로써 착상을 만들어 내는 데 도움이 될 뿐만 아니라, 잊어버렸던 도구 같은 것을 찾아내는 데도 도움이 된다는 것이다.

슬리드 씨는 당시 도심 지대에서 멀리 떨어진 산간에 살고 있으면서 짧은 평으로 명성을 떨치는 한편, 전원田園의 일도 하고 있었다. 그는 잠재 의식을 깊이 연구하여 나와 여러 가지 토론도 했고, 편지를 주고받기도 했다. 다음에 소개하는 것은 그의 편지의 한 구절이다.

이 놀라운 잠재 의식을 세상 사람들은 왜 좀더 연구하여 활용하려고 하지 않는지 모르겠습니다. 나는 그것으로 말미암아 몇 천 번이나 도움을 받았고, 어려운 고비를 무사히 넘겨 왔습니다.

특별 기사의 착상 같은 것도 나무 뿌리를 캐내는 것 따위의 원시적인 육체 노동을 하고 있는 중에 문득 떠올랐습니다. 잊어버린 도구 같은 것도 그렇게 해서 찾아내기가 일쑤였습니다.

무엇이나 그것이 아주 없어지는 것은 아닙니다. 놓아둔 장소를 잊어버리는 것뿐입니다. 놓아둔 곳을 잊어버렸거나, 혹은 잘못하여 떨어뜨렸거나, 어쨌든 그 곳에 있는 것은 사실입니다. 나는 어디에 두었는지 생각나지 않는 도구를 찾을 때 나의 잠재 의식이 시키는 장소에 가서 찾은 일이 얼마나 많았는지 모릅니다.

나의 방법이란 예를 들면 휴대용 나이프를 어디에 두었는지 모르거나, 그렇지 않으면 잃어버렸다고 합시다. 그런 경우 나는 이렇게 말합니다.

"휴대용 나이프야, 너는 지금 어디 있느냐?"

그러곤 눈을 감습니다. 또는 공간을 멀건히 바라봅니다. 그러면 그 대답이 즉석에서 떠오릅니다. 그것이 올 때는 반드시 번개같이 순간적으로 떠오르곤 했습니다. 그리고 나를 나이프가 있는 곳으로 똑바로 이끌어갑니다.

나는 도끼나 장도리 같은 것을 아무 데나 놓는 버릇이 있는데, 그것은 당신도 알겠지만 신문계에서 자란 사람의 조급한 성격 때문일 것입니다. 그렇기 때문에 누구보다도 물건을 잊어버리는 때가 많지요.

나는 남의 이름을 외우기가 참으로 힘들었습니다. 그러나 이름을 잊어버렸을 때 그 사람의 모양 얼굴의 윤곽·눈빛·머리·옷맵시 들을 그림처럼 머릿속에 그리면 잠재 의식은 반드시 그 사람의 이름을 가르쳐 줍니다.

나는 어디서 이런 방법을 배웠는지 모릅니다만, 어쨌든 무슨 이야기의 줄거리나 순간적으로 잊어버린 어떤 것을 생각해 내려고 할 때, 나는 편안히 앉아서 머리를 들고 오른손을 이마에 대거나, 때로는 하늘을 바라보거나, 눈을 감기도 합니다. 이런 간단한 행동이 잊었던 일을 대부분 생각나게 해 줍니다.

중요한 것은 발명이나, 대작곡이나, 시·소설, 그 밖의 독창적인 역작의 위대한 사상은 모두 잠재 의식에서 오는 것이라는 겁니다. 그러한 것에 신념과 자료를 제공하고 중심에서 우러나오는 욕구를 첨가하여 마음대로 해 보십시오. 반드시 성과가 있을 것입니다. 옛 사람들의 말입니다만, 우리가 베를 짜기만 하면 하느님이 실을 내려 주십니다. 결코 거짓말이 아닙니다.

이런 힘에 의지하여 일을 하게 되면 마술사의 손에 닿는 것처럼 만사는 자동적으로 제자리에 들어가 맞습니다. 그리고 그 성과는 놀랄 만큼 뒤를 이어 나옵니다.

우연하게 솟아오르는 것 같아도 그것은 절대로 우연이 아닙니다. 몇 천만의 남녀들은 잠재 의식이란 것을 모르는 채 유명하게 되거나, 경탄할 만한 성과를 거두었다고 생각합니다. 그러나 성공한 것은 잠재 의식 때문이라는 것을 본인들이 알지 못한 것뿐입니다.

산간에서 세상과 떨어져 혼자 대자연에만 접근하여 사는 사람들은 누구보다도 잠재 의식을 잘 이용할 수 있다고 생각합니다. 잠재 의식의 일대 위력이 우리들의 생활을 쌓아올리고, 또한 지배하는 가장 무서운 힘이란 것을, 과학이 증명할 날이 반드시 오리란 것을 나는 굳게 믿고 있습니다.

마음 속에 영상을 그려라

머릿속을 스치고 지나가는 순간적인 사상의 암시들은 얼마 후 그것들이 합하여 하나의 힘을 만드는 정도밖에 안 된다. 그러나 잠재 의식은 하나의 커다란 기구로서 그것을 동원하는 힘은 지속하는 염력念力 또는 이미 말한 바와 같이 마음 속에 뚜렷하게 고정된 영상이다.

잠재 의식을 동원시키기 위하여 현재 의식의 파동의 템포를 높이는 방법도 많으나, 때로는 단 한 마디의 발언이나 한 사람에게 주는 눈짓 하나로 말미암아 잠재 의식은 즉시 활동을 개시하는 때도 있다.

대재난 염려, 대위험의 직전, 비상시 등 혼자 있을 때나 다른 사람과 같이 있을 때를 막론하고 즉각적으로 무슨 행동을 일으킬 필요가 있을 때에는 잠재 의식이 홀연히 움직여 준다. 순간적으로 속단을 내릴 수 있는 그런 도움을 준다. 여러 가지 착잡하고 모순된 생각을 현재 의식에서 쓸어 버리려면 잠재 의식이 활동한다. 소위 '심사 묵고沈思[默考]'라는 것이 그것이다.

잠재 의식을 가장 유효하게 사용하는 방법은 마음에 영상을 그리는 것이다. 상상력을 충분히 발휘해서 바라고 있는 물건, 또는 희망하는 지위 등 실제로 필요로 하는 그 자체를 완전한 모양으로 마음 속에 그려 놓아야 한다. 우리는 흔히 눈에 보이는 것 같다는 말을 쓰는데, 말 그대로 생각하는 것을 눈으로 역력히 볼 수 있어야 한다.

그러나 좀더 지속적인 결과는 신념이나 신앙에서 생긴다. 이 신앙의 불가사의한 힘으로 기적이 생기고, 무엇이라고 설명할 수 없는 현상이 일어난다.

내가 말하는 것은, 깊은 곳에 뿌리내린 굳고 적극적인 신심信心으로 당신의 육체와 뼈와 피에 두루 퍼지는 충만한 마음과 넋이 잠겨 있는 신앙이다. 감정의 고조라든가, 영의 힘이라든가, 전기적 진동이라든가, 그 무엇이라고 불러도 좋다. 그 힘이 흡인의 법칙에 따라 생각하고 있는 물체와 결부된다.

신앙은 마음이나 사고의 파장이나 템포를 변경시켜 거대한 축전지처럼 잠재 의식을 활동시키며, 우리의 전신을 싸는 영광을 변모시켜서 우리 주위의 모두에게 영향을 미치는 동시에, 때로는 먼 데에 있는 사람과 물체까지도 움직일 수 있다. 그래서 우리는 개인의 생활 환경 속에서 꿈에도 생각지 않았던 놀랄 만한 일들이 일어나는 것을 보게 된다.

성서에는 그러한 일이 수없이 씌어져 있다. 종교 단체·결사대·정치 기구 등의 입회 조건에도 그런 것이 씌어져 있다. 가는 곳마다 신조를 위하여 싸울 수 있는 사람을 구한다. 강한 신앙의 진동파에 감전된 사람이야말로 기적적인 일, 그리고 우리가 자주 '믿을 수 없다'고 말하는 일들을 수행한다. 그러한 신앙은 마력의 한 부분으로, 문명인이나 야만인이나 간에, 유사 이래 그것을 마술의 기초로 지속해 오고 있다.

제 3 장
잠재 의식이란 무엇인가

인생에 있어서 잠재 의식은
위대한 원동력의 하나이다.
그것은 본능에 뿌리를 박고
각 개인의 가장 기본적인 욕구를 파악해 낸다.
잠재 의식은 시간과 공간을 초월하고 있다.

신념의마력
C.M.브로스톨 / 미래경제연구원

제3장
잠재의식이란 무엇인가

THE MAGICAL POWER OF BELIEF

현재 의식^{顯在意識}과의 관계

《의식은 잠재로부터 현재로》라는 책을 쓴 프랑스의 심리학자 G. 게레는 다음과 같이 말했다.

"미술가·과학자·문호 들은 설령 자기 분석을 해 본 일이 없는 사람이라도 잠재 의식이 얼마나 소중한 것인가를 잘 알고 있다. 그러한 귀중한 체험을 갖지 않은 사람은 거의 없다고 해도 과언은 아닐 것이다."

현재 의식과 잠재 의식이 완전히 조화해서 협력하면 인생의 최대의 성공을 달성할 수 있다. 그럼에도 불구하고 전세기^{前世紀}까지는 잠재 의식의 심리적 연구는 전혀 생각지 않았다. 잠재 의식은 병에 걸렸을 때라든가, 어떤 사고가 났을 때에나 불쑥 머리를 쳐드는 이상한 현상이라고 생각을 했다.

그러나 내가 말하고자 하는 신념의 마력에 있어서 잠재 의식은 그야말로 중요한 역할을 한다. 그러므로 만일 그 선명한 모습을 정확하게 머릿속에 그리고, 그것이 체내의 어디에 있으며, 또는 그것이 단독으로 혹은 현재 의식과 협력하여 어떻게 활동하는가를 이해하고 동시에 그 본질을 파악할 수 있다면, 내가 말하는 과학은 누구보다도 빨리 체득할 수 있다.

이 잠재 의식에 대해서는 이 책 어디서나 되풀이하여 설명된다. 이 과학의 중요한 기술적 요점에 대해서는 거듭 말하지만, 몇 번이나 중복하여 설명해야만 비로소 이 마음의 과학을 이해할 수 있다. 또 잠재 의식에 관한 이해를 빨리 가지면 가질수록 당신의 욕구를 그만큼 빨리 달성할 수 있고, 그만큼 이익도 크다.

우선 잠재 의식을 당신의 머릿속에 그림처럼 명확하게 스케치하려면 과학적 용어를 상당히 많이 써야 한다. 잠재 의식은 세계적 심리학자의 연구와 실험의 결과 겨우 그 전모가 밝혀졌기 때문이다. 따라서 만일 조금이라도 이해하기 어려운 점이 있으면 몇 번이고 되풀이하여 읽어 주기 바란다. 거듭 읽노라면 반드시 똑똑히 알게 될 것이며, 비로소 이 과학의 핵심과 만나게 될 것이다.

내가 이 잠재 의식을 생각하기 시작한 것은 T. J. 허드슨의 《심리 현상의 법칙》을 읽은 뒤였다. 거기에는 잠재 의식과 각 개인의 일상 생활과의 관계에 대한 이야기가 주로 씌어 있었는데, 알게 모르게 작용하는 잠재 의식의 힘이 얼마나 큰 것인가 하는 것을 그 책을 읽고 비로소 깨달았다. 그 뒤 E. F. 그레브와 P. C. 훼렐의 《잠재 의식은 말한다》와 T. C. 후트의 《힘의 근원》, M. 프린스 박사의 《잠재 의식》, H. 헌킨의 《상식과 그 양성》 등을 읽고 그 인식을 더욱 두텁게 했다. 나는 잠재 의식과 현재 의식의 본질을 당신들의 머릿속에 명확하게 그릴 수 있도록 그 둘 사이의 관계 작용을 학자들의 최근 발견과 대조하면서 설명하려 한다. 또 당신들이 그것을 어떻게 컨트롤하며, 또 당신들의 욕구를 채우는 데 얼마나 큰 힘이 되는가도 설명할 것이다.

"누구나 만일 현재 의식 속에 성공하고 싶다는 욕구가 있다면 그 사람에게는 반드시 성공할 수 있을 만한 능력이 잠재 의식으로 되어 체내에 잠자고 있을 것이다. 그 능력은 사람에 따라 발달되거나 그렇지 않거나 하는 차이가 있을 뿐이다."

이것은 《잠재 의식은 말한다》라는 책에 씌어 있는 말이다. 그러한 능력이 무엇과도 비교할 수 없는 불가사의한 것임은 옛날부터 알려져 있었으나, 겨우 1세기 전에서야 심리학자의 특수한 연구와 실험의 대상이 되어 잠재 의식이라 불리게 되었다. 아마 미국의 철학자 에머슨도 인간의 마음이 두 개의 구성 분자로 되어 있다는 것을 알고 있었을 것이다. 그것은 그의 다음과 같은 말로 미루어 볼 때 충분히 증명이 된다.

"나는 마음의 한 상태가 다른 하나의 상태를 전혀 기억도 하지 못하고 인식도 하지 못하는 수가 있다는 사실을 안다. 1년 전에 쓴 나 자신의 문장도, 그리고 그것을 정정한 사실도 나는 기억하지 못하고 있다. 그와 비슷한 것을 지금 다시 쓰라고 하면 쓰지 못할 것이다. 그러나 그것이 나의 저서라는 것은 여러 외부적인 증거가 말해 주고 있다. 즉, 나의 자필의 초고 가운데 그것이 발견되었고, 또 내가 그 사본을 친지들에게 보냈다는 정황 판단들로 보아 내 저서임에 틀림없다고 생각할 뿐이다."

두 가지 의식의 특성

지금에 와서는 잠재 의식과 현재 의식이라는 것이 널리 알려져 있다. 그리고 우리가 두 마음을 가졌고, 그것들이 각기 완전히 다른 독특한 성질과 능력을 가지고 제각기 사태에 따라서 독립된 행동을 한다는 것도 알려져 있다.

똑똑히 아는 것은 현재 의식이 뇌에서 움직이고 있다는 것이다. 당신이 무엇을 열심히 하려고 할 때는 뇌가 활동한다. 그것을 느끼는 것은 그리 어려운 일은 아니다.

때로는 그 생각이 제법 복잡하고 성가신 일이기 때문에 상당히 피로하기도 할 뿐만 아니라, 장시간을 끌게 되면 마침내 머리가 아파지고 눈이 피곤해지고, 관자놀이가 쑤시기도 한다. 또 그렇게 골똘히 생각하게 되는 원인이 무엇인가 규명하는 것도 그다지 힘든 일은 아니다.

그것은 무엇인가 보고, 듣고, 읽는 것들이 원인이 된다. 또 일에 대한 것이라든가, 가정에 관한 관심거리일지도 모른다. 혹은 오랫동안 계속해서 생각해 온 문제의 연속일지도 모른다. 어쨌든 무엇인가 이미 의식 중에 가지고 있는 것과, 그것과를 관련시켜서 생각해 볼 필요가 있다.

때로는 어려운 문제의 해결 때문에 전력을 다 하고 몰두하였던 탓으로, 사고력이 아주 피곤해져서 마침내 그것은 단념하든가, 내던져 버리는 수가 있다. 또 의식적으로 그것을 마음 속에서 완전히 추방하는 수도 있다. 그런 체험은, 예를 들면 어떤 괴로운 문제 때문에 고민이 되어 그것이 머릿속에서 떠나지 않아 잠을 못 이루는 밤이 흔히 있다.

만약 당신이 생각하던 일을 두뇌로부터 추방한다면, 그것은 홀연 가라앉아서 당신 체내의 어디로 숨어 버리게 된다. 그러면 당신의 긴장은 곧 풀려서 잠을 이룰 수 있다. 다음날 아침 눈을 뜨고 일어나면 당신의 의식은 다시 전날밤의 문제를 생각한다. 그러면 당신의 눈앞에 지난밤 해결짓지 못한 문제의 영상이 문득 떠오른다.

그러나 그 때에는 이상스럽게도 그 문제는 어느덧 해결되어 있을 뿐만 아니라, 당신이 다시 어떠한 행동으로 나아가야 하느냐의 중요한 지시까지 마련되어 머리에 떠오르는 때가 있다.

그렇다면 그것은 간밤엔 대체 어디를 헤매고 있었을까? 그리고 체내의 무엇에 의해서 그 문제가 해결되었을까?

많은 문필가·웅변가·미술가·작곡가·기획가·발명가, 기타 창조력이 필요한 일에 종사하는 사람들은 옛날부터 의식적으로나 무의식적으로나 잠재 의식을 이용하여 왔다. 미국의 소설가 프룩스 휠드는 다음과 같은 말을 했다.

"다른 작가들도 그렇겠지만 나는 오래 전에 어떤 중요한 것을 발견했다. 그것은 심리학자가 잠재 의식이라고 부르는 것이 우리들 마음 속에 있다는 것이다. 자고 있을 때나 휴식하고 있을 때, 또는 문필 이외의 무슨 딴 일을 하고 있을 때, 아무런 예고도 없이 갑자기 활동해 주는 것이 있다. 나는 마음의 이 부분을 훈련시키면 내 일에 도움이 되도록 할 수 있다는 것을 알았다. 아침에 일어나면 그때까지 기교에 관한 것이라든지, 구상이라든지, 작중 인물에 대해서 오랫동안 나를 괴롭혔던 문제들이 잠자는 동안 나도 모르게 해결되어 있을 때가 있다.

잠재 의식이란 조상 대대로 내려오는 본능과 다년간의 경험이 모여 쌓임으로 조금도 판단을 그르치지 않는다. 나는 오랫동안 이치를 따져 깊이 생각한 끝에 얻은 결론에 의하여 내린 판단을 잠재 의식의 재결裁決을 얻은 뒤에야 확정적인 것으로 결정짓는다."

독자 여러분도 이상의 서술로 현재와 잠재의 두 마음에 대하여 대강이나마 그 윤곽을 알았을 줄 믿는다. 현재 의식은 두뇌에 깃들이고 있다가 의식의 표면에 나타난다. 그러나 잠재 의식은 체내에 있으면서 의식의 틈바구니에 숨어 있다. 그리고 이 양자 사이에는 어떤 통신과 같은 연락이 취해지고 있다.

잠재 의식은 힘의 근원이다

생각의 근원은 의식하는 마음이다. 또 우리들이 눈을 뜨고 있는 일상생활의 지각력도 그 의식이다. 우리가 현재 여기에 있다는 지각과 환경을 지각하고, 그것을 이해하는 힘과 우리가 마음을 어디로 보내야 옳을 것인가를 지휘하는 능력, 그리고 과거에 대한 기

억, 우리의 감정, 그 감정이 생기는 원인을 아는 힘도 모두가 현재 의식이다. 좀더 구체적으로 말하면 우리 주위의 사물과 사람, 우리의 성공과 실패의 체험, 논리의 옳고 그름, 예술작품의 아름다움들을 합리적으로 이해할 수 있는 것들은 다 현재 의식의 덕택이다.

현재 의식의 주요한 힘은 이성·논리·형식·비판·자각·도덕심 등이다.

우리들은 그 힘으로 객관의 세계를 인식한다. 인식의 필요한 도구는 체내의 오감이다. 현재 의식은 우리들의 육체의 필요를 충족시키기 위하여 있다. 따라서 물질적 환경에 대한 우리들의 투쟁에 소용된다. 그 최고의 임무는, 이성을 작용케 하면 모든 방법을 써서 귀납적 또는 연역적으로 분석하고, 혹은 종합하면서 사고를 일으키는 일이다.

예를 들면, 당신이 새로운 혈청을 발견하고 싶다는 의학상의 연구를 꾀한다고 하자. 당신은 우선 의식을 작용시켜서 귀납력(歸納力)을 활용한다. 즉, 당신의 감각으로 인식한 사실을 조그마한 데이터에 이르기까지 그것을 종합한다.

다음에 그것을 하나하나 비교하여 같은 점과 다른 점에 유의한다. 그 중에서 성질과 사용법과 기능이 같은 것을 골라내고, 그것을 한데 뭉쳐서 하나의 개괄적인 법칙을 발견하는 일을 시작한다.

즉, 이러이러한 성질을 가진 것은 이러한 방향으로 작용한다는 발견을 꾀하는 셈이다.

이것은 하나의 지식에 도달하는 과학적 방법인데, 대학과 같은 곳에서 근대 교육을 시키는 하나의 근본이 된다. 또 대체로 그런 방법을 써서 우리는 사람·사회·사업·직업, 혹은 경제적 모든 문제를 해결해 나간다. 우리들의 허다한 실제 문제는 이와 같은 건전한 의식이 작용함으로써 해결되어 나간다.

그러나 때로는 아무리 해도 해결되지 않는 일이 있다. 그럴 경우 우리들은 완전히 지친 나머지 그 이상 노력을 계속해 볼 용기조차 잃어버리고 만다. 자신을 잃고 절망 속에서 자포자기에 빠지는 수도 있다.

바로 그 때 잠재 의식은 바로 머리를 쳐들고 그 위급한 장면을 독무대로 삼아 활동을 개시하기 시작한다. 즉, 우리들에게 자신을 되찾게 하고, 곤란을 극복하여 힘과 용기를 복돋우며, 일을 완성과 성공에의 길로 우리를 인도해 준다.

마치 현재 의식이 사고의 원천인 것과 마찬가지로 잠재 의식도 힘의 원천이 된다.

또 인생에 있어서 잠재 의식은 위대한 원동력의 하나이다. 그것은 본능에 뿌리를 박고 각 개인의 가장 기본적인 욕구를 파악해 낸다. 그리고 항상 잠재 상태에서 벗어나 현재 의식으로 떠오르려고 쉬지 않고 끊임없는 노력을 지속하고 있다. 그리고 그것은 타인이나 외계에서 들어온 무의식적인 인상을 축적해 두는 저장고이며 기억의 보고이기도 하다. 인식된 사실과 체험 등 현재 의식이 끊임없이 보내는 것을 현재 의식에 대신해서 소중히 보관한다. 언제든지 요구에 응해서 쓸 수 있는 자료의 거대한 저장고로서 현재 의식이 어느 때나 써 주기를 기다리고 있다.

그러나 임무는 그것뿐이 아니다. 각 개인의 에너지의 동력원으로서 일종의 발전소와 같은 중요한 구실도 한다. 사람은 거기서 활력을 보급받고 힘과 용기를 얻으며, 또 자기 자신에 대한 신뢰감을 갖게 된다.

잠재 의식은 시간과 공간을 초월하고 있다^{이것은 나중에 상세히 재론하려고 한다}. 그리고 비유해서 말한다면, 강력한 발신과 수신을 겸한 방송국과 같은 일을 맡고, 우주에 퍼져 있는 방송망과 연락하여 물리적·심리적·정신적인 세계와 널리 영적인 세계에까지 미쳐서, 과거·현재 및 미래에 관한 교신을 할 수도 있다고 많은 연구가들이 주장하고 있다.

우리의 잠재 의식은 이러한 위대한 힘을 가지고 있다. 좀더 구체적으로 말하면, 과거의 정서와 지혜의 집적, 현재의 감각과 지식, 미래의 사고와 영상을 파악하는 것이 잠재 의식이다. 에머슨은 본능이란 말을 쓰고, 거기에 여러 가지 특수한 성격을 부여했다. 그러나 그의 서술을 보면 본능이란 것은 곧 잠재 의식을 가리키는 것이 명백하다.

"사고와 행동에 대한 참된 지혜는 다 이 본능에서 나온다. 그 지혜가 우리에게까지 이르는 데는 상당한 시간과 어려움을 거쳐야 하지만, 그렇다고 해서 한탄할 것은 없다. 인생의 온갖 면에 있어서 이 본능을 실지로 이용하는 것은 가장 현명한 일이다. 우리들의 모든 기회에 이 본능의 지휘에 따르도록 버릇을 들여야 한다. 그 지휘에 따라 행동하는 버릇만 가지면 지혜는 쓰기에 따라 얼마든지 주어진다."

잠재 의식은 전지전능하다

잠재 의식의 위력은 다방면적이다. 그 중에서도 중요한 것은 직감력·정서·확신·인스피레이션靈感·암시·추리·상상력·조직력 등이고, 그 밖에도 기억과 약동적인 정력이 또한 이에 속한다.

잠재 의식은 육체의 감각 기능에 의지하지 않고 아주 다른 방법으로 외계를 파악한다. 그것은 직감력에 의한 인식이다. 감각기능이 쉬고 있을 때 잠재 의식은 가장 활발히 활동하고 있어서 최고의 기능을 발휘한다.

그것은 잠잘 때나, 잠을 깼을 때나, 그 기능을 작용시키고 있다. 그것은 완전히 독립한 하나의 존재로서 독자적인 힘과 기능을 가졌을 뿐 아니라, 근본적으로 독립된 훌륭한 정신 기구로서 개인의 육체와 생명에 긴밀히 관련하며, 또 육체와는 완전히 독립된 활동도 한다.

잠재 의식의 세 가지 기능

잠재 의식은 세 가지 중요한 기능을 가지고 있다. 첫째, 육체의 필요를 즉각적으로 깨닫고, 현재 의식의 힘을 빌리지 않고서도 육체의 안전과 그 생존을 위하여 힘쓴다.

둘째, 일대 위기에 직면했을 때 잠재 의식은 곧 행동을 개시하여 육체의 구원에 힘쓴다. 이 때에도 물론 현재 의식과는 독립하여 최고의 지휘권으로써 놀랄 만한 확신도·신속도·정확도·이해력 등을 가지고 있다. 곧 텔레파시·클레어보이언스透視. 사이코키네시스物體引着 들에도 잠재 의식의 심리적 능력이 활동한다. 또 각 개인의 일대 긴요시에는 현재 의식을 구원하러 나가서 요구되는 대로 잠재 의식 특유의 위력과 재량을 발휘하여 개인이 요구하는 것을 실현시켜 준다.

잠재 의식을 이용하는 방법

내가 여기서 취급하고 싶은 것은 셋째의 주요 기능 중에 특히 중요한 최후의 부분, 곧 욕구 달성의 문제이다.

그러면 잠재 의식을 특별히 당신의 행복을 위해서 작용시키려면 어떻게 하면 좋을까, 즉 잠재 의식의 기능과 위력을 알고 그것을 각성시키며, 그 활동을 촉진시키려면 어떻게 하는 것이 좋으냐 하는 것이다.

그 대답을 한마디로 요약하면, 당신은 먼저 정당하게 가져도 좋으며, 스스로 이루어낼 수 있는 범위 안에서, 그리고 스스로 이룰 수 있다고 생각되는 능력의 한도 내에서 당신의 목표를 설정해야 한다.

무리하고 불합리한 욕구는 삼가지 않으면 안 된다. 왜냐 하면 잠재 의식은 그 사람의 능력의 범위 내에서만 그 힘을 발휘하기 때문이다. 그리고 우리는 은인자중隱忍自重해서 목적의 달성을 기다리는 마음과, 그것을 절대적으로 믿는 마음을 가져야 한다.

프랑스 철학자 T. S. 주프로아는 다음과 같이 말했다.

"잠재 의식은 믿으려고 하지 않는 사람을 위해서는 활동하는 수고를 싫어한다."

다음으로 당신의 욕구를 잠재 의식에 보낼 때 당신의 욕구는 이미 달성되었다는 마음, 즉 기정 사실화할 수 있어야 한다. 다시 말하면, 그것이 훌륭히 성취되었다고 느끼고, 또 생각해야 한다.

한 걸음 더 나아가서는 당신이 이미 성공한 때의 상황을 현실처럼 마음의 눈으로 보지 않으면 안 된다. 즉, 욕구가 달성된 모습, 또는 당신이 동경하고 있던 지위를 실제로 손에 넣은 실황을 영상으로 마음의 눈에 그려 보는 것이 필요하다. 그 뒤에도 최후의 단계로서 당신은 잠재 의식이 욕구 사항을 세부에 이르기까지 소화 흡수하고, 그 하나하나를 실현할 때까지 참고 기다려야만 한다.

그렇게만 하면 잠재 의식의 독특한 설계 계획이 대망하고 있는 당신의 현재 의식에도 단편적으로 흘러감에 따라 당신의 욕구 목표가 실현의 도정道程으로 조금씩 변해 가는 동시에, 앞으로 취해야 할 행동의 올바른 방침이 눈에 보이게 된다.

그럴 때는 주저할 것 없이 곧 그 방침에 따라 행동하면 된다. 마음 속에 주저하거나 의심하는 일이 있어서는 안 된다. 잠재 의식이 하는 대로 그것을 솔직히 받아들여 그것을 이해한다면 재빨리 행동으로 옮겨야 한다.

그렇게 함으로써 잠재 의식은 당신을 위해 봉사하며, 당신의 욕구에 응하여 잇따라 일을 하게 된다. 그러나 당신의 욕구가 이상 말한 것처럼 무엇이나 전부 달성된다고는 말할 수 없다. 말하자면 건축 설계의 청사진처럼 완성된 것이 아니라, 그 도면에 따라 실행하면 한 걸음 한 걸음 당신을 최후의 욕구 성취로 저절로 이끌어준다고 하는 것과는 다른 경우도 있을 수 있다는 말이다.

반대로 아주 다른 성질을 가진 이상한 힘이 당신의 체내에 맹목적인 큰 충동을 일으키는 때가 있다. 그리고 아무 의미도 없는 것 같고, 또 아무런 논리적 관련도 없어 보이는 일을 하지 않으면 안 될 그런 충동에 사로잡혀 이상스러운 감동을 받는 일도 있다.

그래도 무방하다. 잠재 의식의 위력과 지혜를 전적으로 신뢰하고, 얼른 보아서는 아무 의미도 없는 듯이 생각되는 그 일을 솔직하게 수행하면 된다. 그러면 머지않아 당신이 욕구하고 있는 것을 눈앞에서 볼 수가 있을 뿐만 아니라, 당신은 잠재 의식의 도움으로 우연하게도 성공의 자리에 서 있는 당신 자신을 발견하게 될 것이다.

　그리고 무엇보다도 당신은 손을 내밀기만 하면 당신이 대망하는 일을 달성할 수 있다는 것을 갑자기 느끼게 된다. 그 때 당신의 과거를 되돌아 보면, 당신이 걸어온 여러 가지 도정이 논리에 맞는 사실로써 당신의 눈에 도 그럴 듯하게 보일 것이다. 그리고 최후의 한 단계로써 당신 한 사람의 일대 성공과 승리, 당신의 희망과 욕구의 성취가 당신의 머리 위에 공중 으로부터 떨어져 내려온 것처럼 뒤덮어 온다는 놀라운 사태를 바로 눈앞 에서 보게 될 것이다.

신념의마력
C.M.브로스톨 / 미래경제연구원

제 4 장
암시는 힘이다

히틀러는 암시의 이론에 능통했고,
그것을 사용하는 수단에 있어서
놀랄 만한 달인이었다.
훌륭한 배우의 연기 같은 수법으로
모든 선전 도구를 동원하여
대규모의 암시 정책을 전개했다.

제4장

암시는 힘이다

THE MAGICAL POWER OF BELIEF

암시의 기술

"당신은 당신 자신의 힘으로 할 수 있다고 생각하라. 그러면 무슨 일이나 다 되는 법이다." 이런 말을 여러 번 들을 적이 있을 것이다. 그 일이 무엇이든 될 수 있다는 생각을 가지고 일을 해나가면 무엇이나 훌륭하게 이루어진다. 다른 사람의 견해로 볼 때는 불가능한 것처럼 보이는 일이라도 신념을 가지고 진행하면 대개는 그대로 성취된다. 성공으로 치닫는 분발력, 또는 신통력이란 것은 신념을 가짐으로써 얻어진다.

'자아! 힘을 내자. 적을 물리치자'

라고 응원단장처럼 부르짖는 때가 있다. 축구 경기에서나, 전선의 실전에서나, 실업계의 투쟁에서나 모두 그렇다. 그렇게 갑자기 나오는 신념의 부르짖음이 번개처럼 번쩍여 사기를 돋우고 일동 모두를 분발케 해서 패세를 승리로 돌변시킬 수가 있다.

배가 암초에 좌초되어 파도 속에 휩쓸렸다고 하자. 이제는 다 틀렸다고 모두가 생각한다면 그들은 정말 마지막이다. 그러나 이 때 어떻게 해서든 살아야 겠다. 또는 어떻게 해서라도 자력으로 이 위기를 벗어나겠다는 적극적인 생각만 한다면 그들은 벌써 위기를 벗어난 셈이 된다.

이것은 신념이라는 형태로 이루어지게 되는 말이다. 그 신념과 함께 당신을 구할 힘이 찾아온다. 이것은 불이 났다거나, 여타의 재난이 닥쳤을 때도 마찬가지이다.

철학자 에머슨은 이렇게 말했다.

"역경에 처했거나 위기에 직면했을 경우에는 우리의 무의식적인 행동이 항상 최상의 것이다."

잠재 의식은 위대한 힘의 저장고이다. 이를 실증하는 이야기는 얼마든지 있다. 잠재 의식이 지시하는 대로 행동했거나, 잠재 의식이 그 초인적인 힘을 발휘했기 때문에, 약하던 남자나 여자까지도 평상시에는 생각할 수도 없었던 일을 이루어낸 실례는 무수히 있다.

유명한 문필가나 웅변가도 잠재 의식은 그칠 줄 모르는 사상의 흐름을 무한히 공급해 주고 있다고 경탄하고 있다.

암시로 효과를 보는 것들

여러 가지 신비적인 종교와 각가지의 성훈(聖訓)과 심리 관계가 있는 것을 연구해 보면, 그 모든 것의 근본은 전부가 하나임을 알게 된다.

이것을 발견했을 때 나는 놀라지 않을 수 없었다. 예를 들면, 어떤 동작과 말이나, 현상을 반복하거나 아무 뜻도 없는 것을 공연히 중얼거리고 있을 뿐이다.

그러나 그 속에 깊은 뜻이 있었다. 종교 연구의 권위자 W. 시브르크 씨의 말에 의하면 미개지의 마법사나, 부즈교의 고승이나, 그 밖의 기괴한 종교 신봉자들은 어떤 한 가지 일을 반복함으로써 신령을 불러내고 악령의 마술을 보여준다.

여러 종교의 성가나 염불이나 기도를 비롯하여, 많은 것을 많이 거듭할수록 좋다는 매일의 행사가 모두 그렇다. 불교나 마호메트교의 빈번한 기도나, 접신론자·통일파·절대파·진리파·신사상파·정신 요법 등 각종의 종교와 종파의 교리도 거의 같다. 한마디로 말해서 모든 종교의 근본은 여기에 있다. 야만인의 마술이란 악령을 부르는 것이고, 문명인의 그것은 선령善靈에 의지한다는 것이 다를 뿐이다. 간단한 것을 반복한다는 것은 다름이 없다.

시야를 좀더 넓힌다면 세계 각지의 야만인들 사이에 북과 징을 두드리며 단조로운 소리를 반복하는 것도 같은 원리로, 그 음파의 진동이 야만인들의 영성靈性에 울리어 그 자극으로 말미암아 흥분하고, 나중에는 죽음도 무서워하지 않는 정서에까지 이끌린다.

아메리카 인디언들이 추는 전진무戰陣舞도 선율적인 육체 운동의 반복이며, 기우제의 양식도 마찬가지이다. 회교도의 선율무旋律舞와 전장의 돌격 나팔을 비롯하여, 공장에서 능률을 올리기 위한 음악도 모두가 마찬가지 원리이다.

신비적 교가^{教歌}와 기도를 반복함으로써 어떤 효과가 있다는 말을 하게 되니 수년 전에 출판된《산정의 신가》저자 T. 버나드의 말이 회상된다.

그는 티베트의 비도^{秘都}인 히말라야 산중의 라사 시를 방문한 최초의 백인이었다. 그 곳에는 수천의 라마 중이 살고 있는 승원이 있다.

그의 저서에 의하면 라마 중들은 음식 먹을 때와 변소를 갈 때 이외에는 염주를 만지며 끊임없이 이상한 교가를 부르고 있었다고 한다.

어떤 절의 중은 새벽에 기도하기 시작한 성구를 종일토록 반복하고 있었다. 그 반복한 횟수가 무려 10만 8천 번이나 된다고 한다.

그리고 저자의 안내역을 한 라마교도는 새로운 힘을 주는 격려라 하며, 어떤 교가의 일절을 몇 번이나 되풀이하고 있었다고 한다.

어떠한 종교·종파, 혹은 집단에서도 신비한 것이거나 아니거나를 막론하고 말의 되풀이를 요소로 하는 일정한 식전^{式典}을 가지고 있음은 널리 알려진 바로서, 거기에 암시의 힘이 나타나는 것은 너무나 명백한 사실이다. 즉, 암시의 힘에 의하여 각각 그 교리에 상응한 어떤 현상이 나타난다.

그것은 자기 암시, 곧 스스로 자기에게 암시를 거는 것, 또는 외래 암시_{외계에서 오는 것}를 불문하고 체내의 어떤 기능의 운전을 촉진시키며, 잠재 의식의 활동에 어떤 영향을 미치게 된다.

기도 같은 것을 되풀이하는 것도 거기에 뜻이 있기 때문이다. 같은 종교적 종지^{宗旨}, 같은 주문, 같은 서약을 되풀이하고 있으면, 어느덧 신념 내지 신앙을 가지게 된다. 그 신앙이 굳은 신념으로 변하기만 하면 여러 가지 신기한 현상이 일어난다.

건축가나 청부업자가 교량이나 건물의 설계도와 명세 계획서를 입찰

전에 미리 그려 본 결과, 그 일을 꼭 낙찰시키고 싶다는 욕구에 불탄다고
하자.

그 때는 스스로 자기를 향하여 나는 그 건설을 할 수 있다고 들려준다.
그는 남몰래 그 말을 몇 천 번이고 되풀이한다. 그러면 그 암시는 뿌리를
뻗고 계약을 성립시키게 되어 건축물도 완성을 하게 된다.

그 반대로 '안 될 거야, 못 할 거야'라고 중얼거렸다고 하자. 그런 사람
은 절대로 일을 할 수 없다.

반복 암시의 위력

그와 같은 힘과 수법을 사용하여 히틀러는 독일 민족을 통합했으며, 세
계 정복의 기틀을 열었다. 그의 저서 《나의 투쟁》을 읽어 보면 그것이 뚜
렷이 나타나 있다.

프랑스의 유명한 심리학자 R. 포벨은 이렇게 말한다.

"히틀러는 암시의 이론에 능통했고, 그것을 사용하는 수단에 있어서
놀랄 만한 달인이었다."

훌륭한 배우의 연기 같은 수법으로 모든 선전 도구를 동원하여 대규모
의 암시 정책을 전개했다. 히틀러는 공언했다.

"암시의 심리 기술이 그 사용법을 아는 사람의 손에 들어오면 무서운
무기가 된다."

그가 어떻게 그 기술을 이용했기에 자기가 생각하는 대로 독일 국민을

움직였으며, 그 광포한 국가 정책을 수행하는 데 전국민이 협력치 않을 수 없게 했는가를 생각해 보라.

슬로건과 포스터, 거대한 사인, 깃발의 물결이 전국토를 덮어 버렸다. 히틀러의 초상은 어디나 걸려 있었고, '한 국가, 한 민족, 유일한 지도자'라는 슬로건은 전국민의 노래로 변했다. 사람이 모이는 곳에는 반드시 그 노래가 흘러나왔다. "오늘 우리는 독일국을 가지고 있다. 그러나 내일은 세계를……" 하는 것이 독일 청년의 행진가였다.

그 밖에 24시간 옥외에 걸려 있는 게시판과, 건축물의 벽이나 라디오나 신문들을 통해서 동종의 선전이 전국민의 귀와 눈에 흘러들어갔다. 걸음을 걷거나, 뒤를 돌아보거나, 누구와 말을 하거나 간에 그들은 어디서나 '그들이 선택받은 민족'이란 말을 들었다.

이러한 최면술 효과는 신앙으로 변했고, 그것은 되풀이되는 암시에 의하여 더욱 굳어져, 나중에는 그것을 행동으로 실증하려 했다. 불행히도 그들보다 더 강한 국민적 신앙을 가진 나라들이 있었기 때문에 독일은 패배하지 않을 수 없었다.

무솔리니도 같은 암시의 원칙을 적용하여 이탈리아를 태양의 빛으로 끌어내어 국가 민족의 사기를 일시에 진작시켜서 옛 로마 제국과 같은 강대국을 만들어 가려고 했다.

스탈린도 러시아를 오늘의 모습으로 이끌어오는 데 이 과학을 사용했다. 미국의 근대 최면학회는 스탈린의 반복 암시의 위력을 러시아 국민에게 가함으로써 그 국민이 수완과 실력에 자신을 갖도록 했다는 의미에서 그를 세계 10걸(傑) 중의 하나로 쳐 주는 동시에, 그를 최면술의 일인자, 대중 최면술사라 칭한 일이 있었다.

일본의 군벌軍閥도 국민을 열광적인 전사로 만드는 것을 전통으로 삼고 있었다. 일본의 어린애들은 뱃속에서 떨어지자마자 곧 전세계를 지배하고 있는 천손天孫의 자손이라고 배웠고, 그것이 하나의 암시가 되었다. 그래서 성장해 감에 따라 스스로 천손이라 믿고 기도하며 노래 불렀다.

노일전쟁 이래 40여 년간 일본인은 해군의 스기노 병조장杉野兵曹長을 결사의 투사로서 군신軍神이란 칭호로 부르며 일대 영웅으로 내세우는 동시에, 많은 기념비를 세우고 노래와 영웅 미담을 교과서에 실어, 청소년으로 하여금 결사대가 되는 것을 최고의 영예로 생각하게 했다.

그러나 여순 항구에서 러시아 함대에 봉쇄되어 폐선을 자침시켰을 때, 전사했다고 알려진 스기노杉野는 죽지 않고 있었다. 중국의 소선小船의 구원을 받아서 용하게 생명을 건졌던 것이다. 그러나 고국에서는 자기를 결사대의 일대 영웅으로 모신다는 소식을 듣자, 그는 고국으로 돌아가지도 못하고 만주에 피신해서 살았다. 그는 건강한 몸으로 여생을 마쳤으나, 일본 청년들은 그와 같이 죽어야만 최대의 영웅이 될 수 있다고 반복 암시를 받음으로써 결국은 국가가 필요로 하는 전장의 꽃들이 되었던 것이다.

이러한 사실이 비록 허위이며 가공적이기는 했지만, 이를 자료로 일본 청소년은 장기간 정신 훈련을 받은 결과, 그들은 전선에서 기꺼이 죽어갔고, 자기 비행기를 탄 채 적함에 격돌하는 자살 폭격을 예사로 하기에 이르렀다.

미국인들도 제1차 세계대전을 통하여 암시 선전의 함성에 압도되었기 때문에, 모든 개인적인 생각이 마비되고, 대중은 일정한 틀에 박힌 사고

방식을 가지게 되었었다. 모든 전쟁은 무조건 승리해야 한다는 것이 바로 그것이다.

"전시에 다른 것을 말하는 것은 반역이다"라고 누군가 말했지만, 거기에도 반복되는 사상의 무서운 힘이 나타났다. 이 힘이 미국인을 지배했고, 누구나 그 명령에 따르지 않을 수가 없게 했다.

반복되는 암시의 힘은 우리의 이성을 정복하고, 직접 정서와 정조에 작용하여 나중에는 잠재 의식의 근처에까지 이른다. 이것이 성공하는 광고의 기본 원칙이다. 암시의 계속과 반복으로 어떤 사실을 우선 믿게 하고 나서 다투어 그 물건을 사게 만든다. 언젠가는 비타민의 광고 공세를 받고 수백만 명이 캡슐에 든 비타민제를 사들인 때도 있었다. 비타민의 가치를 되풀이해서 암시하는 광고는 위대한 힘을 발휘했던 것이다.

몇 백 년 동안 토마토는 유독한 것이라고 알려져 왔기 때문에 사람들은 그것을 먹지 않았으나, 어떤 겁없는 사람이 그것을 먹어 보았는데, 아무 탈도 없었다. 그 결과 지금은 누구나 토마토를 먹게 되었다. 백여 년 전까지도 토마토는 먹지 못하는 것이란 암시를 받아 왔으며, 또 어떤 때는 시금치도 별 영양 가치가 없는 야채로 취급받게도 했었다.

오랫동안 시금치에는 영양 가치가 풍부한 것으로 알려져 왔지만, 미국 정부가 그것을 부정했기 때문에 얼마 동안은 그것을 먹는 사람이 점점 줄어들기도 했었다. 수많은 사람들이 정부의 발표를 믿고, 말이 마음 속에서 자꾸만 되풀이되기 때문에, 그렇게 좋아하던 시금치를 본 체 만 체한 적도 있었다.

모든 대종교 운동의 창시자들은 암시를 되풀이하는 것이 정말 큰 위력을 가졌다는 것을 알았기 때문에 그것을 이용하여 큰 성과를 올렸다.

우리가 믿고 있는 종교의 교리는 우리가 어머니 뱃속에서 떨어졌을 때부터 귀에 못이 박히도록 되풀이해 왔다. 거기에는 반드시 그런 믿음으로 해서 오는 교양 상식의 마술이 효과를 나타내고 있다.

'열중했을 때에는 아픈 것도 모른다'라든가, '무지가 행복이다'라는 말 가운데는 깊은 뜻이 있다. 우리는 의식함으로써 비로소 위해를 느끼며 고통을 알게 된다.

남이 보기에는 되지 않을 것이 뻔한 일이면서도 본인은 된다고 굳게 믿고 용감히 돌진했기 때문에 불가능한 일도 이루고야만 이야기는 얼마든지 있다.

갓난아기는 두 가지 공포밖에 모른다고 심리학자들은 말한다. 즉, 고음향에 대한 공포와 추락에 대한 공포이다. 우리가 느끼는 그 이외의 공포는 모두 지식, 또는 경험의 결과에서 생긴 것이다. 이를테면 배우고 듣고 하다보면 그것으로부터 공포심이 생기기 시작한다.

남자나 여자나 참나무처럼 강하고, 그 주위를 둘러싼 사상에 물들지 않고 꿋꿋이 서는 사람을 나는 믿음직하다고 본다. 그러나 대부분의 사람은 어린 나무처럼 미풍에 흔들리어, 결국은 사상의 강풍과 동일한 방향으로 뻗어가게 마련이다. 이 모든 것은 암시이다.

성서에 사상의 힘과 암시의 힘을 보이는 곳이 많다. 구약에는 야곱이 여기저기 껍질을 벗겨서 얼룩무늬를 붙인 가지나 나무를 소나 염소나 산양의 물통 옆에 세우고, 그것에 의하여 진기한 얼룩무늬 가죽을 한 가축을 생산해서 큰 돈벌이를 했다는 이야기가 기록되어 있다. 가축은 물을 먹으러 왔다가, 그 근방에서 새끼를 배고, 얼룩무늬가 있는 새끼를 낳게 된 것이다.

모세도 암시의 달인이었다. 40년 동안 그는 이스라엘 사람들에게 암시를 주어 젖과 꿀이 흐르는 약속의 나라로 유대인을 데리고 갔다.

다윗은 암시의 힘으로 돌을 던져 중무장을 한 적장 골리앗을 죽였다. 오를레앙의 연약한 소년 잔 다르크도 신의 소리(?)를 듣고나서 그 암시의 힘으로 프랑스를 구원할 사명이 자기에게 있다고 믿게 되었다. 그 후 그녀는 프랑스 병사들에게 불굴의 정신을 불어넣어 주어 자기네보다 훨씬 강한 영국군을 격파하게 되었다.

미국의 근대 심리학의 시조인 W. 제임스는 의심스러운 사업을 앞에 놓고 성공을 확보하는 오직 하나의 조건은 신념이라고 말했다.

그의 말에 의하면 신념은 인간보다 위에 있는 힘에 매달려 그 발현을 촉진하는 것이라고 한다. 다시 말하면 사고는 곧 사실의 아버지라는 것이다. 신념과 그 위력을 더욱 깊이 연구해 보려면 《신약 성서》의 〈요한 복음〉을 읽어보기 바란다.

성공도 실패도 마음가짐에 달렸다

잠깐 스포츠 방면으로 눈을 돌려보자. 축구나 야구 같은 경기에서 암시의 위력이 얼마나 큰 것인가는 누구나 다 알고 있는 사실이다.

노트르담 경기단의 명코치 K. 로쿤은 암시가 위대한 효력을 발휘하고 있다는 사실을 알았기 때문에 언제나 그 방법을 써 왔다. 그리고 그는 각 팀의 성격에 따라 그 사용 방법을 달리했다.

어느 날 노트르담이 전에 없는 나쁜 성적으로 참패를 당했다. 선수들은 탈의실에서 상심한 채 로쿤의 어떤 지시가 있기를 기다렸다. 그 때 로쿤은 탈의실 문을 살며시 열고 있었다. 선수들의 얼굴을 둘러 보자,

"실례합니다. 그만 노트르담의 방인 줄 알고!"

하고는 문을 닫은 뒤 어디론가 가 버렸다.

선수들은 어이가 없어서 불평들을 말하다가 로쿤에 대한 분노심까지 일으켰다. 그러나 어쩔 수 없이 분노심을 가진 채 후반전에 들어갔다. 그 결과 노트르담은 다시 승리를 거두었다.

로쿤이 여러 팀에 대해서 심리 효과를 식별하고 마술을 써서 자기 팀을 분발케 한다는 것은 경기가 있을 때마다 들리는 이야기이다. 로쿤은 격려 훈시를 녹음해 경기 전의 선수들에게 들려주는 선수단까지 있다. 스포츠 계에는 그런 이야기가 허다하다.

디트로이트 시의 C. 타이거 야구단의 M. 코크렌은 본래 2급밖에 안 되는 빈약한 야구단을 가지고 암시의 힘을 이용함으로써 그들을 아메리칸 리그의 패자覇者로 만들어 내었다. 그 당시의 신문 기사를 인용하면 다음과 같다.

"매일 격렬한 연습을 시키는 한편, 코크렌 감독은 승리의 복음을 설파했다. '이기는 팀은 자력으로 승리를 잡는 것이다'라는 말을 되풀이하여 선수들에게 깊은 인상을 주었다."

이와 같은 힘이 주식 시장의 일상일하 上一下 하는 주가에도 작용한다.

불리한 뉴스는 주가를 누르고, 유리한 뉴스는 값을 올린다. 주식의 본질적 가치에는 변동이 없다. 그러나 시장에서 주식을 매매하는 사람들의 생각은 그 뉴스로 말미암아 곧 변동하여 그것이 일반 주주의 마음에 반영된다. 실제로 생긴 일이 아니라도 증권을 가지고 있는 사람들이 생기리라고 믿는 것이 곧 주가를 좌우하는 원인이 된다.

특히 불경기 때에는 암시의 힘이 상상 이상으로 활동한다.

"불경기다."

"장사 세월이 통 없다."

"은행이 문을 닫는다."

"장래는 암흑이다."

이러한 말들을 들으면 누구누구가 파산했다는 소문이 연거푸 귀에 들려온다. 마침내 그것이 전국적인 풍조로 되어 수백만 명이 번영의 미래는 있을 수 없다고까지 절망을 한다.

의지가 굳은 사람들도 공포를 만들어 주는 그러한 사상은 진동파에 어느새 자신도 모르게 휩쓸려 들어간다. 경제의 움직임은 민감한 것이라 공포의 암시가 행해지는 곳에서는 즉시로 그 반응을 나타내어 사업이 파산되고, 실업자는 그 뒤를 따르게 된다. 은행의 파탄과 대회사의 파산에 대한 소문이 도처에 퍼져서 많은 사람들은 곧 그 소문을 믿고, 그 소문에 의하여 행동을 취한다.

공포심이 경제 불황 시대를 만든다는 사실을 안다면 경제 불황 시대는 다시 오지 않을 것이다. 불경기를 무서워하기 때문에 불경기는 온다.

전쟁도 그렇다. 세계가 공황과 전쟁을 생각하지 않게 된다면 전쟁은 현실 세계에 있을 수 없는 존재가 될 것이다. 우리가 감정적인 생각을 가지고 창조하는 것이 아니라면 경제 기구 가운데는 여하한 것도 침입해 오는 것을 허용할 수 없기 때문이다. 유명한 심리학자로 오랫동안 노스웨스턴 대학 총장을 지낸 바 있는 W. D. 스코트 박사는,

"실업계의 성공과 실패는 능력에 의한 것이 아니라 마음가짐에 달려 있다."

라고 말했는데, 이거야말로 참으로 지당한 말이라고 하겠다.

인간은 세계 어디를 가나 같은 인간이며, 모두 같은 영향, 같은 진동에 지배되고 있다. 대사업이나 농촌이나 한 국가나 모두가 개인의 집단이므로 그 개인의 생각과 신념에 지배되고 있다.

모든 것은 각 개인이 생각하고, 또 믿는 대로 자태를 형성한다. 어느 도시의 개인이 생각하는 것은 그 도시의 모습으로 나타나고, 전국민이 생각하는 것은 전국의 모습으로 나타난다. 그것은 피할 수 없는 자연의 결론이다.

그러므로 모든 것은 각 개인 스스로가 안다는 것이며, 자기 자신의 생각 내지 믿는 것의 영상이다.

솔로몬의 말대로, 그가 마음 속에 생각하고 있는 것이 곧 그 자신이다.

마음의 영상은 잠재 의식을 일깨운다

1938년 10월 20일의 사건을 생각해 보라. H. G. 웰스의 《세계와 세계와

의 전쟁》이 방송된 밤이다. 그것은 화성에서 기괴한 군대가 쳐들어 왔다는 소설이었는데, 그것이 드디어 수백만 사람들을 공포에 빠뜨렸다.

많은 사람이 집을 뛰쳐나왔고, 경찰서는 군중에 에워싸였으며, 미국 동부 일대의 전화국은 통신이 마비되었고, 뉴욕 시 주위의 교통은 두절되었다. 사실 방송을 한 뒤 몇 시간 동안 수백만의 라디오 청취자들은 정말 공포 상태에 빠졌다. 화성군의 내습을 믿었기 때문이다.

정말 믿는 것은 이상하게도 비상한 사건을 불러일으키는 힘을 가지며, 또 그것이 실제로 그런 일을 일으킬 가능성이 많다. 중요한 스포츠 경기 전일에 대학을 비롯한 여러 학교에서는 응원으로 기세를 올리기 위하여 응원 대회를 연다는 것도 같은 원리이다. 격려 연설과 노래와 환성은 암시를 창조하여 승리의 의욕을 불러일으킨다.

제조 회사의 판매 부장도 아침의 판매 회의에서 같은 방법을 이용한다. 오케스트라와 라디오 혹은 녹음기의 테이프를 이용하여 세일즈맨의 감정을 부채질하고, 전원이 일치하여 이제까지의 판매 기록을 돌파할 수 있도록 연구한다. 군대에서도 같은 원리에 의하여 여러 가지 방법을 쓴다. 이것은 어떤 나라의 군대에서도 빠짐없이 쓰는 방법이다. 예를 들면, 밀집 부대의 훈련 같은 때 병사에게는 명령에 대하여 즉시 복종할 것을 요구하고, 그것을 반복함으로써 나중에는 그 복종이 하나의 본능적인 행동처럼 되어, 육체적으로나 정신적으로나 병사는 기계처럼 움직이게 된다. 이렇게 하면 실천에 있어서 절대로 필요한 자신감이 생기게 된다.

잠재 의식은 명령 또는 암시의 근원이 되는 자극을 현재 의식으로부터 받거나, 외계에서 오는 자극을 현재 의식을 거쳐서 받아들이는데, 만약 현재 의식이 전달하는 메시지에서 전달하려는 목적을 마음에 영상을 그리며 설명한다면, 그 전달은 그만큼 빨리 이루어질 수 있다. 이 점을 잊지 않도록 특히 주의하기 바란다. 영상이 흐릿한 그림 같은 것이라든가, 미완성의 것이라든가, 단순한 스케치 같은 것이라 해도 그것은 잠재 의식의 활동을 일으키는 데 효과가 있다.

예를 들면, 교회나 어느 집단의 극적 배경을 가지고 거행되는 제사나 의식은 그러한 마음의 영상을 만드는 데 큰 역할을 한다. 그것들은 감정에 호소해서 관중들의 마음에 신비적이고 회화적인 효과를 일으킨다.

그러한 제사는 어떤 배경을 가진 것이든 사람들의 주의를 끈다. 그 상징 뒤에 숨은 특수한 의미나 사상이 사람의 마음 속에 무엇인가를 던져 준다. 이상한 조명 장치, 갖가지의 기구, 제사를 주관하는 사람들의 얄궂은 의상들은 그러한 회화적인 효과를 낸다.

또 대개는 부드러운 종교적인 음악을 덧붙여서 신비적인 무슨 유령이라도 나올 것 같다고 사람들이 말할 만한 분위기를 빚어 내어, 그 자리에 있는 사람들로 하여금 무엇이나 받아들이기 쉽게 감정을 만들어 놓는 데 도움을 준다.

그러한 식으로 사람들에게 깊은 인상을 주는 방법은 심령회나, 수정을 들여다보고 하는 서양 점쟁이들 사이에도 행해지고 있다. 또 집시의 점쟁이들 사이에도 그러한 장치가 있다.

이러한 분위기는 현재 의식을 잠들게 하는 것인데, 그런 방법으로 현재 의식을 잠재우지 않는다면 너무나 명철한 우리의 현실감이 좀처럼 승복하지 않는다. 무턱대고 신비나 기적만을 갈망한다면, 그런 현상이 일어나리라는 확신을 가지기까지는 힘이 필요하다.

이렇게 말한다고 해서 모독하는 뜻은 아니다. 대중에게 호소하는 옛날부터의 방법을 자세히 말하여 대중의 정서를 일깨우게 하고, 그것을 돕는 것이 대중의 현실감을 빨리 촉구하는 길임을 말하려고 할 따름이다. 어떤 목적의 것일지라도 많은 사람의 감정에 호소하는 데에는 극적 효과를 노리는 것이 첫걸음이다.

그러나 세상에는 인간적 자력이 센 사람과 위대한 웅변가들도 있어서, 전연 환경과 극적 효과의 도움을 받지 않아도 일을 할 수 있는 경우가 있다. 음성 효과와 감정적 호소·손짓·몸짓·눈의 자력들에 의하여 사람의 주의를 끈다. 그러면 사람은 전신을 내던져 그 박력에 끌려들어간다.

그리고 마스코트나 액을 피하는 방패, 네 잎 클로버 등과 같이 세상에서 좋은 운수의 물품이라고 믿어지고 있는 많은 물건이 있다. 그것들 자체는 생명력이 없는 것으로서 아무 힘도 없다.

그러나 사람은 그것들에 힘이 있다고 생각하는 것에 의하여 그것에 생명력을 불어넣는다. 그것 자체에 힘이 있는지 없는지는 문제가 아니다. 사람이 믿음으로써 비로소 그것에 힘이 생긴다. 다시 말하자면, 믿는 것이 효과를 만든다.

그러한 사실을 잘 설명하는 것은 알렉산더 대왕과 나폴레옹의 이야기이다. 알렉산더 대왕 시대에는 페르시아 왕 고르디아가 수레멍에에 비끄러매었다고 하는 단단한 줄맺음이 있는데, 그것을 푼 사람은 아시아의 왕이 될 수 있다는 신탁神託이 있었다.

알렉산더는 그 말을 듣고 단칼에 그것을 잘라 풀었다. 그래서인지 그는 결국 위대한 권력과 높은 지위를 얻을 수 있게 되었다.

또 나폴레옹은 어렸을 때 별처럼 반짝이는 보석 사파이어를 얻었다. 그런데 거기에는 그가 언제인가 반드시 프랑스의 황제가 된다는 예언이 붙어 있었다. 그런 예언을 믿은 것이 이 두 위인을 그 위대한 자리에 앉게 한 것이라고 한다. 그들은 초인적 신념을 가지고 있었기 때문에 초인적인 인물이 되었다.

마음의 눈에 영상을 그려라

금이 가거나 깨어진 거울은 재수가 없다고 옛날부터 말해 오고 있지만, 사람이 그것을 믿지 않는다면 결코 악운의 원인이 될 수 없다. 나쁘다고 하는 믿음이 커져 그것이 그 사람 마음 속에 깊이 뿌리를 박으면 악운은 저절로 다가온다.

호신을 위한 목적이나 행운의 상징 같은 것은 미신을 믿는 사람뿐 아니라, 적어도 그렇게 단순하지만은 않다고 여겨지는 지식인들도 많이 믿고 있다.

정신으로 곡류·야채·화초·묘목 등을 빠르게 성장시키는 힘을 가진 사람이 있다는 이야기가 있다. 수년 전에 스위스 사람이 내 집에 있는 고목을 뽑아내고 묘목을 심으라고 말했다. 특별한 이유가 있는 것도 아니지만, 나는 그 사람의 설득력에 그만 굴복하고 말았다.

그는 묘목을 심고 흙을 덮은 뒤에 무어라고 요술쟁이처럼 중얼거렸다.

나는 이상한 생각이 들어 그 이유를 물었더니, 그는 놀란 표정으로 나를 쳐다보며 대답했다.

"당신은 잘 모르시겠지만, 나는 이 나무가 커서 좋은 꽃이 피도록 말을 했습니다. 내가 어렸을 때 선생님께 배운 것입니다. 살아 있는 물건은 무엇에게나 격려를 해 줘야 한다는 것입니다."

캐나다의 영령英領 콜롬비아 지방에 사는 인디언 부족은 가자미나 고등어를 잡으러 나갈 때 반드시 낚시와 낚싯줄에 무엇이라고 말을 한다. 그렇게 하지 않으면 고기가 물지 않는다는 것이다. 태평양 남부의 섬사람들은, 그들이 쓰고 있는 도구를 마치 생물처럼 먹을 것을 주며, 일을 잘 해 달라고 부탁하는 습관이 있다고 한다.

오늘날 문명국에서도 새로 건조한 선박의 진수식이라든가, 대어선단의 출어 같은 때에는, 그 출발을 축하하고 만선의 행운을 빈다. 말하자면 그런 면에 있어서 문명인과 야만인의 차이는 별로 없다고 볼 수 있다.

식물에도 인간과 같은 감각이 있다고 주장하는 학자가 있다. 여러 정원사들은 기후가 알맞아도 씨를 뿌리지 않는 달이 있다. 미신이라고 말할지 모르지만, 어쨌든 그렇게들 하고 있다. 앞서 말한 예일 대학의 연구자들의 설에 의하면 식물의 생명에 전자장電磁場이 영향을 끼친다고 한다. 그런 것은 과학적 근거가 있는지도 모른다.

일정한 달에만 씨를 뿌린다는 이야기를 이웃 사람에게 했더니, 자기도 이발을 할 때는 날을 골라서 한다고 말했다. 그는 교양도 있고 큰 사업도 하는 사람인데도 말이다. 그 이유를 물었더니 그는 만월일 때 머리를 깎으면 머리털이 빨리 자란다고 대답했다.

식물이나 동물의 생명력에 대해서 이런 말을 하면 물질주의자들은 반대를 할 것이다. 그러나 우리들은 우리가 살고 있는 세계의 극히 작은 일부분밖에 알지 못하고 있다. 우리가 전혀 알지 못하는 힘이 이 세상에는 얼마든지 움직이고 있다. 제2차 세계대전 때도 새로운 원리가 얼마나 많이 발견되었는가를 생각해 보라.

의심할 여지 없이, 인간의 상상력과, 인간이 그리는 미래의 영상과 마음의 집중력은 잠재 의식의 자력(魅力)을 활동시키는 주요 원인이다. 마음의 영상은 암시를 반복하는 데서 분명해진다. 당신이 지금 주택이 필요하다고 하자. 그러면 먼저 상상력이 움직인다. 처음에는 어떤 집이 좋을까 하는 희미한 생각이 머리에 떠오른다.

다음에는 가족들과 의논을 하고, 건축가의 의견을 듣고, 새로운 집의 설계도 같은 것을 보면 마음 속의 영상은 차차 명확해져서, 마침내는 세부에 이르기까지 집의 그림이 마음의 눈에 보이게 된다. 그렇게 되면 그 뒤에는 잠재 의식이 움직이기 시작해서 실제로 당신 손에 들어오도록 진행이 된다.

그 실현의 도정은 가지각색이다. 당신은 당신 손으로 직접 건축할지도 모른다. 남의 집을 살지도 모른다. 다른 사람을 통해서 구하게 될지도 모른다. 사들이는 방법이 중요한 것이 아니다. 신념이 굳어지면 반드시 살 수 있다는 것이 중요할 뿐이다.

당신이 좋은 직업을 가지고 싶다는 생각을 한다든가, 어디로 여행을 가고 싶어할 때에도 같은 과정으로 일이 진행된다.

당신이 그 새로운 직업에 나아갔을 때의 모습과 여행을 떠난 모습을 그대로 마음의 눈으로 보게 된다면, 그 일은 실현되고야 만다.

때로는 우리의 상상력에 의하여 전에 두려워하고 있던 일이 《구약 성서》의 욥의 말처럼 현실로 되어 나타나는 경우가 있다. 두려움에 대해서는 만일 그것을 그 마음의 그림을 잠재 의식의 스크린에 비침이 없이 곧 내버리기만 한다면, 그러한 두려움으로 인한 불행은 대부분 피할 수 있다.

그러므로 "환상을 가지지 않는 국민은 멸망한다"라는 성서의 경고는 진리임에 틀림없다. 개인이나 집단의 경우나 모두 마찬가지이다. 마음에 성공을 꿈꾸는 영상이 없다면 큰 기대를 가질 수가 없다. 만약 당신이 출세를 하고 싶거든 그 출세했을 때의 모습을 마음 속에 그리고, 그것을 잠재 의식에 맡기면 실제로 그와 같은 출세를 할 수 있다.

어느 날 내 자동차가 고장을 일으켜 이곳 저곳의 수리 공장에 보였지만, 어디가 고장났는지를 발견하지 못했다. 그래서 다른 수리 공장에 가서 자동차의 동태를 병의 증세처럼 자세히 설명했더니, 내 이야기를 가만히 듣고 있던 주인이,

"염려마십시오. 제고 고쳐 놓겠습니다."

라고 하더니,

"자신만 있으면 고치게 되는 법입니다."

라고 덧붙였다.

그 뒤 그는 다시,

"너무 큰소리를 하면 세상 사람들의 조소를 살지도 모르겠습니다마는……"

라고 변명 비슷한 말도 했다.

"나는 웃지 않겠소. 그런데 당신은 어디서 고칠 수 있다는 자신을 갖게 되었소?"

라고 물었다.

"그런 제 자랑 이야기를 꺼내면 온종일 걸려도 못다 말할 만큼 할 이야 기가 많아요. 적어도 내 인생은 그런 얘기들로 가득 차 있을 만큼 신기한 일들뿐이었답니다."

"한두 가지라도 좋으니 이야기를 좀 들려주십시오."

"그러시다면 말씀드리죠. 지금부터 12년 전 일입니다만, 저는 잘못하 여 넘어져서 등뼈가 부러진 일이 있습니다. 오랫동안 깁스를 하고 있었는 데, 의사의 말 같아서는 일생 동안 병신 구실을 할 수밖에 없었어요. 병원 에서 천장만 바라다보고 누워서 장래 일을 생각했습니다. 그 때 어머니가 언젠가 '사람이란 믿기만 하면 안 되는 게 없단다'라고 하시던 말을 몇 번 이고 생각했지요.

어느 날 내 눈앞에 내 몸이 완치되어 다른 사람들과 똑같은 모습을 한 것이 떠올랐습니다. 그 뒤 나는 완치된 나를 생각하면서 그것을 믿고 있 기만 하면 반드시 나을 수 있다는 마음이 들어 그대로 실행했습니다.

그 결과 나는 정말 완치됐습니다. 지금은 자동차 밑으로 들어가 일도 할 수 있죠. 왜 불구자가 된단 말입니까."

"재미있는 이야기인데요. 좀더 계속해 주십시오."

"나는 장사를 번영하게 하는 데도 그런 방법을 썼습니다. 이 장소는 그 렇게 해서 구한 거지요. 몇 년 전에 내 공장은 불에 탔습니다. 더욱이 전 시였기 때문에 어디로 가도 이만한 집을 구할 수가 없었습니다. 그래서 집을 태우고 나자 장사를 계속하는 것보다는 차라리 월급쟁이로 취직하는 편이 나으리라는 생각을 했습니다.

그러던 어느 날 어떻게 해서든지 내가 하던 사업을 계속해야 된다는 생각이 들었습니다. 그것이 내 운명의 분기점이었지요. 잠들기 전에 나는 혼자서 중얼거렸습니다. 나는 이삼 일 내에 좋은 집을 얻을 수 있다. 나의 운은 아직 다 하지 않았다…… 나는 좋은 집을 꼭 얻는다는 자신을 가지고 잠들었습니다. 다음날 화재로 타버린 자동차에 페인트칠을 하려고 페인트 상회에 갔습니다. 그 때 그 집 주인에게 내가 집을 하나 구하고 있다는 말을 했더니, 주인이 대뜸

"그럼 이 집을 빌려드리죠. 나는 다른 거리로 이사를 가게 되었는데, 어떤 사람이 장사에 실패를 하고 그 집은 내게 맡겼으니까요……"

라고 말하지 않겠습니까! 나는 곧 이 집을 빌리기로 했는데, 여기는 교통이 좋아서 손님이 밀릴 정도로 일이 많답니다."

독자들 중에는 이거야 우연의 일치가 아니냐고 말할 사람이 있을지 모른다. 그러나 내 노트에는 이런 이야기가 얼마든지 적혀 있다. 일부 독자는 우연이라고 생각해도 좋다.

그러나 나의 이 과학을 체득한 사람은 이런 일이 사념과 집중과 마음의 눈의 영상을 그린 결과로 나타난 현상임을 정확히 이해해 줄 것이다. 물론 터무니없는 일이라고 생각하는 것과, 사고思考가 먼저 있고 나서 그것이 구체화된다고 생각하는 것과의 사이에는 커다란 차이가 있겠지만, 그 가운데 어떤 것이 정당한가에 대해서는 뒤에 설명하기로 한다.

여기서는 우선 파라셀서스가,

"정신적 인식력을 가지지 못한 사람은 외계에서 현실로 눈앞에 볼 수 없는 것을 인정하는 힘이 없다."

라고 한 말을 거듭 강조해 둔다.

잠재 의식은 영사막에 투영된 것을 그대로 실현시키는 일을 한다. 이것만은 틀림이 없다. 그러나 당신의 영사기나 원화가 정확한 것이 아니라면, 영사는 흐리거나 거꾸로 비치거나 그림이 비치지 않거나 할 것이다. 의혹이라든가, 공포라든가, 역설 같은 것은 모두가 당신이 투영하려는 그림을 흐리게 한다.

숨은 힘의 색출

대예술가나 문필가, 또는 발명가들처럼 상상력이 발달한 사람들은 자기가 생각하는 대로 영상을 만들어, 마음의 눈이 그림을 잘 그려낼 수가 있다.

그러나 다음에 말하는 기교를 쓰거나, 이미 말한 여러 가지 설명을 참고로 하면, 어떤 사람이라도 물질이나 사건이나 자기가 현실의 것을 만들고 싶다고 원하는 온갖 것을 마음의 눈에 똑똑히 그려내는 것은 그다지 어려운 일이 아니다.

내 친구 중에 낚시질의 명수가 있는데, 그는 이 심안心眼에 그리는 기술을 교묘히 쓰고 있다. 그는 흔히 두세 친구들과 함께 보트를 타고 낚시를 하는데, 이상하게도 그 사람만은 잇달아서 고기를 낚아 올리고, 다른 친구들은 같은 고기밥과 똑같은 낚시대로 같은 곳에서 낚시질을 하면서도 전혀 낚지 못하였다. 한번은 그에게 이유를 물었더니 이렇게 말했다.

"아무것도 아니야. 옛날부터 '스키―자, 마, 진탐'이라고 주문을 외우기 때문이야. 나는 공상으로나 심리적으로나 스스로 물 속에 들어가서 고기들이 먹도록 권하는 거야. 바꾸어 말하면 고기가 낚싯밥을 무는 것을 이 눈으로 보고 걸리는 것을 믿기 때문이야. 그 밖에 달리 설명할 도리는 없네."

이 이야기를 낚시질이 서투른 사람들에게 말하니 '실없는 말'이라고 비웃으면서 '누구든지 낚시질을 잘 하는 사람이면 물흐름의 사정, 물 밑바닥의 구멍, 고기의 습성, 쓰는 낚시법의 종류에 정통하고 있을 테니, 고기만 있다면 낚일 것은 정한 이치'라고 한다.

그렇지만 낚시질의 숙련가가 같은 곳에 낚싯줄을 드리워도 주문을 지껄이는 사람만큼 낚지 못하는 까닭은 어떻게 설명해야 할까. 필자는 낚시질을 모른다.

그러나 그러한 정신 통일의 기술이 다른 일에 성공하는 것을 알기 때문에 낚시질에 대해서 책까지 출판한 B. H. 람프먼도 낚시꾼의 좋은 운수라든가, 점술 같은 것에 대하여 심리적 원인을 생각할 수 있다고 설명했다.

다음에는 골프 이야기로 옮겨 보겠다. 나도 오랫동안 골프를 했으며, 여러 골프 클럽에도 소속해 있다. 젊었을 때 세계적인 테니스 선수였던 남자와 자주 골프 친구가 되었다.

이 사나이는 또 태평양 연안 근거리 요트 타기에도 놀라운 묘기를 가진 사람이었다. 그는 골프를 할 때 공을 자기가 생각하는 곳에 마음대로 보낼 수 있으며, 또 목표 지점에서 멈추게 할 수도 있었다. 또 가까운 위치에서는 언제든지 공을 단번에 구멍 속에 넣어 버린다.

"어떻게 해서 그런 재주를 갖게 되었는가?"

라고 내가 물어 본 적이 있었다. 그러니까 그는,

"나는 골프를 치기 전에 공을 떨어뜨릴 곳을 미리 마음으로 한번 그려 본다네. 그러고는 골프공이 구멍 속으로 들어가는 모양을 실제로 눈앞에 보지. 물론 적당한 거리 조정과 크럽을 다루는 법도 중요하지만말야. 연습에 시간을 들이는 사람은 적지 않아. 하지만 내게 중요한 것은 크럽을 쓰기 전에 공이 떨어지는 곳을 똑똑히 심안으로 보고 알고 있어야 한다는 거야. 그래서 자신이 있어."

라고 말했다.

1930년대 중반 무렵에 나타난 세상에 보기 드문 아마추어 골퍼 T. 모테그의 일을 유명한 스포츠 가자 라이스가 이렇게 소개하고 있다.

"몬테그는 아무 데나 자기가 지목한 곳에 어김없이 공을 보내어 거기에 떨어뜨리게 한다. 훼어 웨이의 3백 야드 지점이거나, 캠프에서 2, 3피트 이내가 되는 팁 쇼트이거나, 조금도 틀림없이 떨어뜨린다. 공은 확실히 몬테그의 생각대로 날아간다."

이에 대하여 몬테그 자신은 다음과 같이 설명했다.

"골프란 머리·마음, 또는 가슴이랄까, 무엇이라고 말해야 좋을지 모르겠으나, 어쨌든 그런 것을 사용하는 경기이다. 공을 치기 전에 나는 똑똑히 드러난 영상을 마음에 그린다. 마음의 영상이 근육의 반사를 컨트롤

한다. 만일 마음의 영상이 없으면 행위는 기계적인 것에 지나지 않는다.

영상을 그리는 것은 만일 마음에 중압이 있을 때엔 대단히 집중력을 필요로 한다. 그러나 중압이 없을 때의 게임 같은 건 스릴이 없으므로 재미가 없다."

보기 드문 직업 골퍼 G. 사라센은 시합 때는 이와 같은 방법을 쓰고 있다. 그가 쓴 《골프의 요령》이란 책을 읽어 보면 마음의 그림, 객관적 태도, 집중·자신 등에 대한 이야기가 나온다. 골퍼들은 다 '멘탈 해저드^{mental hazard:心理的障碍}'라는 말을 알고 있다. 그것은 벙커·트랩·장애물 들이다. 그것은 경기하는 사람들의 상상력 속에서 무서운 장애를 형성하고 마음 속에 일종의 공포를 일으키게 한다. 필자가 자주 찾아가는 코스에도 물의 홀이 있다. 맨 처음 공을 치는 지점에서 그 홀까지 120야드인데, 그 중간에 50피트쯤 되는 작은 못이 있다.

그러나 보통 선수라면 마시나 니브리크로 수월히 목표 지점까지 도달한다. 클럽의 한 회원이요, 젊었을 때 야구와 축구의 대선수였던 어떤 사람은 오랫동안 이 못을 건널 수가 없었다. 아무리 힘을 다 해도 공은 못에 떨어지기만 했다. 그때마다 그는 화를 냈고, 우리들은 소리를 내어 웃었다.

어느 날 나는 그에게 이렇게 말했다.

"물이 자네를 조롱한 거야. 이번에 칠 때는 홀 티이와 그린 사이에 못이 있다는 생각을 마음 속에서 지워 버리게. 그 대신 거기에는 평평한 훼어 웨이가 있다고 생각하게."

그 뒤부터 그는 이 암시를 받고 공을 멀리 보낼 수 있게 되었다. 말하자면 그는 내가 가르친 대로 못을 염두에 두지 않은, 이른바 말살 기술^{抹殺技}術 덕분으로 고생하지 않아도 되게 되었다는 것이다.

그러나 상대자 가운데 좀 잘 치는 사람이 있으면 그는 마음의 영상을 갖는 데 정신을 집중시키지 못해서 반드시 실책을 거듭했다는 것이다.

당구 같은 것도 마음의 컨트롤이 필요하다. 텍사스 주의 선 안토니 시에 22인치의 소총탄 14,500발을 가지고 공중에 던져 올린 목판을 쏘아 단 한 발도 실수한 일이 없다는 사람이 있었다. 마음의 영상에 대해서는 들은 바 없었지만, 그가 백발 백중시키는 데는 그것이 반드시 큰 역할을 하고 있음이 틀림없다고 생각한다.

스포츠의 모든 분야에서 이와 같은 마술과 같은 일이 행해지고 있다. 야구의 강타자나, 축구의 교묘한 포워드 패서, 정확한 드럽키커들 모두 의식적으로 혹은 무의식적으로 공을 떨어뜨릴 곳의 그림을 마음 속에 그리고 있다. 확실히 연습과 타이밍과 그 밖의 많은 기술도 중요하기는 하지만, 심리적인 면도 절대로 잊을 수 없다.

이 책을 읽는 독자 중에는 골프나 당구에 취미가 없는 사람이 있을지도 모른다. 그런 사람들을 위하여 마음의 그림을 그리고, 또는 영상을 만드는 불가사의한 흡인력을 가지는 것이 실제에 있어서 정말 유효하다는 것을 증명할 또 하나의 실험이 있다. 어떤 사람에게 간단히 던질 수 있는 작은 돌을 두세 개 주어서 지금 6인치 내지 10인치 정도의 나무를 목표물로 정하고, 그 목표에서 25내지 30피트 이상되는 거리에서 던지게 한다. 보통 같으면 돌이 목표물에서 멀리 떨어진 곳에 떨어지기가 일쑤이다.

그러나 똑바로 서서 반드시 목표물을 때린다는 생각을 가진 뒤에 나무를 마음 속에 그림으로 그리고, 그것이 돌을 향해 걸어오는 모양을 상상하도록 하거나, 돌이 목표물의 어떤 점에 맞는 순간을 마음 속에 그리고 돌을 던지면 돌은 반드시 목표물에 맞고야 만다.

그런 것이 귀찮다고 생각해서는 안 된다. 우선 해 보아야 한다. 반드시 맞게 되어 있다. 문제는 믿느냐 안 믿느냐에 있을 뿐이다.

이러한 현상은 가정의 주방에서도 실제로 응용되고 있다. 다만 본인이 그것을 아느냐 모르느냐 하는 것뿐이다. 예를 들면, 두 사람이 같은 파이를 만든다고 하자. 그들은 같은 재료를 써서 같은 방법으로 파이를 만들지만, 한 사람은 완전히 실패하는 반면, 한 사람은 아주 훌륭한 파이를 만들어 놓는다.

이것은 무슨 까닭인가? 그것은 실패한 사람이 요리를 시작할 때부터 겁을 집어먹기 때문이다. 그는 여태까지 파이를 만드는 데 실패한 것만을 생각한다. 이번에는 어떤 물건이 되어 나오나 하는 불안에 가득 차 있었다.

따라서 식욕을 돋굴 만큼 노랗게 잘 구워진 파이의 모양을 하나의 영상으로 마음에 그리질 못했다. 신경이 날카롭게 되고 상기된 채, 자기도 모르는 사이에 초조해져서 결국은 침착성을 잃고, 마침내는 실패작을 만들어 내고 만다.

즉, 그런 마음이 파이에 반영되지 않을 수 없다는 얘기이다. 그러나 성공한 사람은 자기가 만드는 파이는 최상의 것이라는 확신을 가지고 시작했다. 결과는 참으로 그러했다. 그렇게 처음부터 마음 속에 그린 그림…… 그들의 신념! 이 모든 것이 파이를 그렇게 만들게 했다.

만약 당신이 비록 평범한 기술을 가졌을지라도 요리를 만드는 데 취미를 가졌다면 자기 자신에 대하여 자기는 좋은 요리를 만들 수 있는 기술을 가졌다고 생각해야 한다. 그것은 당신의 내부에는 그러한 힘이 숨어 있는데, 당신이 그것을 믿고 그 신념에 의탁하면 그러한 재능이 생겨나서 당신을 도울 수 있기 때문이다.

그러므로 당신은 어떤 일에 임할지라도 항상 당신의 심혼을 전부 기울여 볼 필요가 있다. 완전한 파이를 마음 속에 그림으로 나타내기만 하면 당신 스스로도 놀랄 만한 파이가 만들어질 것이다.

이와 같은 법칙은 어디나 다 응용할 수 있다. 낚시질을 하는 데도, 재산을 모으는 데도, 또는 사업을 성공시키는 데도 적용된다. 전쟁의 예를 들어 보자.

D. 맥아더 원수는 필리핀을 탈출할 때,

"나는 반드시 다시 돌아온다."

라고 맹세했다. 당시 미국의 태평양 함대는 진주만에서 전멸해 버렸으며, 더구나 그 때는 비행기도 수송선도 없었고, 일본이 서태평양 거의 전부를 장악하고 있었던 만큼, 맥아더 원수는 다시 돌아올 수 있는 확률이란 너무나 희박했다.

그러나 그에게는 마음 깊숙이 승리의 확신이 깃들여 있었고, 그래서 그는 늘 귀환의 모습을 마음에 그리고 있었다. 그렇지 않으면 그는 그런 장담을 하지 않았을 것이다. 그것은 자신 또는 신념의 표현이었다. 그리하여 역사는 그의 승리와 귀환을 보장했다.

이와 비슷한 일이 전시 중에는 여러 건 생겼고, 또 오늘날에도 도처에서 계속 일어나고 있다.

제 5 장
마음에 영상을 그리는 방법

상상력의 묘술은 수도 없이 많다.
우표를 피부병 환자의 피부에 붙여 놓고서
그것을 고약이라고 했더니
우표 안쪽에 나쁜 진물이 빨려 나왔다.

신념의마력
C.M.브로스톨 / 미래경제연구원

제5장
마음에 영상을 그리는 방법

마음 속의 장애물을 없애라

내가 투자 은행에서 일하고 있을 때 한 세일즈맨이 의논을 하러 온 일이 있었다.

"저는 J씨가 무서워서 견딜 수가 없는데, 어떻게 하면 이 공포감을 없앨 수 있습니까? 만일 그 사람을 찾아가서 대등한 입장에서 이야기를 할 수 있게 된다면 상당히 매상을 올릴 수가 있습니다만, 왜 그런지 무서워서 접근할 수가 없습니다."

이 세일즈맨이 말하는 그 사나이는 엄청나게 큰 회사를 가진 백만 장자였다. 거만스러운 인간인데, 머리카락은 짙고 눈썹은 커서 마치 송충이 같았다. 게다가 사나운 표정이 얼굴에 그대로 나타나 있다. 그리고 어투도 흡사 사람을 꾸짖어 대는 것 같아서 마음이 약한 사람은 좀체로 접근하기가 힘들 정도였다. 그러나 다행스럽게도 마음을 붙이는 사람에게는 지극히 인정스럽게 대한다는 것을 나도 알고 있었다.

판매원들은 이 사람의 외형에 겁을 집어먹었다. 나는 잠시 생각한 뒤에 한 명언을 말해 주었다.

"아무리 무서운 사람이라 해도 자네를 때리지 않을 걸세. 어떤 해변에서 수영복을 입고 있을 그의 모양을 상상해 보게. 그러면 무섭다는 생각이 들지 않을 걸세. 몸에는 털이 많을지 모르지만, 그렇다고 무서울 것이 무엇인가?"

"그럴 때야 무섭지 않겠지요."

판매원도 그런 것처럼 말했기 때문에 나는 털이 많으리라는 말에서 또 다른 생각을 가질 수 있었다.

"곡예단을 따라다니며 춤을 추는 곰을 본 일이 있는가? 아코디언에 맞춰 춤추는 놈 말일세. 터키 모자 같은 묘한 벙거지를 쓰고 춤추는 곰은 이를 뽑아 버렸기 때문에 사람을 물지 못하는 거야."

"그렇습니다."

"그럼 다 됐어. 그 사람은 애교 있는 곰으로 생각해 보게. 터키 모자를 쓰고 칼라를 달았지. 그렇지만 이를 뺀 곰이니까 자넨 겁을 집어먹을 필요가 전혀 없거든."

판매원도 속으로 웃음을 금치 못하면서 돌아갔다. 며칠이 지나자, 그는 그 사람에게 이만 달러의 증권을 팔았다는 연락이 왔다. 대체 어떻게 그를 구슬리었는지, 이 세일즈맨은 요즘도 그 백만 장자와 단골로 거래를 하고 있다. 몇 주일 전에 그 판매원이 내 사무실을 찾아와서 감사의 말을 하고는 같은 방법으로 다른 사람과 거래를 튼 이야기를 들려주었다. 이번에는 흰 수염이 길게 난 아주 인색한 노인이었다고 한다. 말끝마다 잔소리가 심해서 판매원들에게 손을 들게 한 사람이다.

"이 늙은이는 오랫동안 상대하기가 힘들었습니다. 돈을 많이 가지고 있는 것은 알고 있으나, 그 상점 앞을 지날 때마다 찌푸리고 내다보는 데 질리지 않을 수 없었습니다. 한번 들어가 말을 해 볼까 생각은 했지만, 도무지 용기가 나지 않았습니다. 그러다가 얼마 전 당신에게서 J씨를 조정하는 방법을 배운 뒤에, 그 노인을 산타 클로스 할아버지로 연상해 보면 어떨까 하는 생각이 들었습니다. 그래서 '이 영감님을 산타 클로스라고 생각해야지. 산타 클로스는 누구나 무서워하지 않으니까'라고 중얼거려 보았습니다.

그 결과 그 생각이 효과를 나타냈습니다. 지금은 저의 큰 손님이 되었습니다. 그 노인도 저 같은 사람이 자기에게 친근해지는 것이 즐거운 모양입니다. 오천 달러의 주문을 받았는데, 다음 주일에는 자기가 가진 유가 증권의 목록을 같이 조사해 달라고 부탁까지 하지 않겠어요. 이쯤되면 다시 주문을 받는 것은 식은 죽 먹기보다 쉬운 일이겠지요."

중요한 지위에 있는 사람은 훌륭한 척하여 상대방을 압도한다. 사무실을 장엄하게 꾸며 놓고 사무원과 비서를 통해야만 면회도 할 수 있게 해서 방문객을 위압한다.

그러나 그런 사람도 인간이기 때문에 누구나 다 같은 공포심과 약점을 가지고 있다. 집으로 돌아가기만 하면 보잘것없는 하나의 인간이 되고 만다. 그런 것만 알게 되면 그가 위엄을 꾸미거나 무섭게 보인다고 해도, 그 외면의 모습에 구애되지 않고 그 사람의 참된 인간성을 머리에 그릴 수 있게 된다. 그렇게 되면 가슴 속에 걸려 있던 장애물이 저절로 없어지고 만다. 참으로 훌륭한 사람은 방문객에 대하여 절대로 관문을 만들지 않는다. 만약 당신이 판매원이라 한다면 훌륭한 척 꾸미는 사람을 방문할 때 그런 방법으로 생각을 하면서 상대방을 바라보라. 반드시 마음의 장애를 제거할 수 있을 것이다.

어떤 법률가가 이상 설명한 것과 같은 것을 자기의 체험담으로 말해 주었다.

"언젠가 나는 젊은 사람들이 무서워하는 유명한 법률가와 법정에서 싸운 일이 있습니다. 잠시 법정에 앉아 있노라니 무서운 생각이 들어 어쩔 줄을 모르겠더군요.

그래서 눈을 감고 혼자서 생각했습니다. '나도 그와 마찬가지인 사람이 아닌가? 오히려 그 사람보다 더 훌륭한 데가 있을지도 몰라. 그 사람이라고 해서 골려 주지 못할 것도 없지.' 이런 것을 마음 속에 몇 번 되풀이했습니다. 그 뒤에 눈을 떴지만, 그 때는 그런 사람이 둘이 대들어도 해 볼 자신이 생겼습니다. 힘든 사건이라든가, 배심원들이 호락호락하지 않을 것 같을 때는 언제나 그런 방법을 씁니다. 그것은 단순한 우연이나 환상이라고 말할지도 모릅니다. 그러나 그 때마다 성공하는 것을 어떻게 설명해야 합니까?"

거만해 보이고 심술궂게 보이는 사람도 대개는 마음 속에 누구나 이와 같은 약점을 가지고 있다. 그렇기 때문에 방문하는 사람이 자기 마음 속에 생겨 있는 장애물만 제거해 버리면 쉽게 만나서 순조로운 협상을 할 수도 있다. 다음에 방문할 때는 두서너 번쯤의 심호흡만으로도 상대편쯤

쉽게 설복할 수 있다는 확신이 서게 된다. 그렇게만 되면 성공은 틀림없이 자기의 것이 되고 만다.

불가사의한 체험

지난 1930년 경제 공황 때 대식료품 연쇄점의 각 지배인과 차장급들이 나를 찾아온 일이 있었다. 나는 그들에게 6주 동안 강의를 했는데, 그들은 내 강의에 의하여 각 매점에서 일주일 중 하루만 내가 시키는 대로 해 보았다. 그것도 몇 가지 상품, 즉 치즈·육류·오이·고등어 등을 특히 골라서 내게서 교육받은 대로 실시해 보았다.

이런 특정 상품을 판매하기 전날, 각 점포 지배인은 점원들로 하여금 손님이 들어와서 그 특정 상품을 사고 싶어하는 모양을 머릿속에 그려보도록 잘 지도했다. 물론 상품을 고객의 눈에 잘 띄도록 특별히 진열하는 것도 잊지 않았다. 그래서 손님들이 들어오면 지도받은 대로 특정한 상품을 사도록 마음 속에 생각하게끔 만반의 준비를 갖추어 놓았다.

그 결과 6개월 동안의 매상고보다도 그 날 하루 매상이 훨씬 많았다. 토요일에는 언제나 불고기 로스를 팔고 있는 어떤 전문점에서는 오전 중에 고기를 전부 팔았다고 한다. 오이를 판 상점에서는 전례없이 하루에 농가로부터 추가 매입을 두 번이나 해다가 팔 정도였다.

그 때 강습을 받은 사람 가운데는 오직 한 사람이 전쟁에 희생되었을 뿐, 그 나머지 사람들은 전부가 독립된 상점을 가진 주인들이 되었다. 그 중에서도 한 사람은 세 상점의 주인이 되었고, 또 한 사람은 이웃 주의 연쇄점 지배인으로 출세했다.

나는 또 태평양 연안의 큰 광고 대리업의 사장과 이야기한 일이 있었다. 이 사람은 최근까지 어떤 유명한 커피 제조 회사의 판매를 맡아보고 있었는데, 회사의 사업이 성대하게 되자, 사장이 그 회사를 그에게 유리한 조건으로 팔았다. 그러나 그는 회사의 사정에 밝았기 때문에 그 회사가 번창한 이유를 다음과 같이 말해 주었다.

"이 회사의 늙은 사장은 당신이 주장하는 심리 기술을 굉장히 잘 이용하고 있습니다. 그 사람만큼 그것을 잘 이용한 사람은 별로 없겠지요. 이 분은 어릴 때부터 이 도시에 와서 커피 볶는 법과 섞어 넣는 기술을 배웠습니다. 그래서 자기 자신의 사업을 시작하면서 자기만한 기술을 가진 사람은 없을 것이라고 스스로 믿었던 것이죠.

몇 해 동안 사업을 계속한 뒤에 마지막 은퇴를 할 때도 자기의 커피가 이 도시에서 제일 맛있다고 굳게 믿고 있었습니다. 그렇기 때문에 뭐라고 해도 이 신념이야말로 그를 오늘날의 백만 장자로 출세시킨 장본인임에 틀림없어요."

일찍이 나는 이러한 것을 테마로 자그마한 팸플릿 하나를 내려고 원고를 인쇄업자한테 넘겨 준 일이 있다.

이튿날 아침, 인쇄업자는 내 사무실에 숨이 차서 거의 몸을 떨다시피하며 달려 왔다. 무슨 사고가 생겼는가를 생각하면서 말을 건넸더니, 그는 더듬더듬하면서 이렇게 대답하였다.

"지금 이상한 일이 있었습니다. 어젯밤 원고를 받고 그것을 읽어보았는데, 그때 나는, '여기에 씌어 있는 것이 사실이라면 내가 이 사람을 방문할 때는 내 자동차를 세워 놓을 장소쯤은 있겠지라고 미리 생각해 봐야겠다. 그렇게 신념을 가져 보는 거야. 그쯤 어려울 것도 없을 테니까'라고 혼자 생각했습니다. 그 뒤 내가 당신 사무실에 도착한 지금까지 난 그런 생각을 깡그리 잊어먹고 있었습니다.

그러다가 여기 도착하는 순간 문득 머리에 떠오른 것은 과연 내가 자신을 가졌다고 해서 자동차 세울 자리가 있을까 하는 것이었습니다. 그런데 이 사무실 앞에 이르자 이 부근에는 자동차가 가득 차 있어서 내 자동차를 세울 빈터가 조금도 없었습니다. 그래서 '역시 거짓말이었구나'라고 그런 생각을 버리려 했습니다.

그리고는 앞으로 지나가는 사람을 피해서 차를 천천히 몰고 오는데, 바로 이 건물 앞에 주차했던 차가 한 대 빠져나가는 게 아니겠습니까. 역시 예의 그것이 아닌가 생각했습니다."

"그럴지도 모릅니다. 한 번 더 시험해 보시오."

나는 이렇게 권고했다.

그는 몇 번이고 거듭해 보았던바, 그 효과를 믿게 되었다. 그래서 이 원리를 자기 사업에도 이용했다. 이것은 우연의 일치라고 생각하고 싶어하는 독자가 있다면 마음대로 생각해도 좋다. 그러나 이 인쇄소 주인으로서는 우연의 일치라고는 생각지 않았다.

그 뒤 그의 사업은 3배 이상으로 번창해 갔다. 더구나 당시의 다른 인쇄업자들도 주문이 없어서 쩔쩔 매던 때인만큼 이 이야기는 더욱 놀라운 것이었다.

이 인쇄소 주인의 체험을 나는 가끔 이야기한다. 그리고 다른 사람들 가운데도 이 인쇄소 주인과 같은 결과를 얻은 삶이 적지 않다는 이야기를 듣고 나 자신도 그저 놀랄 뿐이다.

어느 종교 대학의 한 여대생이 자기 동생을 데리고 물건을 사러 갈 때에는, 자기 자동차를 주차시킬 장소가 반드시 있으리라고 단언하고 떠난다는 것이다. 그러면 반드시 빈자리가 발견된다는 것이었다.

"일종의 힘이라고나 해야 할지 모르겠습니다마는, 어쨌든 놀라운 일입니다. 그 한 예일지 모르지만, 사념하기만 하면 반드시 제가 원하는 현상이 나타납니다. 매일 아침 일을 하러 나갈 때 제가 사무소 거리의 지역에 도착하기만 하면 교통 신호들은 언제나 꼭 청색이므로, 한 걸음도 멈추지 않고 그냥 빠져나갈 수가 있습니다. 적색등이 나온 적은 아직 한 번도 없었습니다. 이제는 익숙해져서 그것이 당연한 일이라고 여기고 있습니다."

몇 달 전에 어떤 부인이 교통 신호를 위반했다고 해서 경관에게 연행되어 갔던 일이 있었다. 당시의 신문을 보면, 법정에 나선 그 여인은 판사에게 자기가 교차점을 지날 때는 분명히 청색등이었다고 주장해서 결국은 승리를 거두었다고 되어 있다. 그녀는 성격이 건실한 여자로서 다음과 같이 주장했다.

"판사님, 제가 교차점에 가까이 갈 때는 늘 청색등이 되라, 청색등이 되라고 중얼거리는데, 그렇게만 하면 신기하게도 반드시 청색이 나타납니다."

이 말을 들은 판사는 그 여인의 양심에 비추어 석방할 수밖에 없었다고 한다.

그러나 경관은 그 교차점은 정규의 신호등이 없고, 적색등이 수초 간격을 두고 번쩍이다가 청색으로 변한다고 말했다. 그러나 모성형의 선량한 그 부인은 확고한 신념으로 결국 판사를 설복시키고 말았다. 신호등은 언제나 자기가 생각하는 대로 된다는 움직일 수 없는 신념이 그녀를 무죄로 만들었던 것이다.

또 한 가지 내 주장을 증명하는 이야기가 있다. 주주에게서 수백만 달러의 투자를 맡아 가지고 있는 어떤 정유 회사의 실례이다.

오래 전에 이 회사는 소송과 판매 문제로 옥신각신하다가 재정적으로 곤경에 빠져 있었기 때문에, 회사의 모든 기구를 어떻게 하여서라도 재건하지 않으면 안 되었다.

그래서 주주들은 무배당을 승인하고 상당량의 새 주식을 떠맡아 주기로 했다. 그리고는 주주들은 정유기에서 나오는 한 방울의 기름도 헛됨이 없이 돈으로 화해서 수입이 된다는 신념을 마음 속에 확실히 그리도록 요청을 받았다. 기초가 든든한 여러 일류 회사들도 곤경에 놓여 있을 때였다. 그럼에도 불구하고 이 회사의 수입은 날로 늘어 갔고, 마지막에는 이 회사가 다른 회사의 매수에 응했을 때에는 주주들은 투자 전액에 프리미엄을 붙여서 주식을 팔 수가 있었다.

스포츠 애호가들에게 널리 알려져 있는 우승 경기의 매니저 J. 그리본은 여러 권투 선수들에게 자기가 우승자가 되었을 때의 모습을 마음 속에 그려 보도록 가르쳤다. 그 결과 그의 선수들은 대부분 우승을 했다.

이러한 심리 현상에 익숙지 못한 일부 독자는 이런 이야기를 곧이듣지 않을지도 모른다. 그럴 줄은 나도 안다. 그러나 이런 일에 조금이라도 관련한 사람이라면, 그 진위에 대해서 조금도 의심치 않는다. 그리고 내가 아는 한, 독자 중에는 실제로 불가사의한 체험을 수없이 가지고 있는 자도 결코 적지 않다.

두 사건

영국의 연구가로 알려져 있는 G. N. M. 타이렐은,

"만약 우리가 잠재 의식이란 것에 의지하고, 그 활동으로 말미암아 어떤 일을 성취시키려고 생각한 뒤에 일을 시작한다면, 우리 마음 속에 있는 잠재 의식은 몇몇 관련된 사건을 발생시켜서 마침내 그 목적을 달성시키는 것이다."

라고 말하고 있다.

또 시카고 대학에 오랫동안 재직하고 있던 S. 마슈즈 박사는,

"우리들은 강력한 희망을 품음으로써 사건을 좌우할 수가 있다. 희망 성취라는 심리적인 확증으로써 나타난다."

라고 말하고 있다.

이것을 단적으로 실증하는 사건이 두 가지 있다.

어떤 큰 골동품 상점의 여주인은 감정하는 힘이 뛰어나기로 유명했다. 그래서 많은 부인들로부터 골동품 감정을 부탁받지만, 그녀는 사교계에 나타나기를 좋아하지 않았다. 어느 날 어떤 부인이 그녀를 점심 식사에 초대했다. 그 부인은 골동품계에서 유명한 이 부인과 같이 다니는 것을

남에게 보이고 싶은 허영심에서 그녀를 초대했다. 그것을 눈치챈 골동품상의 여주인은 그것을 완곡히 거절했다. 그런데 유명한 인사를 데려다가 강연회를 열고 있는 어떤 클럽에서 그녀를 다시 초대했다. 그것은 개인적으로 초대했다가 거절당한 그 부인이 단체를 통해서 재초청한 것이었다. 그 때 그 여주인은 할 수 없이 승낙을 했는데, 그 때 그녀가 말했다.

"그 부인은 나의 약점을 이용했습니다. 나는 할 수 없이 승낙을 했지만 곧 그것을 후회했습니다. 나는 그런 상류 계급의 모임을 싫어해요.

나는 밤이면 식은땀이 날 지경이었어요. 왜 그런 것을 약속했을까, 어떻게 하면 그 부인의 비위를 상하지 않고서 가지 않아도 될 수 있을까? 그분은 우리 점포의 좋은 고객이지만, 만일 약속을 지키지 않으면 나중에는 뒷공론으로 무슨 욕을 해댈지도 모르는 거였어요…….

나는 열심히 어쩌면 좋으냐고 생각했습니다. 이모저모 생각해 보았으나 이렇다 할 뚜렷한 합리적 변명이 생각나지 않았어요. 나는 당황했습니다. 아무래도 그 부인과는 기분이 맞지 않아요. 그래서 그 회합에 나가고 싶지 않다는 생각은 점점 커졌습니다. 날짜는 부쩍부쩍 다가왔습니다.

그래서 나는 할 수 없이 전화를 걸고 긴급한 일 때문에 부득이 출석할 수 없다고 거절하려는 결심을 했습니다. 바로 그 때였습니다. 저편에서 전화가 오지 않겠어요. 이러이러한 사유로 강연회가 중지되었다는 것이었습니다. 얼마나 기뻤는지 몰라요. 당신이 주장하시는 것을 나는 진심으로 믿습니다. 우연의 일치라고 말할 사람이 있으리라고 생각합니다. 그렇지만 세상에는 그보다 더한 불가사의한 일이 얼마든지 있습니다. 그 모두가 우연의 일치라고는 말할 수 없겠지요."

그리고 또 한 가지 이야기가 있다. 그 이야기의 주인공은 가을 추수 때 미국 전국민을 괴롭히는 '헤이 훼바'라고 하는 일종의 비염 치료약을 만드는 제조 회사 지배인이었다.

그는 당시 어떤 도시로 이사를 가서 회사 근처의 아파트에 세를 들었다. 전쟁 직후라 전화 가설은 신청순으로 기다리는 수밖에 없었다. 신청인 명부에는 적지 않은 사람들의 이름이 적혀 있었으나, 가설의 청약을 맡은 사람은 불과 몇 명도 안 되었다. 즉, 의사·경관·고급 관리 등 공중을 위해 긴급을 요하는 직장에만 우선권을 주었던 것이다.

그는 아는 사람을 통해서 별별 운동을 다 해 보았지만 전화 가설은 희망이 없었다. 내가 전화 회사에 아는 사람이 있다는 것을 듣고서 그는 나를 만나러 왔다.

나는 그에게 충고를 했다. 수천 명의 신청자를 물리치고 자기만이 특별한 대우를 받겠다는 생각을 버리라고 말했다. 그러나 어떠한 이유로든지 우선권이 있다는 증명만 찾아내면 교섭해 볼 여지는 있다고 말했다.

그리고 대체 어떤 사람을 통해서 교섭해 보았느냐고 묻자, 그는 회사의 상하를 막론하고 말해 볼 만한 사람에게는 전부 교섭해 보았다고 대답했다.

그리고는 전화가 없어서는 정말 안 되겠다고 사정 얘기를 했다. 사무소가 문을 닫게 되면 자기 혼자만이 남아서 일을 해야 하므로 전화가 없어서는 불편해서 안 되겠다는 것이다.

"장거리 전화도 옵니까? 그리고 전화를 통해서 매매하는 금액이 한 달에 얼마나 됩니까?"

나는 그에게 이렇게 물었다. 그 때 그는 어마어마한 숫자를 말했다.

"그럼 몇 달 동안의 계산서를 가지고 당신이 처음 찾았던 그 사람을 다시 한 번 방문해 보시오. 그러나 당신이 상대방을 완전히 설득시킬 자신이 있을 때까지는 가지 마십시오. 자신이 없으면 실패하기가 쉽습니다. 무슨 짓을 하든지 전화를 가설하고야 말겠다는 결심을 굳게 하십시오. 그리고 굳은 신념이 생길 때까지 그것을 계속 생각하십시오."

"해 보겠습니다. 아니, 꼭 하겠습니다. 전화를 가설하고야 말겠습니다."

그는 이렇게 말하고 돌아갔는데, 그 뒤 며칠 안 되어 다시 찾아왔다.

"정말 성공했습니다. 말씀드리지 않을 수 없어서 찾아왔습니다. 마음 속에 굳은 결심을 가진 뒤부터는 이상한 일들이 꼬리를 물고 일어났습니다. 내가 처음 만났던 사람을 만나러 다시 갔을 때 그 사람은 또 왔구나 하는 태도로 냉담했습니다.

나는 전화가 정말 필요하다는 것을 당신이 가르친 대로 계산서를 보이며 설명했습니다. 그랬더니 조금 알아들은 듯했습니다. 그가 내 사정을 지배인에게 전해나 보겠다고 하면서 전화기를 들려고 할 때 마침 지배인으로부터 다른 용건으로 전화가 걸려 왔습니다. 그래서 지배인에게 내 사정을 설명했는데, 그 때 지배인은 즉석에서 내게 우선권을 주었습니다. 그리고 우선권계의 P씨를 찾아간 것은 처음이었습니다. 그런데 P씨를 만나자 그는 헤이 훼바 비염을 앓고 있었다면서, 여러 가지 약을 썼지만 효과가 없었다는 말을 했습니다. 그 말을 듣자 나는 마치 귀신에게 홀린 것 같았습니다. 따라서 우리 회사의 제품을 소개하고 우선권을 얻었는데, 유쾌한 장면이었습니다.

어떻게 해서 내가 갔을 때 지배인에게 전화가 걸려 왔으며, 또 우선권의 최후 결정권을 가진 사람이 헤이 훼바 병에 걸려 있었겠습니까? 만약 당신의 그 과학을 믿지 않는 사람이 있거든 전부 내게로 보내 주십시오."

상상력의 묘술

새삼스레 말할 필요도 없이 사람들의 마음 속에 가진 생각이, 외모나 얼굴 표정에 나타나고, 언어 행동을 결정하는 것을 우리들은 잘 알고 있다.

여성들이 항상 가슴 속에 꿈을 품고, 아름다운 의복을 입고, 가지각색의 장신구를 몸에다 지니고, 몸맵시를 연구하면서 '나는 반드시 다른 여자들보다 훨씬 아름답다'고 생각하고 있으면, 그 여성은 언제까지라도 미의 환희에 잠겨 있을 수 있을 것이며, 그 자태는 점점 더 아름다워져 가는 것이다.

영화를 보더라도, 누추한 옷을 입은 평범한 처녀들이 눈부시게 화려한 의상을 몸에 감고 미장원에라도 다녀오면 단번에 매력이 넘치는 여성으로 변한다.

그러나 이러한 기교도 좀더 손쉽게 할 수가 있다. 당신의 새로운 이상적 몸맵시를 마음 속에 그리면서 한 순간이라도 그것을 잊지 않도록 마음을 가지고 있어야 한다.

치과의에게 가는 것을 겁내는 사람들이 많다. 이 앓는 사람이 두려워하는 것은 치료실에서 실제로 받는 그 치료보다도 그 곳에 가면 반드시 이러저러한 고통을 당하겠지 하는 공포심 때문인데, 이것이 환자에게는 큰 고통이다.

미국의 어느 치과는 소아과 전문의로서 치료실 옆방에 어린아이들의 유희실을 만들어, 많은 장난감을 갖추어 두고 있다. 어린아이들은 장난감에 정신이 팔려 치료받는 것을 잊게 된다. 일단 치료의자에 앉아도 아픈 얘기는 일체 하지 않고 다른 재미나는 얘기만 해서 어린이들의 주의를 다른 곳으로 쏠리게 한다. 전기 드릴의 코드에는 단추 스위치가 달려 있어서 어린아이들은 제멋대로 전기를 켰다가 껐다가 하도록 되어 있다. 의사는 치료를 시작하기 전에 만일 조금이라도 아프면 네 마음대로 전기를 꺼도 좋다고 일러둔다. 이 의사는 상당히 호평을 받고 있다.

어린아이들에게 평이 좋은 이발관에는, 거울 앞에 아이들이 좋아하는 만화책 같은 것을 많이 쌓아 두고 있다. 모두 그림책들이다. 꼬마 손님들은 의자에 걸터앉자마자 그림책에 손이 간다. 어린아이 마음은 그림책에 쏠려 버리게 된다.

이발사는 이렇게 말하고 있다.

"어떤 때는 이 방법이 통하지 않을 때가 있습니다. 아직 그림책에 흥미를 가질 정도가 되지 못한 어린아이들이지요. 이럴 때는 꽥꽥 야단스런 소리를 내는 장남감을 손에 쥐어 주지요. 요는 어린아이가 머리를 깎는다는 것을 잊어버리게 하면 되는 것이니까요. 그 다음은 문제 없지요."

상상이라고 할까, 혹은 마음의 생각을 머릿속에 그리고 있으면 흔히 불가사의한 현상이 일어난다. 원래 공포심은 상상에서 생긴다. 이것은 전시의 체험을 가진 사람이면 거의 다 알고 있을 것이다.

고향에 있는 아내에게나 부모에게 갑자기 전보가 오든지, 또는 편지가 오면, 그 전보를 보기 전에, 그 편지를 읽기 전에 무엇인지 좋지 못한 소식이나 아닐까? 하고 가슴이 두근두근거린다……가슴 속이 아려짐을 느낀다. 그 소식이 기쁜 소식이라는 것을 알면 비로소 마음이 놓여지지만, 그렇지 않는 한 가슴 속의 긴장은 좀처럼 가시지 않는다.

흔히 듣는 말에 이런 이야기가 있다. 어떤 두 청년이 방이 한 칸밖에 비어 있지 않는 호텔에 들게 되었다. 본시 이 방은 객실이 아니고, 평소에는 음식물을 저장해 놓는 데 사용하고 있던 것을, 그 날은 호텔이 만원이 되어서 부득이 객실로 쓰게 되었다. 밤중에 한 사람이 눈을 떠보니 방 안 공기가 탁해져서 가슴이 답답했다. 또 한 사람이 일어나서 어둠을 더듬어서 창문을 열려고 하니 아무리 해도 열리지 않는다. 구두를 찾아 들고 유리창을 깨뜨린 다음 비로소 두 사람은 신선한 공기를 들이켜고 기분 좋게 새벽까지 잘 잤다.

그런데 아침에 눈을 떠보니 유리창은 조금도 다치지 않고 음식물을 넣어 두는 찬장문이 부서져 있었을 뿐이었다.

전쟁 중 이와 비슷한 이야기가 《다스 위크》라는 잡지에 실렸다. 마가레트 웨스트라는 여자가 남태평양 방면에서 수송선을 타고 미국으로 돌아올 때의 얘기이다.

그녀가 선실에 들어갔을 땐 이미 열일곱 사람의 부인들이 안을 꽉 메우고 있었다. 등화 관제로 뱃전의 문은 닫혀져 있었고, 방 안 공기는 숨이 막힐 지경이었다. 배가 떠나는 것은 그 다음날 아침이니, 모두들 자리에 누운 다음에야 창문을 열어도 좋다는 명령이 내렸다. 미스 웨스트는 일어나서 창문을 열어젖혔다. 모두는 이제 겨우 편히 잘 수 있다고 좋아하면서 잠들었다. 그러나 다음날 아침에 눈을 떠보니 미스 웨스트가 연 것은 이중 창문의 안쪽 창이었으며, 바깥문은 잠긴 채였고, 광선도 공기도 차단되어 있었다고 한다.

식료품 배급 시대에 마가린이 진짜 버터인 줄 알고 고맙다고 먹은 사람들이 무척 많았을 것이다. 금주 시대에는 밀수입한 좋지 못한 술을, 상표만 훌륭한 것으로 바꾸어 팔고 있었다. 마시는 사람들은 그러한 나쁜 술을 좋은 술로 착각했다. 값싼 생선이 도미인 줄 알고 먹은 예도 헤아릴 수 없다.

이렇게 상상력의 묘술은 수도 없이 많다. 우표를 피부병 환자의 피부에 붙여 놓고서 그것을 고약이라고 했더니, 우표 안쪽에 나쁜 진물이 빨려 나왔다.

어떤 사람은 개를 불러서 먹이를 줄 때 반드시 종을 쳐서 부르는 습관을 들였더니, 개는 얼마 안 가서 종소리가 나기만 하면 반드시 먹을 것을 연상하게 되었다. 어느 학자는 종소리를 울리기만 함으로써 개의 위가 위액으로 가득 찬 것을 발견했다.

요릿집에 앉아서 옆에 있는 사람 앞에 맛좋은 요리가 나오는 것을 보기만 해도 우리들의 입에는 침이 고인다.

양파 껍질을 까면 눈물을 흘리는 사람이 많다. 그러나 다른 사람이 양파를 까고 있고, 이 방 안에는 아무런 냄새도 나지 않는데도 불구하고, 멀리 떨어져 있는 사람이 단지 그 동작을 보고 눈물을 줄줄 흘린다.

또 사람에 따라서는 먹다 남은 음식을 다시 데워 먹으면 병이 난다고 해서 일체 먹지 않는 사람도 있다. 이것은 몇 년 전에 한 번, 남은 음식을 먹고 아마 그것이 상해 있었기 때문에 배탈이 난 경험이 있었는데, 그 마음의 생각이 언제까지나 머릿속에 남아 있어서 가시지 않는 탓이다.

식사할 때마다 소다를 먹지 않으면 마음을 놓지 못하는 사람이 있다. 소다가 소화를 잘 시킨다고 하지만 의사의 말에 의하면, 그것은 단순히 자기 마음의 상상력에 사로잡혀 있음으로 해서 그렇게 되는 것뿐이라는 것이다.

나는 태평양과 대서양을 여러 번 항해했다. 가끔씩 항해 도중 폭풍우를 만났다. 하지만 배가 아무리 흔들려도 배멀미를 해 본 적은 한 번도 없었다. 물론 오직 한 번의 예외가 있기는 있다. 그것은 심하게 배멀미를 하는 사람을 간호해 주었을 때의 일이다. 처음 배를 탔을 때부터 오늘날까지 나는 다른 사람이 배멀미하는 모습을 보면 어떠한 암시의 작용이 있는지 나 자신도 그렇게 되기가 십상이다.

또 사람들이 상상력의 작용으로 급격한 충격을 받으면, 피부가 싸늘해지고 식은땀이 등을 적시며 오한이 난다. 의사의 선고를 듣고 그로 인하여 감정의 충격을 받으면, 그것에 상상력이 작용해서 무서운 결과를 초래하는 수가 있다.

당신 친구가 레몬수를 마시고 있는 것을 보면, 당신은 그것을 보고 있기만 해도 휘파람을 불 수가 없게 된다. 당신의 사고력의 작용으로 자연히 입 안의 근육이 위축되어서 휘파람을 불지 못하게 된다.

강연회 때 내가 잘 해 보이는 일이지만, 상상의 힘이 얼마나 강한 것인

가를 증명하기 위해서 나는 색다른 액체를 가지고 청중 앞에 나간다. 청중들을 보고 나는,

"하나는 라일락꽃, 다른 하나는 장미꽃 향수인데, 이것으로 당신들의 감각의 힘이 어느 정도인가를 시험해 보고 싶다."

라고 설명한다. 이렇게 말하고 청중 앞에서 돌아서서 어느 병인가를 청중이 모르도록 아무 병에서나 액체를 공기 중에 뿌린다. 그러고 나서 지금 뿌린 것이 어느 병인가를 큰 소리로 청중에게 묻는다.

그러면 어떤 사람은 라일락꽃이라고 하고, 어떤 사람은 장미꽃이라고도 한다. 물론 양편이 상상력의 작용으로 터무니없는 판단을 하고 있는 것이다. 사실은 두 개의 병 속에 든 것은 아무것도 아닌 물에 착색을 해둔 것뿐이라고 알리면, 청중들은 아연 실색을 한다. 맹물이니 향기가 있을 리 만무하다.

한 점에 집중하라

발명가·미술가·과학자·건축가·대사업가 들이 거의 모두 상상력을 활용해서 일을 하고 있다는 것을 생각해 보면 상상이 얼마나 큰 영향력을 가지고 있는가를 알 수 있다.

세익스피어는,

"도덕을 몸에 지녀라. 만일 너에게 그것이 없다면……"

하고 말했다. 이 위대한 진리의 깊은 뜻을 생각해 보자. 도덕을 몸에 지

닌다는 것은 우리들의 상상력을 통해서 몸을 치장하는 것이다.

즉, 우리들이 희망하는 훌륭한 인물이 되고 싶다는 뜻을 가지고서 나 자신이 장래에 그러한 인물이 되었을 때의 모습을 마음 속에 그려두고 항상 그 그림자가 사라지지 않도록 간직해 두면, 후일에 이르러 실제로 그러한 인물이 될 수 있다는 것이다. 내가 말하는 희망의 성취도 바로 그것이다.

그러나 여기에서 우리들은 단순히 백일몽과 참다운 마음의 생각, 또는 상상력을 올바르게 쓰는 방법이라는 것과의 구별을 뚜렷이 하지 않으면 안 된다.

가령 당신이 맨주먹으로 10만 달러의 돈을 벌어 보겠다든가, 굉장한 저택을 공짜로 내 것으로 만들어 보고 싶다는 마음을 가지고 있다고 하자. 그렇지만 그런 식으로 백일몽이나 막연하게 그렇게 되고 싶다고 생각하고 있는 것만으로는 아무런 소용이 없다. 그 10만 달러의 돈이나 호화스런 저택을 손에 넣기 위해서는, 이런 막연한 생각으로는 당신의 체내의 힘이 용솟음치게 할 수 없다.

우선 상상력을 정확히 활용하여 당신이 그 일에 착수한 다음의 모습을 마음 속에 그리면서 끊임없이 그것을 응시할 뿐 아니라, 스스로 그 일에 착수하려는 실제적인 계획을 구체적으로 세우지 않으면 손에 넣을 수 없다.

예컨대 확대경으로 불을 일으키는 경우를 생각해 보자. 정확히 초점을 맞추어 태양 광선을 한 지점에 집중시키면, 거기에 모인 태양의 열로 목적물에 구멍을 뚫을 수 있다. 열이 높아지고 목적물이 타기 시작하기까지 확대경의 위치가 흔들리지 않도록 조심해야 한다.

이와 같이 우리가 마음 속에 계획하는 일이란 것은 그처럼 꾹 참고 힘 있게 지속해야만 이루어낼 수 있다.

프랑스의 E. 쿠에 의학 박사는,

"암시는 의지의 힘보다 강하다."

라고 말했다. 이 암시와 의지가 서로 부딪쳐서 싸우는 경우에 언제나 상상 쪽이 이긴다고 설명하고 있다.

예를 들면, 고급 담배가 아니면 피우지 않는 버릇이 있던 사람이, 그 버릇을 고치고자 결심한다 하자. 이를 악물고 눈을 부릅뜨고 엄숙히 자기의 의지력을 앞장세워서 이 나쁜 버릇을 끊어 버리겠다고 장담한다. 그러나 구수한 담배의 맛이 머리에 떠오르자, 그는 코에 익은 향기로운 냄새가 자기를 완전히 사로잡고 있음을 어찌할 수 없게 된다.

이처럼 상상력은 의지도 압도할 수 있다는 게 그의 설명이다. 술 먹는 버릇도 이와 유사하다.

프랑스의 철학자 C. 프리에는 일찍이,

"앞으로 세계는 인류의 두뇌에 의하여 성장할 것이다. 즉, 세계는 사람의 욕망과 정서를 원동력으로 형성되고 지배되고 지도될 것이다."

라고 하였다. 현실은 그의 예언대로 진행되어 가고 있다. 그러나 마음의 힘으로 세계를 이루고 지배하는 인류의 희망은 이제 겨우 첫발을 내딛게 된 것이나 다름없다.

그러면 인생에 있어서 우리들의 진실된 욕구는 무엇인가 하는 문제로 들어가게 된다. 세상에 위대한 욕구를 품은 사람은 극히 드물다. 지금 자기들이 처하고 있는 인생의 위치는 운명의 신이 이와 같이 특별히 마련해 준 것으로만 믿고, 감사히 받아가지고 좀처럼 거기서 빠져나와 성장하려고 하질 않는다.

정신도 육체도 마찬가지이다. 땅 위에 앉은 새를 쏘는 그런 노력이면 나무 위에 앉은 새도 쏠 수 있다. 그러나 그들은 같은 거리에 있는 새라도 그것이 높은 곳에 앉아 있으면 쏘려고 하지 않는다.

흔히들 몽롱하고 막연한 희망을 가질 뿐, 어떤 노력도 실천도 해 보지 않고 그냥 지나가고 마는 것처럼 말이다. 그러나 생각만으로는 효과가 없다. 원동력이 결핍되어 있기 때문이다.

그러나 진지하게 그 무엇을 희구하고 있는 사람도 적지 않으니, 그 사람들은 배후에서 부르짖어 주는 위대한 힘에 의해서 움직여지고 있다. 이와 같은 사람들은 자기 목적지까지의 길이 탄탄하게 눈앞에 열려 있다.

잠재 의식의 힘을 이용하고 있는 사람 앞에는 장애물이 없다. 잠재 의식은 또 그 사람의 욕구에 자력磁力을 주며, 욕구의 목적물을 환히 비춰 줌으로써 현재 의식에로 보내 주기도 한다.

우리가 사고와 상상력을 부단히 집중시킨다면 그 목적물을 눈앞으로 이끌어 올 수가 있다. 이것은 결코 이론상의 추리가 아니다. 누구나가 납득할 수 있도록 증명할 근거가 있다.

그 원동력이 자력 에너지인지 전기 에너지인지는 확실치 않다. 인류가 아직 그것을 똑똑히 지적해 낼 수 없다고 하더라도, 사고력에 인력引力이 있는 것은 명백한 사실로서, 그 현상은 우리들 일상 생활 속에서 언제나 볼 수 있다.

사고력의 주변은 마치 전자장^{電磁場}과도 같다. 우리는 전기의 원체^{原體}가 무엇인지 아직 모른다. 물질적인 의미로서는, 온갖 에너지를 발생시키는 연장을 써서 발전시킬 수 있다는 것만 알려져 있다. 전기 스위치를 넣는다든가, 끊는다든가 해서 비로소 전기가 통하는 줄 알 뿐이다.

보통 사람은 오랫동안 정신을 한 곳에 집중시키기가 어렵다. 뿐만 아니라 마음 속에 그려 놓았던 영상조차 오래 간직하기 어렵다. 여러분도 자기의 과거를 회상해 보라. 사념·고찰·공상 같은 것이 놀라울 만큼 빈번히 마음에 드나든다. 그 때문에 늘 동요하고 있음을 우리들은 잘 기억하고 있을 것이다.

우리는 부단히 읽고 보고 듣는 것에 영향을 받는다. 이와 같이 창조력 속에는 여러 가지 사물이 복잡하게 뒤섞여 있으므로, 자기가 바라고 있는 것에 대하여 똑똑한, 그리고 장래성 있는 영상을 마음 속에 굳게 지속하기가 용이하지는 않다. 그러므로 잠재 의식의 깊숙한 곳에 이르기 위해서는 상념을 한 점에 집중시킬 수 있는 조직적인 기술을 체득할 필요가 있다.

잠재 의식에 맡겨라

나는 여러 대기업가·실업가, 또는 은행가 같은 분들의 사무실을 방문할 기회가 많았다. 그것은 아직 신념의 과학을 모르던 시절이었다. 그러나 그들의 큰 회사를 장식한 그림·사진·슬로건·조각 등에서 나는 깊은 인상을 받았다. 어떤 공익 사업 회사의 사장실에는 창업 시대의 선각자 사진이 걸려 있었다. 그리고 어떤 사무실에는 역사상 저명한 대은행가의 사진도 있었다. 또 어떤 곳에는 나폴레옹의 흉상도 있었다. 또 어떤 회사에는 공회당이나 불당 같은 것이 있었다.

사무실 벽에는 '우리는 불가능을 가능으로 바꾼다. 언제나 어디서나' 라든지, '남이 하는 일이면 우리도 할 수 있다' 라든가, '즉시 실행(實行)으로', 혹은 '자동기(自動器)가 되라. 남이 충동을 줄 때까지 기다리지 말라' 는 등의 슬로건이 씌어 있었다. '실업계의 나폴레옹'이라고 일컬어지고 있는 F. W. 워르워스의 사무실을 그대로 모방한 것이었다.

이런 실내 풍경을 본 사람이나 혹은 이야기를 들은 사람은 많을 것이다. 그러나 과연 그 풍경이 무엇을 의미하는가를 깊이 생각해 본 사람은 의외로 적을 것이다.

별 다른 의미가 있는 것은 아니다. 그것은 이런 사무실에 앉아 있는 사람으로 하여금 고인과 같은 위업을 자기도 할 수 있다는 의욕을 가지게 하고, 선인의 모습을 마음 속 깊이에 간직해 두기 위함일 것이다. 좌우명이나 슬로건은 방 안을 둘러볼 때마다 눈에 띈다. 책상에 앉을 때마다 나폴레옹이 자기를 보고 있음을 느낀다. 교회당 그림을 보면 거기서 스며 오는 전기 같은 자극을 보고 있음을 느낀다.

다시 말하면 사람들이 그것을 볼 때마다 자기도 그렇게 되었으면 하는 상상력을 일으키게 되며, 자기 자신도 독창력을 일깨우는 자극제가 된다. 즉, 잠재 의식에로 파고드는 암시의 역할을 하게 되는 셈이다.

의학자의 방에는 비록 그 사람이 암시의 힘을 믿지 않는 사람이라 할지라도, 곧잘 의학계의 위인이나 저명한 의과 대학 교수의 사진이 걸려 있다. 이런 일을 하는 의사들은 그것들 뒤에 숨어 있는 힘을 어떻게 보고 있는지?

잠재 의식에 선명히 찍혀 있는 것은 반드시 활동력을 가진다. 마음 속에 그려진 모습을 그대로 현실 세계에 실현하기 위하여 그것이 활동력을 가지기까지 그 속에서 힘을 배양하게 된다. 그러므로 우리는 무슨 일이든 하나의 암시에 심혈을 집중해서 부단히 반복함으로써 드디어는 그것이 신념으로 되기까지 온갖 노력을 다 하여야 한다.

발명가 T. A. 에디슨도 암시를 반복하여 그것을 신념에까지 굳게 하는 것이 중요하다고 생각하여, 발명함에 있어 항상 그것을 활용하였다. 에디슨이 죽은 뒤에 책상 설합을 열어 보니,《구약 성서》의 "고난에 빠지면 요나를 생각하라. 요나는 큰 고기에게 먹혀 버려졌지만, 상처를 입지 않고 소생하였다" 라는 대목이 씌어진 종이조각이 나왔다고 한다.

에디슨은 수없이 이 문구를 되풀이해 읽음으로써, 실패에 지친 자기 마음에 새로운 용기를 불어넣고 다시 실험에 착수하곤 했던 것이다.

욕구가 있어야 발전도 있다

나는 이 욕구와 암시와의 관계를 야채나 꽃씨에 비유해서 생각한 적이 있다.

흙을 잘 골라 놓고 거기에 씨를 뿌리면 얼마 안 있어 뿌리를 박고 싹이

돋는다. 그것이 지표를 헤집고 태양 광선과 습기를 찾아서 위로 아래로 뻗어가자면 많은 장애를 뚫고 나가야 한다.

작은 돌과 나무뿌리 같은 것이 움직이기까지 해야 한다. 움직이지 못하면 그 옆을 돌아서 자란다. 오직 땅 속에서 위로 뻗으려는 굳은 결의가 가득 차 있다.

드디어 꽃을 피우고 열매를 맺는다. 웬만한 장애물은 힘있게 물리치고 목적을 이룬다.

우리가 대자연의 깊은 신비를 모를지라도 아무튼 씨앗이 땅에 파묻히면 암흑 속에서 부풀어 드디어는 아름답고 향기로운 것으로 성장한다는 것은 너무나 잘 알고 있다.

만일 사람이 조금만 더 손길을 아끼지 않고 햇빛과 물을 준다면 그것은 완전한 것으로 자라난다. 그리고 자라나는 것은 순수한 것이건 잡종이건, 언제나 반드시 그 씨앗의 종류대로 성장하지 결코 다른 종류로 변하지는 않는다.

당신이 잠재 의식에 주는 암시도 꼭 이와 마찬가지이다. 순수하건 복잡하건 성과는 언제나 씨앗에 상응하며, 당신이 거기에 어떤 주의를 돌리는가에 따라 여러 가지로 변한다. 다시 말하면 좋은 씨앗을 뿌려야 한다는 것이다^{한 가지 일을 고스란히 마음에 그리며 계획해야 된다}.

그리하여 언제나 같은 목적을 향해 진취적으로 끊임없이 그것을 기르지 않으면 안 된다. 그렇게 하면 자연히 강한 힘이 배양되어 어떤 길에서든지 장애를 넘어갈 수 있게 된다. 뿌리 내려 영향을 섭취하며 성장하는 가지를 사방으로 뻗어서 태양빛을 충분히 받아들일 수 있기 때문에 자연히 잎도 무성해지게 된다.

인간에게 욕구가 있음으로 해서 세계는 진보하는 것이다. 욕구가 없었더라면, 우리는 지금도 원시적인 생활을 계속하고 있을 것이다.

사실 우리들의 생명에 힘을 부여하고 활동하게 하는 원동력은 바로 욕구였다. 우리 주위를 살펴보면 어느 것에서든지 그것을 발견할 수 있다. 즉, 동물계에서나, 식물계에서나, 그리고 인류의 어떠한 행동이나 사업에도 이를 발견할 수 있다. 굶주리면 먹을 것을 바라는 욕구가 생긴다. 가난하면 재산을 요구하게 되며, 추우면 따뜻한 곳을 찾으며, 그리고 부자연스러우면 자유를 그리워하는 욕구가 생기게 된다.

욕구는 인류에게 모든 행위를 시작하게 하는 원동력이다. 욕구 없이는 우리에게 진보가 없다. 욕구가 강하게 첨예화되면 될 수록 그 욕구를 이루는 속도가 빨라진다.

교육을 받지 못한 땅 파는 인부와 세련된 신사, 사원과 중역, 실패자와 성공자, 이렇게 거리가 생기는 데는 원인이 있다. 그러므로 당신은 우선 욕구를 가져야 한다. 그리고 당신의 마음 속에 그려진 모습은 드디어 현실화된다는 불가사의한 신념이야말로, 바로 그 꿈을 이루는 밑바탕이 된다.

이것을 잊어버려서는 안 된다. 이 기술을 습득하면 당신은 잠재 의식의 영사막 위에 자기가 욕구하는 모습을 선명히 비춰낼 수 있게 된다. 그것을 방해하는 사상이나, 그것을 막는 생각이나, 또는 공포나 의혹이 끼어들 여지를 주지 않도록 당신의 잠재 의식에 여러 가지 잡념이 들어오지 못하게 하는 기술을 배우지 않으면 안 된다.

문득 떠오르는 착안이 묘안이다

그러면 이 기술의 전반에 관해서 설명하기로 하자. 우선 카드를 준비하라. 보통 명함만한 것이면 된다. 그리고 사무실도 좋고, 가정도 좋고, 다른 어딘지 좋으니, 남이 보이지 않는 곳에 앉아서 당신이 무엇보다 제일 먼저 요구하는 것이 무엇인가를 자문해 보라.

그래서 대답이 나오면 그것이 확실히 당신의 최고의 욕구인가를 다시금 확인한 다음, 준비된 카드 한 장에 그것을 한 마디로 간단히 적어 두라. 한 마디나, 두 마디로 표현함이 좋다. 취직·전직·돈벌이·주택, 무엇이든 좋다.

그리고 다음엔 남은 카드에 처음 카드에 쓴 것과 같은 문구를 적어라. 이 카드 한 장은 손가방이나 핸드백 속에 넣고, 한 장은 침대 다리에 매어 두고, 다른 한 장은 수염을 깎을 때 들여다보는 거울에 붙여 둔다.

또 한 장이 남았으면 책상 위에 붙인다. 말하자면 하룻동안 어느 시간이나 마음 속에 그것을 그려서 심상을 또렷이 찍을 수 있으면 된다. 밤에 자기 전이나, 아침에 일어날 때나, 아무튼 24시간 중에서 가장 중요한 시간에 한층 더 주의를 기울여서 그 소원에 마음을 집중시키기 위함이다.

그러나 이것만으로는 부족하다. 지금 말한 방법 이외에도 달리 여러 가지로 궁리해서 당신의 욕구를 뚜렷한 그림처럼 마음 속에서 묘사하면 할 수록 그 실현의 기쁨을 빨리 맛볼 수 있을 것이다.

처음에는 어떻게 그 효과가 나타나는지 잘 모르는 법이지만, 그렇다고 중단해서는 안 된다. 그 다음 일은 잠재 의식의 힘에 맡겨 두면 된다. 잠재 의식은 자기 성능대로 일을 해서 생각지도 않은 때와 장소에서 그 효과를 나타내기 위한 문호를 열고 길을 닦아 줄 것이다. 뜻하지 않은 곳에서 귀인이 나타나기도 하고, 좋은 묘안인 문득 머리에 떠오르기도 한다.

예를 들면, 오랫동안 캄캄 무소식이던 사람을 갑자기 만난다든지, 혹은 이제까지 만나 본 적이 없던 사람을 방문할 생각이 났다든지, 편지나 전화를 걸어 볼 생각이 났다든지 한다. 그럴 때면 그렇게 마음이 내키는 대로 하는 것이 좋다.

그리고 잠자리 옆에는 언제나 종이와 연필을 준비해 두었다가 무슨 묘안이 떠올랐을 때 지체없이 그것을 적어 둔다. 성공한 많은 사람들은 밤중에 문득 착안이 머리에 떠올랐을 때, 그것을 잊어버리지 않도록 적어 두는 습관을 가지고 있다.

내가 아직 이 과학 기술을 알기 전의 일인데, 어떤 회사의 고급 간부와 알게 되었다. 그 사람은 아침 일찍부터 사무실의 자기 자리에 앉으면 곧 주머니 속에서 생각났을 때마다 적어 두었던 종이조각을 끄집어내어 본다. 그러다가 1, 2분이 지나면 회사 일을 본격적으로 지시하기 시작한다.

그 쪽지에는 여러 가지 광고 매체에 관한 비평·판매 방침·구매 방침·판매 기구의 개혁안 같은 것이 적혀 있었다. 메모된 사항은 모두가 사업을 효과 있게 촉진시켜 나가는 데 필요한 명안이었다.

자신의 욕구를 남에게 떠벌이지 말라

일찍이 내가 어떤 회사의 부사장으로 있을 당시, 그 회사의 난관을 타개하기 위하여 이 기술을 활용하던 일을 회상해 본다. 나는 우선 전 종업원을 반원형으로 둘러앉게 하였다. 그리고 말을 시작하기 전에 전원에게 종이와 연필을 준비하게 하였다. 그들은 아마 내가 말한 요점을 적으라는 줄로만 안 모양이었다. 그러나 곧이어,

"제군이 일생을 통하여 제일 절실히 요구되는 것을 무엇이든지 적어 보라."

라고 하자, 모두들 어안이 벙벙해서 서로 얼굴을 마주보고만 있었다. 그래서 나는 그 종이에 자신이 요구하는 바를 적으면 그것을 반드시 손에 넣도록 하는 방법을 가르쳐 주겠노라고 설명하였다.

내 설명을 듣고 두세 명의 청년은 픽 웃으며 문제시하지도 않는 듯하였으나, 나이 든 분들은 내가 정색하고 말하는 것을 보고 시키는 대로 적고 있었다. 나는 젊은이들에게,

"만일 제군이 이 회사에서 파면당하기를 두려워한다면 내가 시키는 대로 해 주기를 바라네. 이 사업이 순조롭게 돼 가지 못하면 우리 전원은 당장에 실직하고 길거리에서 방황하게 될 것이니까……"

라고 간단히 말했더니, 그제서야 시키는 대로 하였다. 이 회합이 있은 뒤, 한 청년 사원이 내게로 와서 사과를 하였다.

"처음엔 말씀이 이상하다고 생각했어요. 예컨대 자동차를 요구한다고 쓰면 그것이 저절로 손에 들어오게 된다는 말씀인데, 그건 도저히 믿을

수 없었으니까요. 그러나 기술 습득의 설명을 듣고서 저는 과연 그렇다고 납득이 되었습니다."

"괜찮네."

하고 나는 그리 나무라지 않았다.

수년 후 이 청년은 내 집을 찾아와서 보여 드릴 것이 있다고 하면서, 나를 데리고 나갔다. 나가 보니 바깥 주차장에 신품 고급 승용차가 놓여 있었다.

그로부터 수년 동안 나는 처음 회합 석상에 앉았던 분들에게 그 때 적은 요구의 실현 여부를 물었더니, 예외없이 모두가 자기 희망을 이루고 있었음을 알았다.

한 사람은 국적이 다른 어떤 여인과 결혼하고 싶다고 하였는데, 희망대로 그 여인과 결혼해서 지금은 훌륭한 사내아이를 둘이나 갖고 있었다. 다른 한 사람은 현금 얼마가 필요하다고 적었고, 또 다른 한 사람은 해안에 별장 하나를 지었으면 하고 적었으며, 또 다른 한 사람은 자기가 설계한 저택을 짓고 싶다고 적었다 한다.

이와 같이 그 때의 사원들은 한결같이 다 자기 소망을 이루었고, 수입이 착실하게 불어 지금은 놀랍도록 잘살고 있다. 동업자들은 이를 보고 신기하게 여겼다.

여기서 특히 강조하고 싶은 것은 자기의 카드에 적은 희망을 다른 사람에게 보여서는 안 된다는 것이다. 남에게 눈치 채이면 안 된다. 남이 알면 아무리 애써도 수포로 돌아갈 때가 많다. 이 기술을 더 깊이 이해하면 결국 알게 되는 일이지만, 남으로부터 질투를 받고 보면 필요 이외의 사고력을 소모케 하여 자기도 모르는 사이에 처음의 계획에 제동이 걸리게 되는 수가 많다.

왜 그렇게 되는가 하면, 만일 자기가 욕구하는 일을 남들에게 떠들어 대면 자기도 모르는 사이에 정신력을 분사하여 한 가지 일에 마음을 집중시킬 수 없게 되기 때문이다. 즉, 여기에 적힌 주의 사항을 지키지 않으면 잠재 의식과의 밀접한 연관성을 잃게 된다. 그렇게 되면 다시 처음부터 고쳐서 시작해야 할 우려가 있다.

"자기가 욕구하는 일을 남에게 말해서는 안 된다."

이것이 이 기술의 중요한 비밀이다. 찬미가를 부르든가, 기도를 올리든가, 경문을 외운다든가 하는 일은 모두가 잠재 의식에 도움을 주는 암시력을 강화하기 위함이다.

자신의 염원을 자주 되새겨라

이와 같은 방법으로 자기가 욕구하는 소원을 간단한 말로나 문구로 되풀이해서 외우면 자연히 잠재 의식을 강화하게 된다. 어떤 형식으로 해도 좋으나, 요는 자기 마음에 자기 스스로가 암시를 주는 셈이 되니까 효과가 나타난다.

잠재 의식은 몹시 감수성이 예민하므로, 그것이 진리이건 허위이건, 진취적이건 퇴행적이건, 당신이 외우는 것은 무엇이든 그대로 굳어지게 된다. 그것은 일단 잠재 의식 속에 뿌리를 내리면, 모든 능력과 정력을 기울여서 현실화하고 사회화한다.

자기 염원을 실현하기 위하여 그것을 잠재 의식 속에 찍어 두고 싶은 경우에는, 되도록 간결한 말로 그 생각을 표현함이 좋다. 예를 들어, 만일 지금 불행한 생활을 하고 있다면, '나는 행복하다' 라는 말로 표현하면 된다. 이런 경우에는 카드도 필요치 않다. 오직 자기 자신에게 스무 번이든 서른 번이든 이 말을 되풀이하면 된다.

'나는 강하다', '나는 행복하다', '내게는 남을 설득할 힘이 있다', '나는 친절하다', '모든 것이 좋다' 이와 같이 간단하고 건설적인 말을 되풀이하고 있으면 어느 새 자기 마음은 좋은 방향으로 돌아가게 된다. 그러나 그 효과를 오랫동안 존속시키기 위해서는 자기가 욕구하는 일이 현실화하기까지 끊임없이 이러한 적극적인 말을 되풀이하지 않으면 안 된다.

확고한 목표를 가지고 있는 사람이나, 확고한 욕구를 마음 속에 그려둔 사람이나, 항상 이상을 눈앞에 명확히 그리고 있는 사람은, 그것을 수시로 반복하고 있는 동안 자연히 잠재 의식 속에 깊이 뿌리를 내리기 때문에, 최소한의 시간과 노력으로 목적을 달성할 수가 있다는 것이다.

그러므로 밤낮을 통하여 한 가지 일에만 정신을 기울여야 한다. 그래야만 당신의 염원은 차츰 현실로 나타나기 시작한다. 모든 능력을 한 가지 일에만 집중하게 되면, 그것이 차츰 실현되어 가는 것은 너무나 당연한 일이다.

예를 들면, 지금보다 더 좋은 일자리를 원한다든가, 더 좋은 지위를 원한다고 하면, 카드만을 사용할 것이 아니라, 자기 자신에게 '반드시 그 일자리나 지위를 얻을 수 있다' 라고 항상 심어주어야 한다. 이 기술을 염두에 두고 반복하는 한, 반드시 그 모습이 마음 속에 환상으로 찍혀진다. 자기가 염원하고 있는 일이 자주 되풀이한다는 것은 암시를 깊이 잠재 의식 속에 심어 주는 방법이다.

그것은 못을 박는 일과 같다. 못을 망치로 처음 한 번 때리는 것은, 그 못을 나무 위에 적당히 세우기 위한 행위이다. 그러나 계속해서 힘차게 쳐야만 그 못은 끝까지 깊이 박히게 된다. 어떤 일이든지 반복하는 데서 큰 힘이 생긴다.

그 실례로써 희랍의 옛이야기에 미로란 장사와 그의 소 이야기가 있다. 미로는 송아지를 매일같이 번쩍 들어올리는 것을 일과로 하고 있었는데, 점점 송아지가 황소로 성장하게 되자 비로소 자기도 모르는 사이에 황소를 번쩍 드는 장사가 되었다는 것이다.

신념과 회의懷疑를 한 그릇에 담을 수는 없다

형체가 있는 물건에서 예를 들어 설명하면 더욱 알기 쉽다. 즉, 두 가지 것은 동시에 같은 공간을 차지할 수 없다. 말하자면 한 말의 쌀과 한 말의 보리를 한 말들이 독에 동시에 부어 놓을 수는 없다.

이 독과 마찬가지로 당신의 마음도 하나의 공간이라고 생각할 수 있다. 당신의 마음 속이 만일 적극적인 생각이나 힘있는 창조적 생각으로 가득 차 있다면, 동시에 어떤 소극적인 생각이나 의심을 품고자 해도 되지 않는다. 그리고 마음은 문이 하나밖에 없는 방과 같은 것이며, 그 문을 여는 열쇠는 당신만이 가지고 있다고 생각할 수 있다.

그러므로 이 문을 열고 무엇을 그 속에 넣을 것인가를 결정하는 것은, 당신만이 가지고 있는 권한이라고 할 수 있다. 당신의 마음 속이 적극적인 생각으로 가득 차 있는가, 소극적인 생각으로 가득 차 있는가 하는 것은, 당신이 그 문을 여는 태도 여하에 달려 있다. 잠재 의식은 이 때 마음 속에 들어온 가장 강한 사고력에 굴복하여 반응을 일으키게 된다.

그리고 당신의 마음은 맑은 물이 가득 담겨진 물통이라고 할 수 있다. 물통에 무슨 물건을 넣자면 그 물건의 용적만큼 물을 비워야 한다.

이와 같이 만일 소극적인 생각이나 의혹이나 공포심이 의식 속에 들어오면, 힘있고 적극적이고 창조적인 생각이 밖으로 밀려나가, 결국은 적극적으로 일하는 활동력이 소멸하고 만다. 그러므로 잠재 의식 속에 불리한 생각이 파고드는 것만 주의하면, 듣거나 보거나 체험한 일로 해서 방해가 될 우려는 없다. 다시 말하면 언제나 마음 속을 적극적인 생각으로 가득 차 있게 할 수 있다는 것이다. 그리고 이것만이 비로소 밖으로부터 침입하려는 소극적이며 파괴적인 생각을 제거할 수 있는 방법이다.

근심은 회의懷疑에서 비롯된다

철학자는 옛날부터 만일 당신이 행복해지고 싶으면 분주하게 일하든가, 마음을 사로잡을 수 있는 일을 계속하라고 가르쳐 주고 있다. 그 까닭은, 우리가 어떤 일에 정신을 기울여 그것에만 주의가 집중된다면, 잡념은 김히 넘나볼 기회조차 엿보지 못한 채 물러가고 말 것이기 때문이다.

그러므로 의사는 사업가들과 같이 바쁜 사람들을 보고 여러 가지 근심과 스트레스에서 벗어나, 마음의 평화를 꾀하기 위해서는 무엇이든 취미나 오락을 가지도록 권한다. 혹은 여행이나 전지 휴양을 한다든지, 또는 새로운 곳에서 다른 친구와 사귐으로써 기분을 전환할 것을 권고한다. 그러면 병의 원인이 되는 잡념에 시달리거나, 좋지 못한 생각을 연상할 기회가 없어지기 때문에, 빨리 건강을 회복할 수 있게 된다.

미군이 북프랑스에 상륙했을 때, 소중한 외아들을 잃은 노부부가 몹시 슬퍼하던 일이 생각난다. 이 부부는 아들이 전사했다는 소식을 들은 뒤, 몇 달 동안이나 아들이 거처하던 방을 아들이 출정했을 때처럼 그대로 두었다.

휴일에는 둘이서 방 세간을 이리저리로 옮겨 놓아 본다든가, 아들이 쓰다가 남겨둔 물건들을 그리운 듯이 어루만지고 하면서, 언제까지나 아들에 대한 추억에 사로잡혀 있었다.

마침내 두 사람은 비탄에 젖어서 세상을 떠날 수밖에 없었다. 사랑하는 아들을 잃었다는 것이 얼마나 슬픈 일인가는 잘 알 수 있다.

그러나 지나간 일에만 정신을 집중하고 있으면 안 된다. 나는 모름지기 어제의 불행은 잊어버려야 한다는 교훈을 이 부부들에게서 배웠다. 우리는 오늘에 살고 있는 것이지, 지나간 날에 살고 있는 것이 아니다.

되풀이하는 것이 중요하다

그러므로 평상시에 소중히 간직하고 있는 염원을 현실적인 것으로 하느냐 못 하느냐는 오로지 자기 자신의 노력 여하에 의해서 결정된다.

예를 들어, 집이 필요하다고 하자. 우선 그 집 그림을 마음 속에 그린 다음, 그것을 반복적으로 말로 외울 수 있게 하면 된다. '저 새집을 산다. 저 새집을 산다'라고 해도 좋다. 그러면 언제든지 자기가 그런 집을 가지게 되도록 저절로 길이 열린다.

만일 당신이 세일즈맨인데, 어떻게 해서든지 매상고를 올리려고 생각한다면, 앞에서 말한 바와 같은 방법을 사용하여 계속 '매상고를 올리자'고 자신에게 일러주어야 한다. 어쩌면 푸념을 외우라고 하는 것처럼 생각될는지도 모르지만, 갈망하는 것은 대개 실현된다.

그러므로 매상고를 올릴 수 있다는 신념을 가지고 노력한다면 반드시 실현된다. 마치 형체 없는 응원자가 뒤에서 자기를 조력助力해 주는 격이다. 이 같은 대망待望을 가지면 그것이 무엇이든 간에 되지 않을 일이 거의 없다.

어떤 보험 회사 사원이 이 기술을 습득하여 1년 내에 2백 퍼센트나 더 많은 계약고를 올린 예가 있다. 어느 날 이 사람은 나를 찾아와서,

"주임이 제게 B씨란 분을 찾아가서 계약을 맺기까지 회사에 돌아오지 말라고 하였습니다. B씨란 분은 마치 참나무 장작처럼 딱딱한 사람이라 좀처럼 남의 말을 듣지 않는 사람입니다. 어떤 세일즈맨이 방문하여도 모두 면회 사절을 당한다고 합니다. 하물며 보험 설계사 따위는 문턱에도

가보지 못했다 합니다. 그러나 나는 어떠한 방법으로든지 그 사람을 화재 보험에서 손해 보험에 이르기까지 모두 가입시켜야 한다고 결심했습니다.

이분은 동산과 부동산을 합해서 막대한 재산을 갖고 있으므로 반드시 보험에 들 것이라고 나는 믿었습니다. 그래서 나는 우리 회사에서 나와 그분의 사무소에 도착하기까지 계속해서 나 자신에게 일러주었습니다.

'너는 그분을 가입시켜야 한다. 가입시켜야 한다. 그 노인은 좋은 분이다. 남이 뭐라고 하든 그분은 좋은 분이다. 반드시 친절히 맞아줄 것이다. 내 요구를 반드시 들어줄 것이다.'

이런 말을 적어도 이삼백 번쯤은 되풀이했을 겁니다. 그랬더니 아니나 다를까 저를 굉장히 친절하게 대해 주었습니다. 이리하여 우리 회사는 처음으로 이 노인과 보험 거래를 하게 된 것입니다."

라고 하였다. 이 보험 회사 사원은 벌써 오래 전부터 세일즈맨을 그만 두고 자기 사업을 시작하여, 시골에 토지를 사들이고 해서, 그 지방에서는 제법 알려진 사람이 되었다. 얼마 전에 나와 만났을 때 그는 선생님 덕분에 평생 먹고사는 데 근심은 없게 되었다고 기뻐했다.

H. 서스튼이란 마술사는 무대에 나갈 때마다,

"관중의 박수 갈채를 받도록 최선을 다 하자."

라는 말을 되풀이하였다고 한다. 그래서 그는 드디어 2백만 달러의 재산가가 되었다.

늙지 않겠다고 생각하면 늙지 않는다

또 한 사람^{78세이지만 60세로밖에 안 보임}은 이 심리 기술을 열심히 믿는 사람인데, 자수 성가하여 지금은 재산보다 심리 기술의 연구와 보급, 잠재 의식 실험에 몰두하고 있다. 그는 다음과 같이 말하고 있다.

"나는 잠재 의식을 향하여 뭐라 말할 때면 마치 다른 사람들에게 명령하듯이 합니다. 이렇게 하면 자신이 그 일을 실행할 것인가를 의심할 필요가 없어집니다. 예를 들면, 위를 상했을 때 '나아라' 하고 말하기만 하면 곧 나아집니다. 어떤 병이든 다 마찬가지지요. 만일 아침 5시에 꼭 깨어야 하겠으면, 잠재 의식에게 '5시에 꼭 깨워달라' 하고 명령합니다.

지금까지의 경험으로 미루어 보아 이렇게 해서 내 희망을 거절당한 일은 없었습니다. 뿐만 아니라, 몇 백년 전부터 잠재 의식 속에 사람은 60이 되면 늙는다고 믿어 왔습니다. 그러나 나는 그런 관념을 받아들이지 않습니다. 그렇기 때문에 나는 아직도 50세 때와 같은 젊음을 유지하고 있습니다. 당분간은 이대로 건강이 지속될 것으로 믿습니다."

이 책에는 주로 사업에 성공한 이야기가 많다. 그러나 이 심리 기술은 비단 사업 성공에만 적용되는 것이 아니라, 병을 고치는 데도 탁월한 효과를 나타낸다. 앞에서도 한 번 언급한 바 있었지만, 이 책을 읽고 고질적인 병을 고친 예를 저자는 많이 알고 있다.

내 친구 중의 한 사람은 심한 불면증을 이 심리 기술로 완치했다. 웬만한 노이로제 같은 것은 매우 용이하게 극복할 수 있다. 매일 만나는 친구 한 사람은 일생을 두고 고생해 오던 만성 위장병을 고쳐서, 지금은 하루 세 끼 밥을 달게 먹고 체중도 늘었다. 이처럼 30년 고질적이었던 습관성 위경련도 씻은 듯이 완쾌되는 것이다.

이 같은 예를 들자면 한이 없다. '내 병은 꼭 완치된다'라는 말을 되풀이함으로써 병을 치료하는 것도 결국은 저자의 심리 기술에 의한 치료 요법의 일종이라 할 수 있다.

이런 말로 미뤄 보면 인간은 시간과 더불어 늙어간다는 잘못된 사고방식을 잠재 의식에서 일소해 버리면, 지금까지 인간 수명의 한계라고 믿어 온 연령보다 훨씬 장수할 수 있다는 말이 된다. 이것은 최근 20년간 세계 선진 국가의 평균 수명이 10년 이상이나 길어진 사실을 보더라도 짐작할 수 있다.

자기의 잠재 의식으로 타인을 조종한다

되풀이한다는 것은 사물이 진보해 나가는 데 필요한 일종의 리듬이며, 우리의 음악이라고도 할 수 있다. 기차는 칙칙폭폭 소리를 내며 무거운 짐을 싣고 멀리까지 끌고 가고, 자동차를 움직이게 하는 것은 끊임없이 되풀이되는 피스톤의 힘이다.

못을 박는 데도 반복해서 쳐야 되고, 목적물을 쓰러뜨리는 기관총도 연속적으로 쏘는 데서 위력이 생긴다. 이처럼 반복함으로써 끊임없이 힘이 생기고, 그것이 모든 장애물을 제거하여 목적을 이루게 한다.

자기 자신과 또 다른 사람으로 하여금 믿게 하는 것은 반복해서 이루어지는 자기 암시와 외계를 향한 암시의 힘이다. 즉, 의식적으로 반복되는 소리는 자기의 잠재 의식에 영상을 그리게 하며, 남의 잠재 의식에도 영향을 주게 된다.

제2차 세계대전이 일어나기 직전, 파리에는 유명한 학술 연구소가 있었는데, 거기에서는 축음기 레코드를 이용하여 암시를 주는 방법을 가르쳐 주었다. 그것도 역시 반복해서 같은 레코드를 걸어 두도록 되어 있었다.

암시를 듣고 싶은 사람은 우선 자기가 요구하는 레코드를 선택한다. 예컨대 자기는 건강하다든가, 이 난관을 돌파할 수 있다든가, 다른 방향으로 구원을 받을 수 있다든가, 이런 말을 반복하여 듣는 것이다.

옛날부터 어머니들은 아기가 잠든 다음에,

"몸 튼튼히 자라라, 얌전해져라, 훌륭한 사람이 되어라."

하는 식으로 여러 가지 좋은 암시를 주는 것을 잊지 않았다.

사람들은 자신과 다른 의견을 가진 사람의 영향을 받아서, 자기 생각이나 신념에 혼란을 일으키는 수도 있고 좌절하는 수도 있다. 이런 이유로 실패하는 세일즈맨은 의외로 많다.

예를 들면, 손님이 이러이러한 이유로 사지 않겠노라고 하면, 그 말을 듣고 그것을 암시로 자기 마음 속에 깊이 받아들이는 것이다.

상대방의 소극적인 의사를 장기간에 걸쳐 듣게 되면, 상당히 견고한 신념을 가진 자라도 그 영향을 받아, 드디어는 패망하지 않을 수 없게 된다. 그렇기 때문에 이러한 소극적 사고 방식을 가진 상대에 대항해서, 초인적^{個人的} 노력을 기울여 항거하려는 사람도 있다.

그러나 상대의 암시에 걸리지 않도록 예방하는 힘은, 그러한 노력이나 의지력보다 자기 마음가짐에 달려 있다는 것을 모르는 사람이 많다.

그러나 그것을 알고 있든 모르고 있든 간에, 우리는 마치 암시의 포로가 되어 최면술에 걸린 듯한 상태에 놓여 있을 때가 많다. 쉬운 예를 들자면, 일정한 복장을 입고 일정한 유행을 따르고 있는 것은, 그러한 복장의 유행을 따르는 것이 옳은 일인 것처럼 평소에 주위에서 암시를 받고 있었기 때문이다. 주택이나, 교회나, 사무소나, 자동차나, 버스나, 기차에 이르기까지 몇 년 동안 같은 형태가 계속되고 있다.

누군가 낡은 관습을 버리고 획기적인 새로운 형태를 고안해 내면 그 사람들은 마치 미친 사람같이 취급된다. 세밀히 고찰해 보면 인류의 모든 일은 대중적인 최면술에 걸려서 움직여진다고 말할 수 있다.

실천 없는 신념은 죽은 신념이다

내가 오랜 기간을 걸쳐 한 관찰에 의하면, 내가 말하는 과학기술을 의식하고 쓰는 사람^{의식치 않고 쓰는 사람까지도}은 무서운 정력을 가진 사람이며, 발동기와 같은 인간들이라고 말할 수 있다. 이 사람들은 상상력을 살리고 굳센 신앙과 신념을 가졌을 뿐 아니라, 행동면에서도 이른바 실력형^{實力型}의 활동가들이다. 여기서 특히 강조하고 싶은 것은 '행위로 옮기지 못하는 신념은 죽은 신념이다'라는 진리이다.

사실상 이 지구상에는 오직 한 가지, 강한 신념만으로도 많은 위대한 일을 해내고 있는 사람들이 있다. 이와 같은 사람들은 자기 사무소에 틀어박혀서 인사 관계를 비롯한 모든 사무를 거의 혼자 힘으로 처리해 내고 있다. 그리고 대체로 이 물질적인 세상에서는 행동력 있는 사람이 세상을 지배하는 법이다. 즉, 실천이 따르지 않는 신념은 죽은 신념이나 다름없다.

형이상학의 이론가나 유사 종교의 교주들은 그 자리에 가만히 앉아서 사람들이 자기에게 모여들기를 기다리고 있으나, 그러한 욕구를 현실로 달성하려면 그 모습을 마음 속에 그려 가지고 자기의 신념을 밖으로 방사하지 않으면 안 된다. 그와 동시에 그 사고나 심상心像은 형체가 확실하고 흔들려 움직이지 않는 것이라야 한다. 그리고 그렇게 되기까지는 비상한 숙련과 정신의 집중이 필요하다.

이것이 되면, 그 기록에 적혀 있던 것처럼 이상한 현상이 일어난다. 사고력이 아직 숙련되지 않은 사람들은 노력과 정력을 기울여서 명령하는 대로 스스로 외계와 접촉을 시도해야 한다.

미국 대통령이었던 F. D. 루스벨트는 잠재 의식에 의존하여 부단히 암시를 반복하면 그대로 실현된다고 것을 믿는 사람 중의 하나였다. 그렇기 때문에 절대로 '뒤'를 보지 않고 '앞'만을 보았다. 어제의 일은 전혀 무의미한 것으로써 마치 덮어 놓은 서적과 같다고 생각하였다. 소아마비를 앓고 난 뒤, 어떻게 해서든지 목발을 짚지 않고 지팡이에 의지해 걸어 보려고 결심했을 때, 그의 측근자들도 다시금 걸을 수 있도록 기원하는 의미에서 지팡이을 기증하였다. 루스벨트 대통령은 매우 기뻐하여 밤새도록 단장에 의지한 채 "루스벨트, 너는 꼭 걷게 된다!"

라고 되풀이하였다. 이 말은 그 장소에 있었던 사람의 입에서 나온 실화이다.

그는 믿는다는 위력을 잘 알고 있었다. 어떤 의사가 소아마비의 경험자인 그에게 체험적 투병법을 질문했을 때 그는,

"조용히 운동하면서 마사지를 하고 일광욕을 해야 합니다. 그러나 그것보다 더 긴요한 요법은 환자 자신이 결국 이 병은 낫는다고 믿는 신념이죠."

라고 대답하였다.

이것은 결국 내가 말하는 '믿는다는 것의 마력'을 실질적으로 증명해 주는 무엇보다 좋은 실례이다. 반복해서 암시를 준다는 것은 신념을 구축하는 데 있어서 초석이 된다.

제 6 장
거울 속에 자신을 들여다보라

모든 대웅변가·설교가·배우·정치가 들은
예부터 거울을 쓰는 기술을 알고 있는 사람들이다.
영국의 명수상 윈스턴 처칠은 중요한 연설 전에 반드시
거울 앞에서 한 번 시연해 본다는 것이다.

신념의마력
C.M.브로스톨 / 미래경제연구원

제 **6** 장

거울 속에 자신을 들여다보라

부의 축적은 생각하기에 달렸다

인간의 고민은 대부분은 돈의 부족에서 기인한다. 이 심리 기술을 이용하여 천 달러의 돈뭉치를 여러 개나 손에 넣었다는 얘기를 내게 들려준 사람도 있었고, 또 편지를 보내준 사람도 있었다. 이 방법을 써서 모든 정력을 기울여 행동을 취하면 돈은 반드시 들어온다. 돈은 오로지 한 가지 일에 생각을 집중하는 사념력思念力에 의하여 따라오게 되는 물건이다. 한번 그것이 지평선상에 자태를 나타내면, 사고력이 그것을 획득하는 방향으로 당신을 이끌어 갈 것이다.

내가 투자 은행의 업무에 종사하던 당시, 많은 재산가와 친교를 맺고 있었는데, 그 사람들은 모두 강한 재물 의식을 가지고 있었다. 그들은 재산을 모으는 일에 생각을 집중하고, 그것을 획득하기 위해서는 이 책의 서두에 쓴 나의 체험과 흡사한 방법을 쓰고 있었다.

그러한 기술은 당신이 원하는 것이 무엇이든 간에 거의 비슷하다. 자기가 바라는 것을 마음 속에 인상이 강한 그림같이 새겨두고, 항시 자기 자신에게 그것을 손에 들어오도록 자꾸 타일러 본다.

그러나 눈에 핏줄이 서도록 기다려도, 그것은 제 발로 걸어서 자연적으로 손에 굴러들어오는 것은 아니다. 우선 일에 손을 대고 행동을 시작하지 않으면 안 된다. 항상 마음 속에 목표를 두고 가능한 한 쓸데없는 비용을 절약하여 그만한 돈을 저축하는 것이 좋다.

예를 든다면, 매달의 봉급 중에서 몇 달러씩 절약하여 그것을 저축함에 따라 자기의 것이 될 목표의 자금에 한 발자국씩 가까이 가는 것이다. 그러므로 될 수 있는 한 많은 달러를 절약함이 좋다. 많이 모으면 모을수록 그만큼 빨리 목표점에 접근해 간다.

그리고 저축한 돈은 이자가 생길 만한 유용한 일에 투자를 해야 한다. 도박이나 주식 시장의 투기는 좋지 못하다. 확실한 증권이나 토지나 자기 자신의 사업에 투자하는 편이 좋다.

그 투자가 당신의 재물 의식의 기반에서 불어 감에 따라 당신이 가지는 것이 점점 많아진다. 유리한 투자의 기회는 뜻하지 않은 미지의 방면에서 굴러들어온다.

그러나 세상 사람들이 흔히 하듯이 물거품을 쫓는 것 같은 들뜬 일에 손을 대어서는 안 된다. 1센트라도 투자를 할 경우에는 사전에 믿음직스러운 유능한 사람에게 일단 상의를 해서 이를 참작해야 한다.

여기서 나는 딸과 단둘이 단출한 살림을 하고 있던 어느 부인의 이야기가 머리에 떠오른다. 이 두 사람은 25년간에 50만 달러를 저축하여 지금은 아파트와 점포용 빌딩에 투자하고 있다. 남편은 제1차 세계대전 때 전사해 버렸고, 유산은 주택 한 채가 전부였다.

그 부인은 당시 여학교를 갓나온 딸과 단둘이서 어떻게 하면 생계를 유지해 나갈까 하고 몹시 앞날을 걱정하였다. 그 때까지는 부인으로 직업 경력도 없었고, 장사에 대한 경험도 전혀 없었다. 다만 요리만은 비교적 자신이 있었고, 가사 처리도 능률적으로 잘 해나갈 자신이 있었었다.

그런데 어느 날 문득 방을 빌려 하숙을 치면 어떨까 하는 생각이 떠올랐다. 이것을 계기로 일은 급진전되어 차츰 성공의 길이 열리기 시작했다.

두 해쯤 지난 후에 집과 하숙 사업을 다른 사람에게 넘겨주고 대신 상당한 목돈을 손에 넣었다. 모녀는 그것을 가지고 번화가 정면에 전보다 훨씬 큰 집을 어떤 신사 구락부에서 사들였다. 비교적 고급 요리에 자신이 있었기 때문에, 구락부를 대상으로 장사를 하면 상당한 이익을 올릴 수 있을 거라는 자신이 서 있었다.

이 계획은 바로 들어맞아서 사업은 아주 번창했다. 종업원도 많이 고용했으나 일이 바쁠 때는 자기 자신이 직접 무슨 일이든지 하였다.

그 당시 부인의 집에 하숙하고 있던 은퇴 실업가 한 사람이 이번엔 커피숍을 열면 어떠냐고 권고하면서, 개업에 필요한 자금은 자기가 융통해 주겠다고 하였다. 바로 비즈니스 가에 있는 빌딩 최상층에 적당한 장소가 발견되었으므로 손쉽게 커피숍을 개업하였다.

그 부인은 자신이 직접 커피숍을 돌보면서 딸은 회계를 본다든가, 주방일을 거들어 줄 겸 종업원 감독도 하여 사업은 빈틈없이 진행되었으며, 얼마 안 가서 이 커피숍은 실업가들이 즐겨 모이는 유명한 장소가 되었다.

성공적으로 커피숍을 운영하던 중 어느 담보 회사의 권유로 해변 호텔을 사들이기로 하고, 커피숍은 유리한 조건에 팔기로 하였다. 그 동안 부인은 쉴 새 없이 증권 투자를 계속하여, 얼마 안 가서 소중한 2만 5천 달러를 축적할 수가 있었다.

그래서 이것을 아파트 건물을 사들이는 분할 불입금에 사용하였다. 부인의 설계에 따라 빌딩은 매력 있는 건물로 개조되어, 그 경영 방식은 이 지방에 하나의 화제가 되었다.

그러자 어떤 보험 회사가 이 소문을 듣고 자기 회사가 경영하고 있는 아파트를 이익 배당 제도로 맡길 터이니 위임 경영을 해달라고 요청해 왔다. 이렇게 되어 재산은 눈덩이처럼 늘어 났고, 또 새로운 아파트를 사들이기도 했다.

내가 이 부인을 만나 이야기할 때는 벌써 상당한 수의 아파트를 소유하고, 가까운 거리에 있는 해변 호텔까지도 경영할 만큼 사업은 크게 발전하였다. 원래 이 별장은 여름 한철만 영업을 하고 있었으나, 이 부인의 탁월한 수완으로 자주 영업을 전환하였던바, 이 역시 놀라울 만큼 성공하였다.

나의 오랜 경험에 의하면, 우수한 경영 능력을 가진 사람이면 운영 자금에는 절대로 곤란을 느끼지 않는다. 그러한 사람은 반드시 본인 자신이 그 일에 몰입하고 있기 때문에, 남을 설득하여 돈을 내게 하는 것은 그다지 어려운 일이 아니다.

만일 당신이 자기 손으로 사업을 경영하여 성공하고 싶다면 우선 이 점을 잘 고려하여 신념의 과학을 활용하라. 그러면 반드시 돈 있는 사람의 후원을 얻게 된다.

큰 재산은 하루 아침에 만들어지는 것이 아니다. 큰 재산이란 현재 가지고 있는 것 위에, 혹은 앞으로 모이는 것 위에 쌓아올려지는 것이지, 결코 일시에 확 모아지는 것은 아니다. 만일 당신이 재산가가 되고 싶다면 온 정력을 이 일에 쏟아부어라, 그러면 신념의 마력, 신념의 기적이 나타나서 당신을 성공으로 이끌어갈 것이다.

운명을 탓하고 팔자 한탄을 하는 것처럼 어리석은 일은 없다. 믿는 것, 즉 투철한 신념이 당신의 운명과 팔자를 결정한다.

여기에 신념의 과학을 사용해서 10년도 되지 않아 큰 성공을 거둔 예를 하나만 더 이야기해 두겠다. 네거리 한 모퉁이에 있던 약방이 파산했다. 점포는 빌딩 소유자의 것이 되었고, 약품은 거의 약품의 도매상이 가지게 되었다.

어떤 젊은 약제사가 이 소문을 듣고, 자기가 맡아서 경영해 보고 싶다는 생각을 하였으나 착수할 만한 자금이 전혀 없었다. 그러나 이 젊은이의 열성에 감동된 건물주와 약도매상이 상의한 끝에, 이 사람에게 한번 맡겨 보자는 결정을 내렸다. 말하자면 이 청년은 자기의 인간성을 저당한 셈이다.

건물주는 이 점포를 잠시라도 빈 채로 놓아 두는 것이 싫어서 몇 달 동안 자금을 융통해 주기로 했고, 도매상은 기한부로 물건을 대주도록 이야기가 되었다. 이 청년 부부가 심혈을 기울여 열중한 결과 사업은 차츰 발전해 갔다.

맨 처음 일의 발단은, 이 청년 약제사가 오랫동안 사람을 돕기 위하여 어떤 약을 고안해 가지고 기회만 있으면 점포를 한번 가져 보겠다는 생각을 품은 데서 비롯되었다. 그러나 그는 필요한 자금을 마련하지 못했다.

어느 날 이 청년은 일단 빌딩 주인을 한번 만나 보려고 결심했다. 건물주는 상당한 재산가로 남을 도와줄 수 있는 처지에 있었고, 이 청년은 자기의 계획에 확고한 신념을 가졌으므로 건물주를 설득시키는 데 성공했다. 건물주는 회사 조직 비용과 개점 자금으로 이 청년에게 5천 달러의 현금을 주었다.

수개월 동안은 점포일을 마치고 자기 집에 돌아가면 밤 늦게까지 좁은 방에 틀어박혀 조제한 약품을 병에 채워 넣는 일에 몰두하였다. 그러는 동안에 그 약품은 차츰 세상의 인정을 받게 되어 수익은 꾸준히 올라가 사업이 궤도에 오르기 시작했다. 집주인의 말에 의하면 얼마 되지 않아 그 약은 전국에 알려지고, 3년이 못 되어 주인에게서 빌린 5천 달러를 말끔히 갚았으며, 그 밖에 5만 달러 이상의 이익을 올렸다 한다. 이 청년 약제사의 수입은 지금은 연간 10만 달러를 넘고, 회사는 이 빌딩 전체를 사용하기에 이르렀다 한다.

또 하나 재미있는 이야기가 있다. 몇 해 전 심한 불경기 때의 일이다. 이 이야기는 그 일을 겪은 사람으로부터 직접 들은 것이다.

이 사람은 거의 일생의 대부분을 정부 관리의 하위직으로, 몇 푼 안 되는 수입으로 살아왔다. 그런데 이상한 계기로 대실업가가 되었다.

아내는 가난한 살림의 괴로움을 위로받기 위하여 어떤 종교에 입교^{入敎}하였는데, 이 교단은 신자들에게 자기 수입의 1할을 교단에 바치도록 강요하고 있었으므로, 이 부인에게는 그것이 또한 큰 부담이 되어 더욱 괴롭기만 했다. 그러나 1할을 교회에 바치면 반드시 좋은 보상이 있으리라고 믿고 있는 사람이 많다.

어느 날 밤, 그는 아내가 자꾸 졸라댔기 때문에 마음은 내키지 않았지만 억지로 교회에 나가 보았다. 그런데 바로 그 곳에서,

"광명이 나에게 비쳐 주었습니다."

라고 그는 고백했다. 집에 돌아오자, 자기 부친이 생존시에 만들고 있던, 이발소나 미장원에서 사용하는 양모제의 처방전이 집 어느 구석에 보존해 있으리라는 생각이 불현듯 떠올랐다. 그래서 집 구석구석을 찾아보기로 했다. 겨우 그것을 찾아내어, 이 처방대로 만든 용액을 고물상이나 헛간에 굴러다니는 헌병을 모아 깨끗이 소독한 다음 약을 넣어 팔아 보려고 했다.

다 된 물건을 손수 옆구리에 끼고 이 이발소에서 저 이발소로, 또 미장원마다 호별 방문을 다녀 보니, 그의 열성스러운 태도와 언행에 감동된 탓인지 비교적 잘 사주었다.

얼마 후 그는 관직을 사퇴하고 이 일에만 몰두했다. 맨 처음 그가 교회에 가서 자기 수입의 1할을 바치라는 말을 들었을 때 갑자기 마음에 떠오른 것이 그 처방전으로 장사를 했으면 하는 생각이었고, 그것이 곧 오늘날의 행운의 열쇠가 되었다.

어쨌든 제품은 전국적으로 알려지게 되어 오늘날은 자기가 들고 다니는 소규모 사업이 아니라, 도매상을 통하여 전국적으로 팔려 나가는 대상품으로 등장했다. 이것도 역시 신념의 기적으로 볼 만한 일이다.

행복하다고 생각하면 행복해진다

모든 사물에는 사고^{思考}가 선행한다. 상품을 파는 사람도 사실은 사고를 파는 것이다. 모든 것은 사람의 사고가 만들어 낸 것이고, 모든 사업, 모든 재산은 사고의 결과로써 만들어지는 것이어서, 거기에는 반드시 어떤 사람의 사고의 작용이 있고, 그것에 어떤 행위가 보태져서 생겨 나온 것이다.

나는 유명한 저첸 수영복 메이커인 저첸 직조 공장의 발전하는 모습을 여러 해를 두고 세심히 주시해 왔다. 이 회사는 완전히 하나의 생각에서 출발하여 마침내는 지구를 한 바퀴 돌 만큼 큰 기구로까지 발전하였다.

나는 그 회사의 회장 J. A. 젠파워 씨와 수차에 걸쳐 이 심리의 과학 문제에 관해서 얘기를 나눈 적이 있었다. 그에게서 다음과 같은 편지를 받은 적도 있다.

세상의 어떤 사람들은 알지 못할 끊임없는 힘을 배후에 갖고 부쩍부쩍 성공하고 있습니다. 그런데 또한 어떤 사람들은 피땀을 흘리고 일해도 그 성격 속에 무엇인가 부족한 것이 있어 만족과 성공의 피안에 도달할 수 없게 됩니다.

나는 그러한 어떤 무엇인가를 부모에게서 배웠다고 생각합니다. 당시 우리 어린이들이 무슨 불평 따위를 말하면 어머니는,

'불평을 하면 못 써. 이렇게 보람있는 세상에서 살 수 있다는 것을 행복하게 생각해야지. 힘을 내고 웃으면서 눈앞의 행복에 감사할 줄 알아야 하

는 거야'

라고 입버릇처럼 가르쳐 주셨습니다. 아버지도

'만사의 밝은 면을 보아야 해. 어두운 면은 되도록 보지 않기로 하자'

라고 말씀하셨습니다. 이렇게 자라난 나는 당신의 심리 과학을 충심으로 존경합니다. 어떠한 경우에 처해 있는 사람이라도 꼭 필요하리라고 생각합니다.

요즘처럼 경쟁이 심한 사회에서는 일정한 직업을 붙잡아 안정된 생활을 하려면, 이에 필요한 마음의 준비가 완전히 되어 있는 사람이 아니고서는 어렵다.

모든 일에는 순서가 있다. 우선 자기 스스로가 '나는 좋은 직장을 얻을 수 있다'고 믿고, 그것을 위하여 모든 준비를 한 다음에, 이 심리 과학을 실지로 응용하면 직업은 물론, 무엇이고 간에 쉽게 얻을 수 있다.

어떤 회사의 한 중역은 내게 다음과 같은 이야기를 해 주었다.

"많은 사람들이 직업을 구하려 해도 쉽게 구할 수 없다고 불평을 하고 있으나, 그것은 너무 자기 자신만을 생각하기 때문입니다. 고용주를 위하여 내가 얼마만큼 일을 해 줄 수 있는가를 그 사람의 입장이 되어 생각해 보고, 그 점을 고용주에게 분명히 인식시켜 주면 직장은 언제나 구해지는 것입니다. 대부분의 경우, 고용자는 고용자대로 고용주는 고용주대로 모두 자신의 입장을 고수하기 때문에 좀처럼 수요와 공급이 일치되지 않을 때가 많지요."

이런 속담이 있다.

"만약 당신이 당신 자신의 생각을 실천할 수 없으면, 당신 자신의 생각을 실천할 수 있는 사람의 생각을 실천하라."

이것이 고용주가 될 사람과 고용원이 될 사람과의 분기점이다. 자기의 생각이나 자기의 창조력을 행동으로 옮기지 못하는 사람은 세상 어디에서도 자기의 생각이나 창조력을 행동에 옮길 수 있는 사람에게 고용되는 입장에 서게 된다.

예를 들면, 머리를 써서 일을 궁리해 내기를 싫어하는 사람은, 체력을 사용하여 일을 하지 않으면 안 된다. 그리고 그런 일을 하는 사람은 자본주의 체제상 다른 사람보다 값싼 보수에 만족할 수밖에 없다.

그래서 당신이 하고 싶은 일이 있다면, 그것을 마음의 눈에 그린 후, 마음의 눈을 크게 뜨고 그것을 보아야 한다.

그리고 전에 말한 바 있는 카드를 사용하여 항상 그것을 마음 속에 되풀이하면서, 목표에 대한 신념이 당신의 생명력에 빠져들게 하고, 체내의 피나 뼈나 기타 모든 조직에도 침투시키는 것이 필요하다.

요구하는 일이든 물건이든 실제로 눈앞에 떠오를 정도로 명확한 영상이 마음에 새겨져 있어야 한다. 그렇게 되면 목적은 틀림없이 실현되게 마련이다. 어느 때나 늘 마음 속에 굳게 품고 있는 것은, 조만간 현실의 것으로 실현되게 되어 있다.

전에 내가 말한 카드에 대한 기술을 잊어서는 안 된다. 이번엔 그것과 달리, 거울을 쓰는 기술을 이야기해 볼까 한다. 그 방법을 설명하기 전에, 이것이 어떠한 놀라운 효과가 있는가를 발견하게 된 에피소드를 소개해 두겠다. 이것을 카드와 함께 사용하면 한층 더 신속한 효과를 올릴 수 있다.

몇 해 전에, 나는 제재^{製材} 기계에 대해서 많은 특허권을 갖고 있는 대부호의 만찬회에 초대받은 일이 있었다. 모인 손님은 언론인·은행가·공업가 등이 많았으며, 만찬회장은 호화스런 호텔방을 여러 개 빌려 꾸며 놓고 있었다.

나는 응접실에 안내되어 제재소의 새로운 설비에 관한 여러 가지 설명을 들었다. 식사 전에 나온 리큐르^{알코올 성분이 있는 음료}로 분위기가 훙청거렸다. 한창 그러는 동안, 주인마저 상당히 취해 버렸다. 바야흐로 저녁 식사가 나오기 직전에 그만 만취하여 침실로 들어갔다. 나는 그를 도울 작정으로 그 방문까지 따라갔다.

그런데 그 곳에 서서 보고 있으려니까, 그는 양복장 위편을 두 손으로 잡고 몸을 지탱하면서 거울 속을 들여다보더니, 흔히 주정뱅이들이 하듯이 뭐라고 중얼중얼대고 있었다.

이윽고 그의 말은 점점 분명해지며 내게도 또렷이 들렸다. 나는 다소 몸을 피하고 그가 하는 짓을 봤는데, 그는 이렇게 중얼거렸다.

"존, 너 뭐냐. 손님들은 너를 취하게 해놓고 좋아하지 않나. 지면 안 돼.

넌 취하지 않았어. 절대로 취하지 않았단 말야. 말끔히 깨었어. 오늘은 네가 주인이 아니냐. 취하면 안 돼."

그러면서도 그는 거울에 비치는 자기의 눈을 뚫어지게 쏘아보는 것이었다. 그런데 갑자기 그는 안색이 바뀌더니 몸도 얼굴의 표정도 금세 정상으로 되돌아오고 있었다. 형편없이 취해서 자기 몸을 가누지 못하던 사람이 어느 새 평소와 별 다름 없는 자태로 변한 것이다. 그 시간은 불과 4, 5분 정도였다. 아무리 정신을 차리려 해도 일단 취한 술은 그다지 쉽게 깨지 않는 것이 보통인데, 이렇게 갑자기 자기 정신을 회복한 예를 별로 보지 못했던 나는 자못 감탄하지 않을 수가 없었다.

내가 그런 광경을 보고 있었다는 것은 본인이 모르는 것이 좋을 것 같아서 나는 살며시 그 자리를 떠났다. 이어서 식당에 들어가 보니 그는 테이블 앞의 주인석에 단정히 앉아 있었는데, 얼굴빛은 다소 붉었으나 취기는 조금도 없었다.

식사가 끝날 즈음, 그는 자기 사업의 새로운 계획에 관해서 획기적이고 확신에 찬 생각을, 마치 한 장의 그림처럼 선명히 설명해 주어서 사람들에게 깊은 감명을 주었다.

그로부터 몇 해가 흘러, 내가 잠재 의식에 관한 문제를 깊이 연구하게 되어, 이 주정뱅이가 어느덧 취기에서 깨어나 온전한 주인역으로 돌아간 과정을 생각해 보니, 나의 심리 과학에 대한 확신이 한층 더 굳어졌다.

나는 오랫동안 거울의 기술을 많은 사람들에게 가르쳐 주고 있는데, 이것을 이용하여 훌륭한 효과를 올린 사례를 많이 알고 있다.

형언하기 어려운 고민을 가슴에 품고 내게 구원을 받으러 오는 사람이 상당히 많다. 그 중에는 부인들도 많았다. 그녀들은 견디다 못 해 울부짖기까지 하면서 호소하는 경우도 있었다.

이러한 경우, 나는 그들을 자기 신장과 거의 같은 크기의 거울 앞에 세우고 자기 자태를 스스로 보도록 하였다. 그리고 자기의 눈을 잘 쏘아보고 그 곳에 무엇이 보이는가 말하게 하였다. 울상이 된 초라한 꼴인가, 그렇지 않으면 한 사람의 의연한 투사의 모습인가?

자기 스스로 자기의 모습이 어떻게 보이느냐고 물어보면, 이 사람들은 즉시로 자기의 울상을 안 보이려고 안색을 바로잡는다. 여자란 자기 모습을 거울에 비춰 보면 적어도 울상을 하고 싶지는 않은 모양이다.

이것은 신기로운 발견이다. 자존심 때문인지 아니면 수치심 때문인지, 혹은 자기 약점을 타인에게 보이고 싶지 않기 때문인지, 아무튼 그 어떤 것이든 왜 울음을 그치느냐는 문제를 굳이 따져 볼 필요는 없다. 그보다 중요한 것은 스스로 자기의 모습을 거울에 비춰 보고 있는 동안에 눈물이 말라 버린다는 사실이다.

모든 대웅변가나, 설교가나, 배우나, 정치가들은 예부터 거울을 쓰는 기술을 알고 있는 사람들이다. 미국의 저명한 정치 기자 D. 피어슨에 의하면, 영국의 명수상 윈스턴 처칠은 주요한 연설 전엔 반드시 거울 앞에서 한번 시연해 본다는 것이다. 미국의 월슨 대통령도 그러하였다고 피어슨은 말하고 있다. 내 판단으로는 이렇게 함으로써 연사들은 잠재 의식에 활력을 부여하게 된다고 생각한 것이 아닌가 한다.

이것을 비행기 엔진에 비유한다면 과급기^{過給器}와 같은 구실을 하여, 연사가 청중 앞에 섰을 때에는 체내에 활력이 충만해져서 그것이 청중의 머리 위에 넘쳐흘러 깊은 감명을 주게 된다. 연설을 하기 전에 거울을 사용하여 시연을 하면 자기의 모양이나, 말이나, 음성이나, 청중을 둘러보는 태도에 대하여 자기가 연단에서 실제로 일어날 장면의 모양을 마음 속에 깊이 새겨두게 되기 때문이다.

거울을 보게 됨으로써 그 사람의 마음의 진동은 강화되고, 말이 가지는 의미나 힘도 강화된다. 따라서 청중의 잠재 의식에 직접 깊이 파고들어가게 된다.

유명한 복음 전도사인 B. 선디에게는 인간적인 자력 같은 것이 있다고 세상에서는 흔히 말하고들 있다. 이것은 그가 거울의 기술을 체득하고 있었기 때문이다. 신문 기자의 인터뷰 기사를 보면,

"선디는 호텔의 방을 맹수같이 왔다갔다 하면서, 두 눈을 똑바로 뜨고 창 밖을 내다보는가 하면, 한 쪽 다리를 문턱에 올려놓고 두 손으로 화장대를 꽉 쥐고서 끊임없이 거울에 비치는 자기의 모습을 바라다보면서 연설을 시연하는 것이다."

라고 되어 있다.

미국의 유명한 어떤 보험 회사의 세일즈맨은 일찍부터 이 신념의 과학을 활용하여, 손님에게 갈 때에는 사전에 반드시 거울 앞에서 권유의 시연을 하기로 하였으며, 따라서 한 번도 이것을 게을리 한 적이 없었다. 그리하여 그의 계약 성적은 참으로 경이적이었다.

세일즈맨이 자주 듣는 조언은,

"만약에 자기 자신을 설복할 수 있다면, 다른 사람을 설복하는 것은 매우 쉬운 일이다."

라는 것이다. 정말 이것은 하나의 큰 진리이다. 종교이든 군사이든 역사상의 모든 대중 운동은 모두 한 사람의 개인에게서 출발된 것으로서, 자기의 생각에 대한 불타는 듯한 신앙이 다른 몇 만이란 사람의 생각을 고쳐서 자기 쪽으로 이끌어 넣는다.

심리학을 깊이 연구하지 않더라도 한 사람의 인간에게서 넘쳐흐르는 정열은 삽시간에 타인에게로 감염되어 간다는 것은 누구나가 다 잘 아는 바이다.

거울을 사용하는 것은 그러한 효과를 만들어 내는 간단하고 유효한 방법이다. 이 방법에 의하여 세일즈맨은 자기의 수완에 대한 신념을 강화함과 동시에 열성 있는 위력을 사람에게 보낼 수 있다.

나의 이 신념의 과학으로 말하자면, 거울의 기술은 자기의 잠재 의식의 위력을 깨우쳐 상대방의 잠재 의식에 침투하고 상대방을 신속히 설복시킬 수 있는 유효한 방법이다.

남이 의식하든 말든 우리들은 항상 무엇인가를 남에게 팔고 있다. 상품이 아니면 자기의 인격이든가, 서비스가 아니면 자기의 사상을 판다. 사실 우리들 인간이 서로 얽혀서 살아가는 데는 반드시 서로 무엇인가를 판다든가 산다든가 하는 관계가 그 근본을 이루고 있다.

타인을 설득하여 자기가 생각하는 방향으로 이끌어가는 경우에도 역시 똑같은 관계가 성립된다. 법률상의 계약이라든가, 의견의 합치 같은 것은 결국 '마음과 마음이 서로 합하는' 것이며, 어느 편에서든지 상대방을 자기의 생각으로 접근시켜 가지 못하면 마음의 합치란 있을 수 없는 일이다.

뿐만 아니라 주요한 점에 마음과 마음이 합치되면, 나머지 일은 극히 수월히 진행된다. 계약서에 서명 날인하는 것쯤은 불과 2, 3분이면 끝내 버릴 일이다.

거울로 성공한 대기업들

경제 불황 시대에 나는 각 방면의 상점과 회사 판매부에 관계를 맺고 매상 증진책을 도모하고자 당시 거울을 이용하는 방법을 소개하여 현저한 성적을 거두었다.

양과자 파이를 제조해서 배달하는 회사에서 나는 트럭 뒤편의 문 안쪽에다 각각 거울을 설치하였다. 따라서 자기 손으로 차를 운전하고 팔러 나가는 세일즈맨은, 배달하는 파이를 싣기 위해 문을 열면 맨 먼저 마주치는 것이 거울에 비치는 자기 얼굴이었다.

나는 한 사람 한 사람씩 훈시를 하고, 그들에게 파이 몇 개를 팔아야 하겠다는 것을 먼저 마음 속에 결정해 두도록 타일러 주었다. 그리고 거울에 비치는 자기 자신을 향해서 그만한 수량에 달하는 물건을 단골집인 소매 과자점 카운터 위에 꼭 놓고 가도록 자기 자신에게 타일러 두라고 하였다. 그 후 수개월이 지난 뒤, 한 운전사가 말하는 바에 의하면, 어떤 레스토랑의 여주인에게 하나라도 좋으니 팔아 달라고 오랫동안 노력해 왔었는데 좀체로 사주지 않았다고 한다. 그런데 거울의 기술을 써 보니 그 날은 어쩐지 10개의 파이를 팔 수 있었다고 한다. 이 이야기를 내게 들려준 당시의 그는 매일 15개의 파이를 팔고 있었다.

보험 회사나 금융 회사를 비롯하여, 고무 회사·자동차 대리점, 또는 과자 제조 회사들과 같이 세일즈맨이 많은 회사에서는 이 거울의 기술을 매우 유효하게 응용하고 있다.

내가 전에 있던 회사에서는 목전에 닥쳐온 곤경을 면하고자 180도의 방향 전환을 단행해야만 했기 때문에, 우선 종업원들이 모자나 외투를 걸어 놓는 사무실 뒷면에 있는 방에 거울을 장치하고 이 기술을 시험하여 보기로 했다. 그래서 사원이 그 방을 드나들 때마다 거울을 볼 수 있도록 눈에 띄는 곳에 거울을 설치했다.

처음에는 '이기자!', '불굴의 정신에는 불가능이란 없다', '우리들은 든든한 뱃심이 있다. 실증하라', '패배냐 번영이냐', '오늘은 몇 개 파느냐?' 등등 온갖 슬로건을 종이쪽지에 써 붙였는데, 그 후에는 비눗물 페인트를 사용해서 직접 거울에다 쓰기로 했다. 매일 아침 새로운 슬로건이 나타났다.

같은 업종의 여러 회사들도 어떻게 하든 폐점의 위기를 면하겠다고 갖은 애를 쓰고 있던 때였으므로, 우리 회사에서도 어떻게 하든 이 곤경을 피해 나가려고 피눈물나는 노력이 계속되었다. 그래서 이 거울의 장치를 증가하여 사무실 입구의 문 뒤편에도 다른 종류의 거울을 끼워 넣기로 했다. 세일즈맨들이 외출을 할 때에는 마지막에 이 거울을 보고 밖으로 나가는 것이다.

이 외에 세일즈맨이나 임원들 전부의 사무 책상 위에 있는 탁상용 달력 속에도 거울을 넣기로 했다. 그 결과 최악의 불경기였음에도 불구하고 세일즈맨들은 각자의 수입을 3~4배로 증가시켰다.

그 이후로도 그 성적은 오래 지속되어 갔다. 호경기 때에도 수입이 3백 달러를 넘어 본 일이 없던 사람들이, 몇 해 전부터 오늘날까지 계속해서 월 수천 달러를 지속하고 있다. 독자 여러분에게는 거짓말같이 들리겠지만, 이것은 사실 그대로이다. 내가 모은 서류철 속에는 회사의 사무원 또는 세일즈맨에게서 받은 많은 편지가 끼워져 있으며, 그것들은 '거울의 기술'을 실증하는 좋은 보기가 되고 있다.

우선 거울 앞에 서라, 그리고 외쳐라

그러면 이 거울의 기술이란 무엇이냐? 그것은 우선 거울 앞에서는 것이다. 거울은 신장과 같은 정도가 좋으나 상반신 이상을 비출 만한 정도라도 무방하다.

우선 군대에서 하는 식으로 차렷 자세를 취한다. 똑바로 서서 발뒤꿈치를 모으고, 배를 들이밀고, 가슴을 앞으로 내밀고 고개를 든다. 그러고 나서 서너 번 심호흡을 하고, 체내에 자신과 힘과 결의가 솟아나는 것을 기다린다. 이어 거울 속의 자기 눈 속을 바라보며 욕구하고 있는 사항에 대해 말로써 어느 정도 큰 소리를 내가며 외치는 것이 좋다.

그러면 자기 입술이 움직이는 것이 보이며, 자기가 외친 말도 분명히 들리게 된다. 이것은 적어도 아침저녁으로 반복하는 것을 버릇처럼 정하면 그 결과는 자기가 놀랄 만큼 실현되어 간다. 좀더 큰 효과를 바란다면 비늦물 페인트로 당면 문제인 슬로건이나 표어를 거울에다 쓰는 것도 좋을 것이다.

예를 들면, 자기가 전부터 마음 속에 그리고 있던 일이나, 현실로 나타나는 것을 바로 눈앞에 보고 싶다고 염원하는 것을 쓰면 좋다. 이것을 한 3일만 계속하고 있으면 지금까지 느껴보지 못했던 자신이 체내에 넘치는 것을 느끼게 될 것이다.

예컨대 유별나게 완고한 손님을 방문하거나, 전부터 무섭다고 생각하는 회사의 사장 같은 분을 인터뷰할 경우에는, 이 거울의 기술을 이용하여 아무런 두려움 없이 말하고 싶은 것을 말할 수 있는 자신을 가지게 될 때까지 거울을 향하여 연습을 계속하는 것이 좋다.

만약 연설을 하는 경우라면 어떻게 해서든지 거울 앞에서 시연하는 것이 좋다. 제스처도 해 보고, 주먹으로 손바닥을 치고 의론義論의 주지主旨를 청중의 마음 속에 박아 넣는 듯한, 자기에게는 가장 알맞게 자연스러운 제스처를 써 보도록 하면 좋다.

그런 일은 어린애 장난 같아서 할 수 없다고 하는 사람도 있을 것이다. 그러나 잠재 의식을 행하여 호소한 모든 염원은 꼭 실현된다. 이것을 잊어서는 안 된다. 그리고 잠재 의식이 평소에 염원하고 있는 것을 신속히 받아들일수록 그 요구는 빨리 위력을 가진 모습이 되어서 심안에 나타나고, 연후에는 그것이 곧 실현된다.

자기가 이런 것을 하고 있다는 것을 다른 사람에게 말하지 않는 것이 좋다. 이런 말을 들으면 바보 취급을 하고 웃어 넘기는 이가 있겠지만, 그런 것에 구애되어 자기의 신념이 흔들려서는 안 된다. 더욱이 이 심리학을 배우는 도중에 그러한 주의가 필요하다.

예컨대 회사의 사무원이나 판매 관계의 책임자의 입장에 서서 자기 지배하에 있는 구성원 전체의 사기를 앙양해야 할 때에는, 종업원들에게 거울의 기술을 가르쳐서 그것을 실행에 옮기면 필연코 효과를 얻을 수가 있다.

오늘날 여러 방면의 회사는 이 기술을 실제로 이용하여 성적을 올리고 있는 곳이 상당히 많다.

거울은 내가 동경하는 그 사람과 나를 닮게 한다

눈의 힘에 대해서 여러 가지로 쓴 것이 많다. 눈은 마음의 창이며, 당신의 마음 속으로 생각하는 것을 밖으로 나타낸다. 눈은 상상 이상으로 마음 속을 확실히 표현한다.

속담에 있듯이, 눈은 사람의 값어치를 나타내는 딱지라고도 할 수 있다. 그런데 이 거울의 기술을 실천해 가면 자기 자신이 놀랄 정도로 자기 눈이 매혹적이면서, 또 동적인 힘이 담겨져 가는 것을 잘 알 수 있다.

이 힘은 무엇이라도 뚫어내고 모든 것의 내부까지 투시하는 깊은 눈길이 되어서, 상대로 하여금 자기의 심혼의 밑창까지도 들여다보는 것이 아닌가 하고 생각게 한다. 이렇게 해서 어느 새 눈에 힘찬 박력이 깃들여 상대는 그것에 압도되어 버리고 만다.

에머슨은 사람의 눈을 보면 그 사람의 지위가 분명히 나타나 있다고 말했다. 사람은 인생에 있어서의 계급이나 지위를 눈 속에 지니고 다닌다는 것을 잊어서는 안 된다.

그러므로 첫인상을 보아서 이 사람은 자신만만한 인물이라고 느낄 정도의 눈의 힘을 키우지 않으면 안 된다. 거울을 이용한다 함은 그런 의미에 있어서도 매우 유효하다.

거울의 기술은 온갖 점을 이용하여 괄목 상대할 만한 훌륭한 효과를 가져온다. 키와 같은 크기의 거울 앞에서 자세를 고치는 연습을 하면 당장에 효과를 본다. 거울은 남의 눈에 자기가 비치는 그대로의 모습을 나타내 준다. 그러므로 거울 앞에서 연습을 하면 남에게 보이고 싶은 이상적인 모습으로 자기를 만들어 낼 수 있다.

가령 연극에서 어떤 인물의 역을 맡으면, 어느 새 그 역의 인물과 닮아진다고들 한다. 이것을 보아도 거울 앞의 시연만큼 유효한 것은 없다.

하지만 과학에는 허용을 불허한다. 그러므로 경박한 생각으로 거울을 이용해서는 안 된다. 참으로 자기가 동경하고 있어서, 그와 같이 되고 싶다고 마음 속에 그리고 있는 인물로 자기를 만들어 내기 위하여 사용해야 한다.

세상에서 가장 뛰어난 인물로 이름을 떨친 수많은 위인들이 이 거울의 기술을 써서 세상 사람들을 인도해 나가는 힘을 길렀다는 사실이 있으니, 전도에 큰 희망을 품고 장래의 영달을 구하려 하는 사람들은 모름지기 이 방법을 활용할 가치가 있다.

직감·영감·육감을 이용하라

여러 가지 기록에 직감이나 인스피레이션에 대해 쓴 것이 많이 나타나 있다. 일부 심리학자는 이러한 직감으로 우리들에게 떠오른 생각은 광막한 창공에서 문득 떨어져 내린 것이 아니라, 이제까지 습득하여 축적된 온갖 지식, 또는 우리들이 과거에 보고 듣고 한 것에서 생겨 나온 일종의 종합적 결과라고 한다.

그러나 그렇게 볼 수 있는 것은 과학자나 발명가들처럼 오랫동안의 연구에서 얻은 지식과 이제까지 몇 번이고 계속해 온 실험 성적을 토대로 하고, 다음에는 실패로 끝날지도 모르지만, 어떻든 새로운 실험을 그 위에다 더 해 보려는 그러한 길을 가는 사람에게는 어느 정도 타당할는지 모른다.

그러나 나의 소신에 의하면 대다수의 발명이나 발견이나 걸작들은 잠재 의식으로부터 만들어지는 것으로써, 이제까지 마음에 심어져 있던 것은 아니다.

우리들이 현재 따르고 있는 풍습이라든가, 현재 이용하고 있는 물건들은 모두 처음에는 누군가의 마음에 하나의 생각으로 홀연히 솟아난 것이다. 처음에는 그 무슨 인스피레이션이나 지각의 번뜩임, 또는 무엇이라고 불러야 좋을지 모르는 그러한 독창적인 것이었을 것이다. 그러므로 자기 머리에 직감적으로 떠오른 생각을 소중히 할 필요가 있는 동시에 끝까지 이에 의거하여야만 한다는 게 내 생각이다.

위대한 지도자·공업가·발명가로서 성공한 사람들은 일손을 멈추고 쉬고 있을 때라든가, 당면한 문제와는 관계가 없는 다른 일을 하고 있을 때, 갑자기 머릿속에 떠오른 생각이 점점 발전하여 그것이 동기가 되어, 마침내는 위대한 사업을 완성하게 되었다는 경우가 상당히 많다.

잠재 의식의 힘에 의해서 어려운 문제를 해결하려면 우선 모든 각도에서 문제의 전체를 의식적으로 검토한 다음, 잠자리에 들기 직전에 잠재 의식을 향하여 이 문제에 대한 해답을 주도록 염원하기를 계속해야 한다.

그렇게 하고 나면 밤중에 갑자기 잠이 깨어서 그 해답이 머리에 떠오르기도 하고, 또는 아침에 눈을 뜨자마자 순간적으로 그 해답이 머리에 반짝 떠오르기도 한다. 또는 전혀 일과 관계 없는 다른 일에 골몰해 있을 때에도 홀연히 좋은 생각이 떠오르는 수가 있다. 그럴 때는 실수 없이 그것을 그대로 받아들여서 조금도 당황하지 말고 그 지시에 따라 행동해야 한다.

예컨대 누구를 방문하겠다던가, 전화를 걸어 보겠다던가 하는 육감적인 생각이 일어나는데, 그때 머리에 떠오른 사람은 무슨 회사의 사장이어서 이 사람이 무슨 유력한 방법으로 힘을 빌려줄지 모르는 것이다. 그러나 그 사람의 지위가 너무 높기 때문에 이것저것 생각하니 주저하는 마음이 생겨서 덥석 가서 만나볼 용기가 나지 않는다.

그럴 경우에는 대개 공포나 주저하는 마음 쪽이 우세하게 되어 결국 방문을 그만두는 수가 많다. 이러한 두려움이나 거리낌을 느꼈을 때는 '내가 그와 만나던가 전화를 걸면 조금이라도 나 자신에게 손해가 되는 일이 있을까? 혹은 모욕을 당하겠는가?' 하고 자기 스스로에게 물어 보는 것이 좋다.

그렇게 하면 공포를 느끼거나 주저할 이유가 아무것도 없다는 것을 깨닫게 될 것이다. 그러므로 생각나는 바를 주저할 바 없이 그대로 실행하여야 한다.

그러나 여기서 한 가지 주의해야 할 것은 도박적인 생각이나 행위는 삼가야 한다는 것이다. 예를 들면, 화투나 트럼프 따위를 한다든가, 경마나 개犬 경주에 돈을 건다든가, 증권 시장에서 날치기 돈을 번다든가, 부동산 투기를 하는 따위의 생각을 버려야 한다.

이 같은 도박 행위에 빠지는 사람 중에는 직감적으로 뜻하지 않은 날치기 돈을 버는 일도 있다. 그러나 아무것도 없는 데서 무엇인가 얻으려고 생각하고 직감력이나 어림수를 쓰는 일에는 마음을 쓰지 말아야 한다. 이러한 생각으로 일을 하면 그 곳에는 무엇인가 근본적인 착오가 있기 때문이다.

이렇게 말하는 까닭은 도박꾼의 최후란 결국 비참하다는 통칙通則이 절대적이기 때문이다. 또한 육감적인 착상을 믿고서 아직 한 번도 경험해 본 적이 없는 일에 손을 대는 것도 좋지 않다. 이런 것들은 육감적이라기보다 오히려 가공적인, 들뜬 생각의 한 조각에 불과하다.

참된 육감적 혹은 영감적인 것이란, 자기 일에 직접적으로 또는 간접적 관계가 되는 것으로써, 무엇인가 뜻있는 하나의 일을 하려는 의욕에 불탈 때 이에 수반하여 행동을 일으키는 힘을 부여해 준다.

행동의 계획을 세워라

이 책을 읽고 하룻밤 사이에 재산이나 명성을 얻을 수 있는 마법을 발견하려는 독자는 단 한 사람도 없을 것이다. 이 책은 여러분이 성공과 번영의 첫 관문을 여는 하나의 열쇠에 지나지 않는다. 그 문을 열면 밖은 넓은 길이며, 그 앞에는 원하는 일을 달성시켜 주는 최후의 결승점이 있다.

이 책을 읽고 헛되이 자기 역량이나 소질에 걸맞지 않는 엉뚱한 일에 모험적으로 덤벼드는 것은 매우 우매한 짓이다. 만일 어떤 공익 사업의 주관자가 되고 싶다는 야심을 품고 있다면, 당연히 그 일에 대한 지식을 갖고 있어야 한다. 거대한 운수 사업체의 사장이 되려는 사람으로서 어찌 그 일에 대한 세밀한 지식과 풍부한 경험 없이 감히 그 책임을 지고 나설 수 있겠는가.

그러나 이 심리 과학은 여러분이 최상의 지위를 향한 출세를 위해서 취하여야 할 여러 가지 길을 가르쳐 줌과 동시에, 그 여정을 쉽게 헤치고 나가도록 인도해 준다.

하지만 어떠한 방책을 취하든지 우선 뚜렷한 행동의 계획을 세워야 한다. 길거리 약국문을 두들기며 막연히 '무슨 약이라도 달라'고 하는 따위의 사람은 없을 것이다. 그러나 이 세상에는 뚜렷한 목표 없이 막연히 성공하고 싶다, 출세하고 싶다 하고 마음을 초조히 먹고 있는 예가 너무나 많다.

그런 사람에게는 이 심리 과학은 무력한 것이 된다. 이미 여러 차례 되풀이한 바 있지만, 우선 명확한 목표를 세워야 하고, 그 목표를 달성하고

자 하는 열렬한 행동의 계획을 세워야 한다. 이런 사람에게 이 과학은 절대적인 위력을 발휘할 것이다.

만일 여러분이 나는 무엇을 욕구하고 있나 하는 명확한 자각을 가지고 있으면, 또 그것을 정확하게 마음 속에 결정지을 수 있다면, 그것만으로도 나는 그렇지 못한 사람에 비해서 행복하다고 생각해야 한다. 왜냐 하면 이렇게 되면 벌써 성공에 도달하는 길에 첫발자국을 내디딘 것이나 다름없기 때문이다.

이와 같이 자기가 욕구하고 있는 것의 모습을 마음 속의 영상으로 새기고, 이것을 계속 유지하여 행동으로 옮겨나가면, 어떤 일이 있더라도 성공을 방해하는 장애물을 물리칠 수가 있다. 그것은 당신이 박력 있는 명령을 내리기만 하면, 어떠한 일이라도 그대로 받아들여 확실하게 그와 같은 행동으로 끌어당겨 주는 잠재 의식이 있기 때문이다.

제 7 장
자기의 마음을 외부 세계에 투영하는 방법

잊어서는 안 될 것은,
우리들이 적으로 생각하는 상대방 중에는
자기 스스로가 적으로 만든 사람도 있다는 것이다.
친구나 적이라 하는 것도
우리들 자신의 마음의 반영에 불과하다.

제 **7** 장

자기의 마음을 외부 세계에 투영하는 방법

THE MAGICAL POWER OF BELIEF
사고 다음엔 행동을

성공의 여하는 끊임없는 노력을 하는가의 여부에 달려 있다. 당신에게 열성이 없으면, 모처럼 손에 넣을 것도 날개가 돋아 날아가 버린다. 비록 잠깐이라 할지라도 아직 완전히 열매를 맺지 못한 승리의 영관에 안심하고 자기 예찬에 시간을 허비하면 안 된다. 언제 어디서 어떤 사람들이 탐욕스런 눈초리로 그 영관을 노리고 있을지 모른다.

더군다나 갖은 애를 써서 자기 손에 넣은 것을 꼭 쥐고 있지 않는다든가, 자기의 발판을 굳게 만드는 일에 빈틈이 있다든가 하면 더욱더 놓쳐 버릴 위험성이 많다.

가령 미국을 보자. 과연 미국은 눈부신 진보를 하였다. 그러나 이것만으로 안심해도 좋은 것은 아니다. 아직 손에 대지 않은 막대한 자원이 많이 남아 있다. 또 안으로 상상력이나 의욕이 강한 사람들이 얼마든지 위대한 사업을 일으켜 나갈 것이다. 아직도 나는 허다한 것이 백지 그대로 남아 있다고 생각한다.

과학자의 연구실에서는 보통 사람이 보면 꿈 같은 일이 진행되고 있다. 목재 같은 원료로부터 불에도 물에도 견디는 가볍고 묘한 천을 만들기도 하고, 또 침몰하지 않는 배, 태양에서 에너지를 얻는 기계, 우리들이 생각할 뿐 입으로 말하기 어려운 생각을 기록하는 기계 등 놀라운 것이 고안되고 있다.

그러나 이들도 수평선상에 보이는 경우 몇 개의 예를 든 것에 불과하다. 하나하나 전부 예를 들자면 끝이 없다. 이 모든 것들이 인류의 상상력이 만들어 낸 것이거나, 마음 속에 잠재 의식이 낳은 산물이다.

앞으로 50년을 넘기지 않아 마음 속에 생각하고 있는 일을 암암리에 교신하는 정신통신기精神通信器 같은 것도 지금의 라디오처럼 일상화가 될지도 모른다. 그런 일은 있을 수 없다고 누가 감히 장담할 수 있으랴!

인간은 마음 속에 그리고 있는 생각을 물질로써 구체적으로 나타낼 수 있는 동물이라고 말해도 좋다. 우리가 오늘날 사용하고, 그 편익을 즐기고 있는 몇 백만이나 되는 물품을 보더라도 이 말에 거짓이 없다는 것을 실증할 수 있다.

인류가 정신이라는 것의 위대한 힘을 파고들어, 참되게 이를 활용하면 이 지구와 지구상의 만물을 지배할 수 있을 뿐만 아니라, 가까운 유성과도 손을 잡을 수 있을지 모른다. 우리들의 체내에서는 그러한 섬광이 바야흐로 보이기 시작한다. 이를 부채질하여 백열白熱로 불타오르게 하고 끊임없이 연료를 가해서 불길을 더욱 세게 하지 않으면 안 된다. 이 연료야

말로 곧 사고이며, 이 사고에는 뒤따르는 행동이 필요하다.

상상력을 녹슬지 않게 하라

내가 잘 아는 사람 중에 한평생 많은 일을 하고 이제 70세를 넘은 분이 있다. 언제나 그는, 세상의 많은 사람들은 일에는 통 손을 대려고 하지 않으므로, 빨리 나이를 먹고 시들어 버린다고 한탄한다.

"나는 수년간 적어도 일주일에 한 번은 무엇이든지 나에게 있어서 오로지 새로운 일에 손을 대도록 정하고 있지. 예컨대 부엌에서 사용하는 간단한 도구라도 만드는 작은 일, 또는 새로운 판매 계획, 혹은 진귀한 책을 읽는 등 아무것이라도 좋아. 이 습관 때문에 나는 몸이나 마음을 생생하게 보존할 수가 있는 거야. 말하자면 나는 게을러지기 쉬운 상상력을 아직도 유용하게 움직일 수 있는 거지.

사람이 60세에 이르면 은퇴한다는 생각은 아주 잘못된 거라고 생각하네. 정신도 육체도 건전하면서도 은퇴하여 일손을 멈춘다면 그것이야말로 무덤으로 가는 길을 재촉하는 것이 아니고 뭐겠는가. 그런 예는 세상에 얼마든지 있지. 자동차도 사용하지 않고 그대로 내버려두면 녹이 슬어 폐차 공장에 보낼 수밖에 없어. 사람도 마찬가지라네. 한가하면 녹이 슬거나 시들어지거나 해서 마침내 죽어 버리는 거지."

적어도 일주일에 한 번은 새로운 무엇에 손을 댄다는 것은, 말하자면 창의성의 존중이며, 이는 인생의 성공에 그것이 얼마만큼 절실히 필요하다는 것을 말하고 있다. 창의성이 없는 사람은 직업을 잡아도 그대로 그것에 매달려 있을 뿐, 아무런 활동도 발전도 보이지 못한다.

자기 일에 창의성을 발휘해 보지 않고, 새로운 작업 방법을 연구하려고 힘쓰지 않고, 또한 끊임없이 일을 개량해 보려고 생각하지 않는 사람은 남녀를 막론하고 언제나 하급 직원으로 머물러 있을 수밖에 없다.

전시 중戰時中 미국의 많은 회사에서는 공장에 투서함을 설치하고, 실용적인 고안을 생각해 낸 사람에게는 상금을 주는 제도를 실시하고 있었다. 이러한 고안에 의하여 공장의 운영은 개선되고, 그것을 제공한 종업원은 승진하였다.

또 이렇게 모이게 된 여러 고안 중에서는 신안 특허도 나오게 되어, 그고안자는 명예와 부를 동시에 획득했다.

어떠한 일이건 우리가 고안해 낸 모든 일에는 하자가 있을 수밖에 없다. 그러므로 시간이 지나면 그것보다 더 좋은 어떤 고안이 생겨나기 마련이다. 전쟁은 그러한 것을 실재로 입증하였다. 그러므로 창안은 참으로 중요하다.

설사 자그마한 상점의 카운터에 서 있는 점원이라 할지라도, 어떻게 하면 상품을 한층 더 눈에 잘 띄게 진열할 수 있을까, 어떻게 하면 손님이 더 만족하게 할 수 있을까? 하는 등의 일에 대해서 좋은 생각을 할 수 있을 것이다.

이와 같은 창안은 일에 흥미와 관심을 갖지 않으면 생겨나지 않는다. 현재보다도 더욱더 자기 일에 흥미를 기울이면 그만큼 일에 대해서도 주의가 깊게 되고 성과도 오르게 된다.

재미를 붙인 일일수록 발전한다. '취미는 성공의 발판'이라는 말이 바로 이것이다. 그런고로 현재의 일에 흥미가 없으면 무엇이든 흥미 있게 일을 찾아가야 한다. 흥미가 깊을수록 좋다. 흥미가 더해진다는 것이 모든 사람의 앞날을 행복하게 하는 원동력이 된다.

누구를 탓할 것인가

나는 어떤 큰 백화점 지배인의 조수로 일하고 있는 한 여성을 알고 있다. 당시는 전쟁 중이어서 모든 급료가 일정 선상에 묶인 형편이었는데, 그녀는 몇 해 동안이나 이 백화점에서 최고의 보너스를 받고 있었다.

그녀는 학문에나 일에나 비상한 관심과 흥미를 가지고 있었다. 그래서인지 백화점 주인에게 하는 진언進言 또한 비범한 것이어서, 주인은 지루한 지배인의 말보다 그녀의 신선한 조언을 더 잘 들었다고 한다.

또 수천의 남녀 종업원들을 쓰고 있는 대규모의 한 병기 공장의 노무주임이 말하는 바에 의하면, 종업원을 지휘하면서 최대의 애로점은 신뢰할 수 없다는 점이라고 한다. 예컨대 하는 말에 신용이 없는 사람, 약속 시간에 늦는 사람, 항상 변덕스러운 사람들이 매우 많다는 것이다.

그러므로 당신이 어떤 사람에게 이러이러한 것을 하라고 지시받으면 그것을 지키는 것이 중요하다. 자기에게는 다소 불편한 경우라도 약속은 약속으로써 지켜야 한다. 그렇게 하면 그만한 대가를 받게 된다. 신뢰할 수 있다는 평판을 얻게 되면, 그것은 출세의 계단을 오르는 프리패스 같은 것이다.

에머슨은 말했다.

"벗을 가지는 유일한 길은 벗이 되는 데에 있다."

이러한 중요한 근본 문제에까지 생각하는 사람은 극히 드물다. 좋은 일을 하면 필연코 사람들에게 좋은 대우를 받는다. 이것은 일부 사람들에게는 값싸고 너무나 유치한 교훈처럼 들릴는지 모르겠으나, 진리는 역시 진리이다.

사람들은 때로 적을 만들기도 한다. 사람과 사이가 나쁘게 되는 것은 자기 자신 혹은 상대방에게 그 원인이 있다. 상대방을 꺼리고 싫어하면, 그 생각은 상대방에게도 반영되어 상대방이 나를 싫어하게 된다. 그러한 적대적인 관계에 있는 상대방을 다시 벗으로 돌이킬 수 있는 사람은 행복하다. 그러나 그것은 쉽사리 될 수 있는 것은 아니다.

나를 지극히 미워하는 몇 사람의 남자가 있었다. 아마 내가 조심성 없이 지껄인 무슨 말에 오해가 생긴 듯했다. 그들은 나를 없애 버리고 싶을 정도로 증오하고 있었다.

그러나 나는 그들을 친절한 사람이라고 생각하고, 또한 마음 속으로도 그렇게 믿었다. 아무튼 신기한 것은 그러한 간단한 것만으로도 내가 그들을 가장 절친한 벗으로 만들어 낼 수 있었다는 사실이다.

적을 벗으로 일변시키는 생각을 나는 어디서 얻었는지 분명히 기억하지 못한다. 우연히 마음 속에서 생겨났든지, 그렇지 않으면 누구에게 배운 것이었든지, 그 어느 쪽이기는 하지만, 오랫동안 그렇게 하는 것을 나의 신조로써 지켜왔는데, 과연 정말로 크나큰 효과가 있었다.

한번은 어떤 회사에 대한 악담을 해서 그 회사 중역에게 매우 미움을 받은 일이 있었다. 몇 달 동안은 기회가 있을 때마다 그는 나에게 빈정거렸다. 따라서 나도 그 보복으로 그에게 반격을 가했다.

그러는 동안에 나는 그가 내게 적의를 품게 된 것은, 내가 회사를 악평한 때문이 아니라, 나의 태도가 원인이 되었음을 알았다. 그래서 나는 나 자신에게 말했다.

'그는 나쁜 사람이 아니다. 내가 오해한 것이다. 내가 싸움의 근원이다. 미안했어. 다음에 만나거든 그 일을 마음 속으로 그에게 알리리라.'

이것이 암시가 되어 어느 날 밤, 우리 두 사람이 회원이 되어 있는 모임에서 만났을 때, 전 같으면 그는 나를 피할 것인데, 우연히 서로 얼굴을 맞대고 앉게 되었다.

"요즘 어떤가, 찰리?"

하고 내가 먼저 말을 걸었더니, 그는 곧 정다운 듯이 내게 응대하였다. 그는 나의 음성에서 무슨 친밀감이 있는 것을 느낀 모양이었다. 그래서 그 이후로 우리 두 사람은 매우 사이가 좋은 친구가 되었다.

그러므로 잊어서는 안 될 것은, 우리들이 적으로 생각하는 상대 중에는 자기 스스로가 적으로 만든 사람도 있다는 것이다. 친구라든가 적이라 하는 것도 우리들 자신의 마음의 반영에 불과하다. 상대도 단지 우리들 자신이 마음 속에 그리고 있는 그림에 반응하여 우리들을 좋아하거나 싫어하고 있는 것이다.

자기의 마음이 이렇게 상대에게 투영된다는 사실은, 내가 이 글을 쓰고 있던 오늘 아침에도 있었다.

우리 집 세탁용 하수 파이프가 막혀서 파이프 수리공을 부르게 되었다. 지금까지 파이프 수리공은 한 번쯤 불러서는 좀처럼 와준 일이 없었다. 이러한 직업의 일꾼들은 심보가 틀린 패들이라고 생각하고 있었기 때문에, 언제나 뜻대로 교섭이 잘 되지 않고 화만 날 뿐이었다.

그러나 이 날은 생각을 바꾸기로 하였다. '파이프 수리공들은 모두 좋은 사람들이야. 이제까지 부른 것은 재수가 좋지 않아서이지, 아예 잊어버리자'라고 생각하고 새로운 사람을 불렀다. 그랬더니 매우 좋은 수리공이 얼른 와주어서 나도 일을 도와 예정대로 빨리 수리를 끝낼 수 있었다.

상대가 좋은 사람이라고 생각하고 그렇게 믿으면 그 사람은 좋아진다. 우리들이 받은 것은 우리들의 마음에서 나간 것이다.

남을 위해 최선을 다 하라

이러한 큰 진리는 몸에 간직해 둘 필요가 있다. 꼭 한 번 응용해 보라. 틀림없이 놀라운 결과가 나타난다. 예를 들면, 날마다 타는 버스의 안내양에게 이런 마음이 어떻게 반영하며, 또 엘리베이터의 안내원을 얼마나 기쁘게 하는가, 혹은 카운터 뒤에 서 있는 점원에 대해서 친밀한 정을 나타내면 점원들이 얼마나 잘 서비스해 주는가를 이론보다 행동으로써 한 번 시험해 보면 알고도 남음이 있을 것이다.

이것은 사람과 사람이 늘 마주치는 인생의 모든 접촉에서 그러하다. 성의에 가득 찬 마음으로 대하면 결코 적을 만드는 일은 없다.

"상대가 해 주었으면 하는 그대로를 자신이 먼저 해 보라."

라고 성경은 가르치고 있다. 사실상 성공한 사람은 그 동기가 무엇이었던 간에 남을 위하여 무슨 일을 하면, 남도 자기를 위하여 무엇을 해 준다는 생각하에서 일하고 있다. 지나치게 타산적으로 들릴는지 모르겠으나, 지위나 환경의 여하를 막론하고 서로를 주고받고 하면서 살아가는 관계는 세상을 살아가는 근본 법칙으로 엄존하고 있다. 이것은 곧 모든 원인에는 당연히 이에 상응하는 논리적인 결과가 따른다는 것을 의미한다.

다른 사람들보다 앞서서 늘 남을 위하여 무엇인가 하여야 한다. 이렇게 하면 얼마나 많은 것이 자기 손으로 모여 들어오는지, 또 얼마나 많은 사람이 기쁘게 여기게 될지 모른다. 타인을 위하여 무슨 좋은 일을 하면 반드시 어떤 형식으로든 보답이 온다. 진정으로 사람을 칭찬하면 반드시 좋은 벗을 얻는다. 누구든지 칭찬을 받기 싫어하는 사람은 없을 테니까. 칭찬을 받는다는 것은 그 사람의 자아에 만족을 준다. 그리고 칭찬하면 받는 사람은 칭찬을 한 사람에게 이제까지보다도 더 한층 호의를 보이게 된다.

예를 들어, 오늘 당신이 거리의 신문팔이 소년과 친하게 지냈는데, 후일에 당신이 교통 신호등을 무시한 탓으로 법정에 불리어 나갔을 때, 뜻밖에도 신문을 팔던 그 아이가 그 법정의 판사가 되어 있을지도 모르는 일이다. 만일 그렇다고 하면 재판을 하는 사람이 지난날 친히 지내던 사이였다는 사실이 얼마나 마음 든든한 일인지 모를 것이다.

이런 예는 인생의 모든 면에 대해서 들 수 있다. 그러나 사람들은 이러한 데까지는 생각이 미치지 않는다.

내가 얼마 전 미국에서도 상당히 큰 백화점의 판매주임 사무실에서 본 일인데, 한 여점원이 인사를 하러 왔었다. 그 까닭은 다른 도시의 근무처에 현재보다 더 많은 급료를 받고 일하도록 말해 주었기 때문이었다.

그 여자가 사례를 하고 돌아가자 그는,

"내게 즐거운 것은 여러 사람들이 내게 충고를 들으러 찾아와 주기 때문이랍니다. 보시다시피 일은 정신을 차리지 못할 지경으로 바쁩니다만, 종업원들이 의논하러 오면 어떠한 때라도 시간을 냅니다. 그럴 땐 나도 상당한 인간이로구나 하는 생각이 들며 기분이 좋아집니다. 이렇게 나를 즐겁게 해 주는 사람들을 위해서는 무엇이든지 해 주고 싶습니다."

라고 말하였다.

이 말을 듣자, 나는 또 한 가지 생각이 떠올랐다. 즉, 돈을 바라는 사람은 돈이 있는 곳으로 가야 한다는 것이었다. 모래섬에 혼자 있다고 하면, 겨우 먹고 살 수 있을 뿐 재산 같은 것은 도저히 바랄 수 없다.

우리들의 일상 생활도 마찬가지이다. 따라서 돈을 갖고 싶으면 돈이 있는 사람, 또 어떻게 하면 돈을 벌 수 있는가 하는 방법을 아는 사람들과 사귀어야 할 것이다.

얘기가 좀 지나친 것 같지만, 돈을 벌고 싶은 생각이 있다면 돈이 있는 곳, 돈의 소비가 있는 곳에 가야 할 것은 당연한 일이다. 그리고 돈을 쓰는 권한을 가진 사람과 개인적으로 친밀해야 한다.

그러므로 가령 광고 대행업의 세일즈맨일 경우에, 회사의 광고를 어떻게 하느냐는 것에 마지막 결정권을 가진 사장과 알게 된다면, 하급 사원이나 젊은 간부들에게 자세한 설명을 하느라 시간을 낭비하지 않아도 이야기는 간단히 처리할 수 있다. 상품을 파는 세일즈맨도 마찬가지이며, 나아가서 그것보다 더 중요한 자기 자신의 진가를 팔려고 할 때에는 더욱 그러하다.

"만약 당신이 그 누구를 위하여 일하고 있다면, 무엇이 어떻든간에 그 사람을 위하여 힘을 다 하여야 할 것이다."

라고 E. 허버트는 말했다. 이 말을 들으면 전에 나와 같이 일하던 사람들의 결점이 생각난다. 그들은 모두 일에 대한 열성과 흥미가 모자랐다. 자기가 맡은 작은 범위의 일 이외에는 전혀 흥미를 갖고 있지 않았다.

한번은 내가 어떤 큰 회사의 중역과 내기를 한 일이 있었다. 그는 신문에도 자주 이름이 나오는 유명한 사람이다. 그러나 그 회사의 어떤 지방 영업소의 종업원 중에서 그의 이름을 아는 사람이 있는가 어떤가 하는 내기였다.

그런데 그가 사장이라는 것은 물론, 그 이름을 들은 일조차 없다는 사람이 20명이나 되었다. 나는 내기에서 그 사람의 이름을 모르는 종업원도 있을 것이라고 말했었으므로, 결국 그는 내기에 지고 말았으며, 그의 자존심도 크게 손상당하게 되었다. 이런 일이 있었으므로, 나는 이에 흥미를 느껴 전국적으로 지점을 가지고 있는 다른 여러 회사에 대해서 조사를 해 보았는데, 지점의 종업원 중에서 사장의 이름과 본점의 주소를 댄 사람이 한 명도 없었다.

설마 그럴까! 하고 생각될 만큼 뜻밖의 사실이라 독자들도 이상하게 여길 것이다. 그러나 여러분의 친구 중에 만약 어떤 큰 회사의 하급 사원으로 일하는 사람이 있거든 회사의 중역이나 이사들의 이름을 물어 보라.

그러면 뜻밖에도 놀랄 만큼 무지한 사람이 많음을 깨닫게 될 것이다. 만일 이러한 사람들의 이름을 똑똑히 알고 있는 사람이 있으면 그는 특별한 종업원이다.

이 사실은 도대체 무엇을 말하여 주는 것일까. 그것은 너무나 많은 사람들이 자기가 일하고 있는 분야 외엔 전혀 신경을 쓰지 않는다는 것을 단적으로 말해 주는 것이나 다름없다.

눈에 띄어야 한다

"양서는 인류의 지혜의 보고이다. 사람은 언제든지 그 보고를 자기 것으로 계승하여 나갈 수 있다."

라고 선인들은 말했다. 그러나 놀랍게도 세상에는 책을 읽지 않는 사람이 너무나 많다. 우스운 일이지만 실업가들 중에는 신문이나 두세 종류의 실업 잡지 이외에는 아무것도 읽지 않으려는 사람이 많다. 단지 실업가뿐만 아니라, 그 밖의 직업을 가진 사람들을 조사해 봐도 대체로 자기들 일에 직접 관계가 있는 책이나 팸플릿 종류밖에는 읽지 않는다.

내가 여기서 책이라고 하는 것은 전기傳記·소설·역사·과학 등의 책을 일컫는다. 이런 종류의 책 속에는 당신의 일에 매우 유용한 것이 반드시 한둘은 있다.

아무도 지식을 독점할 수 없다. 지식은 모든 사람이 같이 가져야 하는 것이다. 뿐만 아니라, 이것을 실제로 응용하면 매우 큰 위력을 발휘한다.

책을 많이 읽으면 읽을수록 자기의 생각에 자극을 주게 된다. 활동하는 사람에게 그 힘은 그만큼 중대한다.

그러면 이제 매우 재미있는 현상인 연상聯想이라는 문제를 생각해 보자. 연상이라는 것은 하나의 생각이 빠른 속도로 다른 생각과 연결되는 것을 말한다. 연상의 힘을 키운다는 것은 누구에게나 필요한 것이지만, 특이한 광고 원고를 쓰는 사람이라든가, 판매 또는 그 밖의 창조적인 일을 담당하고 있는 사람에게는 더욱더 필요 불가결하다.

가령 시골길에서 자동차를 보았다고 하자. 그 한 대의 자동차에서 얼마나 많은 일이 연상될 것인가? 자동차는 강철·합금·플라스틱 같은 것으로 되어 있지만, 이것은 대충 분류해 본 것에 지나지 않는다. 그리고 바퀴나 타이어 주조鑄造된 부분·튜브·밸브 등은 여러 가지로 더 많은 연상을 일으킬 수가 있다.

또한 차가 달리는 길을 생각하고, 이어 도로 건설에도 생각이 미친다. 또 기름과 가솔린, 그것은 또 다른 하나의 연상을 일으킨다. 이와 같은 연상은 꼬리에 꼬리를 물고 다음에서 다음으로 끝없이 이어나간다.

사업을 예로 들어 보자. 가령 당신이 호두의 일종을 재배하고, 그것을 판매하는 일에 흥미를 가지고 있다고 하자. 과연 호두를 재배하여 이익을 얻을 수 있을 것인가? 당신은 여러 가지 연상 끝에 그 호두의 성육成育하는 과정을 검토할 것이다. 토양의 적부適否, 토지의 입지 조건, 기후·노동 조건·생산비 등을 생각한다.

다음은 시장에 나가기까지의 여러 문제, 즉 하물의 포장이나, 취급 업자·브로커·운수업자, 그리고 나중에는 소비자를 연상할 것이다. 처음은 단 하나의 호두에서 시작한 연상의 영역은 끝없이 계속하여 한이 없게 이어지게 된다.

여기서 화물 포장과 손님의 눈을 끄는 일에 대해서 한마디 하고 싶다. 손님의 눈을 끌기 위해서는 우선 사람에게 암시를 주는 것이 좋다. 식료품·과일·채소 등을 파는 상인은 잘 알고 있듯이, 상품에는 전혀 손을 대지 않고 사람의 눈을 끄는 아름다운 포장으로 상품을 고가로 파는 예가 많다. 식료품점을 한번 돌아보고 눈을 끄는 상품을 자세히 살펴보면 알 수 있다.

포장이 좋으냐 나쁘냐 함은, 솜씨 있는 일류 요리와 평범한 요리 사이의 차이와 같다. 솜씨 좋은 요리는 눈길을 끄는 기술을 알고 있기 때문에, 큰 접시나 작은 접시에 담은 요리를 아주 맛있게 보이도록 아름답게 차려 낸다. 반면, 평범한 요리는 그런 일을 염두에도 두지 않고, 다만 되는 대로 접시에 담을 뿐이다.

전에 나는 샐러리 농장에 관계한 일이 있다. 전쟁 전에 나와 소작인이었던 이태리 사람은, 일본 사람과 경쟁하면서 도저히 이길 수 없다는 것을 이유로, 소작 계약의 지대_{地代}를 내는 것을 꺼렸다.

한편, 일본인들은 포장을 잘 하면 잘 팔린다는 것을, 마치 본능처럼 잘 알고 있었다. 때문에 샐러리를 깨끗이 씻고 새 상자에 넣어서 아름다운 종이에 싸고, 짧은 말로 샐러리의 품질을 찬양한 글까지 써붙였다.

나의 소작인은 주책없는 사나이로서, 상품을 씻지도 않고 중고품 상자에 넣어 팔면서, 언제나 장사의 적수인 일본인이 시장을 빼앗는다고 투덜거리기만 하였다.

태평양 연안 북부의 과수원에서도 그러했다. 이삼십 년 전에는 배나 사과를 가득 담은 것이 겨우 20달러에 팔렸다. 그러나 보기 좋게 포장하고 시장에 보내는 수고를 빈틈없이 한 사람들은 큰 재산을 모았다.

이 포장 문제를 당신 자신의 몸에 대해서 생각해 보는 것도 좋다. 당신은 다른 사람의 눈에 매력을 느끼게 하는 힘이 있는가? 좋은 옷차림을 하고 있는가? 색채의 효과를 알고 있나? 당신의 모습이나 기분에 맞는 복장을 하고 있나? 당신의 외모는 평범한 많은 대중 속에서 무엇인가 특별히 뛰어난 좋은 특징이 있는가?

만일 위와 같은 점에 대해서 빠진 것이 있다면, 인간으로서의 포장을 완전하게 하기 위하여 머리를 써야 한다. 흔히 세상에서는 외모에 의하여 사람을 평가하는 것이므로, 이 점을 특히 조심하지 않으면 안 된다.

예컨대 자동차 제조업자나 할리우드의 미용사나, 유명한 쇼의 연출가들은 눈에 띄게 하는 힘에 대해서 잘 연구하고 있으므로, 조건에 따라 상품의 포장을 교묘하게 할 수 있다. 그러므로 적당한 포장을 하고, 게다가 그 속에 최고의 물건을 넣는다는 것에 마음을 쓰고 있으면, 누구에게도 뒤질 걱정이 없는 훌륭한 사람이 될 수 있다.

그러나 외모로 나타난 당신과 마찬가지로, 알맹이의 당신도 훌륭하지 않고서는 세상에서 우수한 일을 할 수 없다. 즉, 이 두 가지가 완비되면 필승의 사람이 될 수 있다.

마음의 파동은 암시력을 가진다

몇 해 전 나는 큰 소방서의 서장과 친하게 사귀게 되었다. 그런데 중년 신사인 그는 공포라는 것을 전혀 모르는 사람 같았다. 부하들은 이 서장이 귀신을 쫓는 기술을 알고 있다고 말하고 있었다.

어느 날 나는 그의 마음가짐을 참고삼아 알아보려고, 정말 귀신을 쫓는 기술을 가지고 있느냐고 물으니, 그는 웃으면서,

"그걸 기술이라고 할 수 있을는지요. 어쨌든 나는 숙명론자인 모양입니다. 그러나 나는 내가 여기서 서장을 하고 있는 동안 부상을 입고 죽는 따위의 일은 없다고 믿어 왔습니다. 어떤 위험한 장소에 언제나 나는 내 둘레에 흰 동그라미를 긋죠. 그 동그라미 속에는 어떠한 해로운 것도 들어오지 말라는 뜻이에요. 이것은 내가 어렸을 때 이웃에 살고 있던 인디언에게서 배운 비술입니다. 쓸데없는 미신이겠지만요, 그 흰 동그라미 속에 있는 영광榮光이 몇 번이나 나를 구해 주었는지 모릅니다."

하고 말하는 것이었다. 그는 정년에 이르기까지 근무하고 일흔 살이 넘어서 조용히 생을 끝마쳤다.

또 위대한 야구 선수인 베이브 루스는 우선 공을 치기 전에 이번은 어디로 친다는 '공의 선언'을 꼭 했다. 오른편으로 홈런을 친다든가, 왼편으로 친다든가 하고 일일이 선언했다. 그리고 공은 그의 말대로 날아갔다.

어떻게 해서 그렇게 할 수 있었는지 본인 이외에는 아무도 모른다. 정말 이상한 일이었다. 아무리 훌륭한 투수를 상대로 해도 그는 원하는 곳에 공을 칠 수 있었다.

태평양 전쟁 중에 저 유명한 전선 특파원 애니 파일의 죽음의 예언이 생각난다. 그는 한번 태평양 전쟁에 나가면 살아 돌아오지 못할 것이라고 예언하고는 그대로 되고 말았다.

이와 반대로, 장병들 중엔 격렬한 포화 속에서도 상처 하나 없이 돌아온다는 '느낌이나 신념'을 가지고 나간 사람들의 이야기도 많이 전해지고 있다. 그들은 아무 탈 없이 귀환하였다.

무서운 위험에 직면한 경험이 있는 사람들은 앞서 말한 흰 금의 영광의 효력을 믿고 있는 사람들이 많다. 아마 신념의 마력일 것이다.

자동차를 가진 사람으로서 사고 방지를 위해 조그만 원판을 달고 다니는 사람들이 세계 도처에 있다. 그러나 문제는 자동차의 원판이나 흰 금의 동그라미에 그치는 것이 아니다.

사람의 마음이 일으키는 파동에 의하여 다른 사람의 영향을 받는 것은 상상 이상으로 크다. 어떤 학자는 이것을 뇌파^{腦波}라고 부르기도 한다.

우리들은 항상 접촉하는 사람들에게서 어떤 형태로든 감화를 받는다. 남편과 아내는 오래 같이 사는 동안에 서로 닮아 상대의 버릇까지 배우게 된다. 갓난아기는 어머니나 그 밖의 양육자에 따라 겁이 많게 된다든가, 정서적이 된다든가 하여 그것을 일평생 가지게 된다.

애완 동물, 특히 강아지 같은 것을 키우는 사람의 말에 의하면, 동물은 주인의 정서에 감염되어 사납게, 순하게, 다정스럽게, 혹은 유쾌하게 된다고 한다. 말하자면 가까이 접촉하는 사람의 마음의 모양을 그대로 닮는다는 것이다.

또한 조심해야 할 것은 회사나 가정에 있어서 부정적이고 소극적인 사람은 그 주위의 분위기를 혼란케 한다는 것이다. 부정적 경향이 강한 사람은 분위기를 해롭게 하지만, 적극적인 성격을 가진 사람은 밝고 명랑한 분위기를 조성한다는 것이다. 그런데 이 두 가지가 맞부딪치면 나쁜 편이 이기는 일이 많다.

예를 들면, 야만족들과 함께 사는 사람은 야만인이 되어 버리기 쉽다. 열대 지방의 정글에서 대농원이나 광산에서 일하는 영국 사람은 주위 사람들의 영향을 입어 자신도 야만스럽게 될까봐, 아침에는 반드시 수염을 깎고 저녁에는 화장을 하고 야회복을 입곤 한다.

지극히 신경질적인 사람이 책임 있는 지위에 앉으면, 그와 접촉하는 모든 사람들의 신경을 괴롭히게 된다. 이런 것은 신경질적인 지배인이 있는 사무소나 상점에서 흔히 볼 수 있는 일이다. 간혹 이러한 정서는 회사 전체에 전염되는 수도 있다. 결국 하나의 단체는 그것을 이끌어 나가는 사람의 그림자의 연장이다.

그러므로 단체를 원만하게 운영하려면 그 단체 속에 매우 우울한 경향의 사람이 있어서, 경영자의 생각에 동조하지 않으면 그 어두운 부정적인 파동은 다른 사람들에게 미쳐서 매우 큰 해를 끼친다.

이것은 상자 속에 한 개의 썩은 사과가 있으면 얼마 안 가서 그 속의 사과를 모조리 썩게 하는 것과 마찬가지이다. 한 여자가 울면 그 방에 있는 다른 여자까지 울게 된다. 한 사람이 웃으면 다른 사람도 웃는다. 단 한 사람이 하품을 해도 그 좌석에는 어느덧 하품이 전염된다. 우리들의 정신의 파동이 다른 사람에게 얼마나 영향을 미치고, 또 우리들이 다른 사람의 그것에 얼마나 영향을 받는가는 상상외로 크다.

만약 당신이 명랑한 사람이라면, 어둡고 음울한 사람과 너무 오래 접촉하지 않는 편이 좋다. 승려라든가 타인의 신상 상담 같은 것을 직업으로 하는 사람은, 인생의 비참한 일만을 호소하러 오는 사람들의 이야기만 듣고 있기 때문에, 그것에 희생되기 쉽다. 날마다 아침부터 저녁까지 괴로움과 슬픔이 강한 파동 속에 빠져 있으면, 아무리 명랑한 성격을 가지고 있는 사람일지라도, 기어이 그것에 압도당하여 어둡고 음울한 인물이 되어 버린다.

그러한 마음의 파동이 어떠한 암시력을 가지고 영향을 미치는가 하는 것은, 다른 사무소나 가정에 들어가, 그 곳의 분위기를 보면 곧 직감할 수 있다.

그 공기라 하는 것은 그 사무소에서 일하고 있는 사람이나, 그 가정에 살고 있는 사람이 만드는 것인데, 우리는 어쩐지 기분이 이상하다든가, 불쾌하다든가, 자리가 잡혀 있다든가, 빈틈이 없다든가 하여 즉시즉시 그 장소와 공기를 간파할 수 있다.

누구든지 그 장소의 공기가 싸늘하다든지, 온화하다는 것쯤은 곧 느낄 수 있다. 의자와 책상의 배치, 전체의 색조, 벽이나 책장이나 장롱 같은 것이 그 방에서 살고 있는 사람의 생각을 파동으로 전해서 어떤 형의 사상을 가지고 있는가를 보여준다. 비록 아무리 그 집이 큰 저택 혹은 오막살이라 할지라도, 그 집에 살고 있는 사람들의 인격을 가리키는 열쇠는 그 파동이다.

웬만한 병은 정신력으로 낫는다

당신은 책임을 지기 싫어하는 성질인가? 결단을 내리는 것을 두려워하는 성질인가? 혼자서 선두에 서는 것을 싫어하는가? 대개 보통 사람들은 다 소극적인 편이다. 그렇기 때문에 세상에는 지도자가 적고 추종자는 많다. 그것은 잘못된 결단을 내리면 큰일이라면서 무서워하고 두려워하는 것에서 비롯되는데, 결단을 미루면 미룰수록 그 무서움은 암시의 힘에 의하여 증대하고, 그것이 원인이 되어 도리어 실수를 저지르게 된다.

뛰어난 위인들은 거의 직감이나, 축적된 지식이나, 그 때까지의 경험에서 오는 마음의 섬광에 의하여 일을 즉결한다. 행동을 개시하면 이제까지의 난관이라고 생각하던 것이 공중의 안개처럼 사라진다.

나는 신심력信心力으로 병을 고치는 사람은 아니다. 그러나 마음의 힘을 아는 사람은, 그 사람의 정서가 그 사람의 육체를 좌우한다는 것, 또 일종의 암시가 병을 일으키기도 하고, 그것을 낫게도 할 수 있다는 것을 충분히 인정하고 있다.

어떤 신앙 요법의 일파에서는 병 같은 것은 없다고 부정함으로써 치료 효과를 올리고 있다. 그리고 이러한 치료법이 잘 듣는다고 증언하고 있는 사람이 상당히 많다. 또한 다른 일파의 사람들은 병이 실재하는 것이 아니라고 말하는 것은 아니지만, 그 대신 환자에게 건강하고 기분 좋게 매일매일 좋아진다고 긍정적인 암시를 준다. 이에 의해서 결국 병을 무시해 버리는 효과를 낸다.

제삼자의 입장에서 어느 편이 우수한가의 문제를 결정하는 것은 어려운 일이다. 그러나 양쪽 모두 환자 개인의 신앙 정도에 따라 치료가 성공하느냐 못하느냐가 결정된다는 것을 잊어서는 안 된다. 아무튼 병이라는 것은 세상에 실재하지 않는다는 주장이 크게 유행되고 있는 것은 사실이다.

예부터 전해 온 말이지만, 공포나 증오나 근심 같은 것이 자주 병을 일으키기도 하고, 때로는 그것 때문에 생명을 잃게 되는 경우도 있다. 하지만 아직도 이러한 사실을 전혀 인정하지 않는 의사도 몇 사람쯤 있다.

그러나 1945년 2월 9일자 《라이프》지에 실린 '정신 의료학'이라는 기사에 의하면, 전쟁 중 발병하는 군인의 병은 그 중 40%가 정신적 충격에 의해서 일어난 것이라고 한다. 정신 의료, 즉 정신 의료학의 입장에서는 감정이 정신과 육체의 양쪽에 영향을 끼쳐 병을 일으킨다고 보고 있으며, 그 치료는 정신 요법과 의료 처치를 병용해야 한다고 주장한다.

이 기사에 의하면 가을 추수 때에 일어나는 열병인 헤이 훼바·천식·심장병·고혈압·류머티즘·당뇨병·감기 및 각종의 피부병, 사마귀·마진·알레르기성 질환 같은 것은, 직접적인 감정의 격발 또는 감정의 병을 더하게 하는 육체적 고장에서 유래한다고 지적하고 있다. 이 치료법은 감정의 동요를 일으키는 원인을 찾아내어 그것을 제거하는 방법을 쓴다.

정신 치료학을 연구하고 있는 사람들이 치료 처치법상 완전한 의견의 일치를 보고 있는 점은, 병을 고치는 비결은 치료자의 처지보다 도리어 환자 자신의 마음가짐 여하에 있다는 것이다.

바꾸어 말하면, 치료자가 정신 치료법에 의하든, 무슨 특수한 종교적 신앙에 의한 방법을 취하든 간에, 즉 치료 처치가 무엇이든 간에 환자의 병이 그로 말미암아 낫는 것은 아니라는 것이다. 오히려 그 처치가 암시로 되어 환자가 자기 자신의 잠재 의식에 자기 암시를 주고, 이것에 의하여 잠재 의식의 위력에 힘입어 치료 효과가 나타나는 것이란 얘기이다.

내가 하는 말에 대해서 반대하는 사람도 물론 있으리라고 생각한다. 환자가 치료자에게 받는 암시를 믿지 않으면, 효과는 절대로 일어나지 않는다는 것은 사실이다.

그러므로 치료 효과를 올리려면 치료자와 환자 사이엔 마치 최면술사가 최면을 거는 것과 같은 암시를 작용하게끔 할 필요가 있다.

나의 이론에 의하면, 암시를 믿을 만한 사람이면 누구든지 치료자가 힘을 빌릴 것까지도 없이 자기 자신의 힘으로도 같은 결과를 얻을 수 있다. 오로지 확고한 신념을 품고 암시력이 강력하지 않으면 안 된다. 그래서 내가 전에 설명한 것과 같이 카드나 거울을 사용하여 암시력을 강하게 하면 큰 효과를 기대할 수 있다.

정신의 과학을 믿어라

한동안 여러 대학에서 실행되던 연구 실험, 특히 그 중에서도 듀크 대학의 J. B. 라인 박사가 지도하는 실험의 결과에 의해 텔레파시나 사상 전달 같은 정신 현상에 대해 온 세계가 흥미를 끌게 되었다. 또 라디오에서 심리 상담가로 이름이 난 정신과학가인 J. 터닝거의 사상 투영이나 독심술讀心術 같은 것도 일반의 관심을 모았다.

미국이나 영국의 심리연구학회의 기록에도 텔레파시와 클레어보이언스

透視 따위의 현상은 있을 수 없다고 비웃는 사람도 상당히 많았었다. 또 성경을 믿는다는 많은 사람들이, 그 속에 씌어 있는 허다한 투시나 정신 감응 같은 실례를 간과하고, 텔레파시가 있을 수 없다고 공언하는 것은 지극히 우스운 일이다.

보통 사람들이 아직까지 이 문제에 대한 의혹을 깨끗이 씻어 버릴 수 없다고 하더라도, 세계적으로 우수한 몇몇 과학자들은 텔레파시가 존재함을 주장하고 있으며, 만일 이것을 충분히 이해하고 많은 사람들이 이용하게 된다면, 그것은 재미나는 기능이 된다고 말하고 있다.

또 이 문제에 관한 영미英美의 심리학회의 발표라든가, 앞서 말한 라인 박사의 실험 결과 같은 것을 기초로 하여, 새로운 연구를 담은 서적이 활발하게 출판되고 있다. 그 중에서 몇가지 유명한 것을 들면, U.싱클레어의 《정신의 방사》, C. F. 포터 박사의 《오감五感을 넘어서》, H. 샤만과 탐험가 H. 위킨스 경의 《공간을 통하는 사념》, 출판업자인 E. 가렛의 《텔레파시》, 파리 시 국제 심리연구소 소장인 R. 왈코파이의 《실험적 텔레파시》 등이 있다.

듀크 대학의 라인 박사의 실험 결과가 발표되자, 그것은 우연한 기회에 그러한 결과가 나타난 것임에 불과하다는 반대 의견을 여러 간행물에 발표한 사람도 많았고, 그것 때문에 막대한 돈과 시간을 낭비하면서 텔레파시 같은 것은 존재하지 않는다고 역설한 사람도 적지 않았다. 그러나 듀크 대학을 비롯한 여러 대학에서는 그러한 반대를 거들떠보지도 않고 계속해서 실험을 진행하였다.

라인 박사의 실험 보고서

1946년 8월 25일, 《아메리칸 위클리》지에 게재된 J. B. 라인 박사의 〈인간이 정신을 가지고 있다는 과학적 증명〉이라는 논문을 기억하고 있는 이가 적지 않으리라고 생각된다. 이하는 박사의 논문이다.

인간의 정신을 과학은 어떻게 보는가? 이 문제의 해답은 당연히 심리학의 범위이다. 그것은, 심리학은 '정신의 과학'이기 때문이다.

그런데 여기서 놀라운 것은, 인간의 정신에 관하여 탐구한다든가, 이것을 이론화하는 일은 사실상 심리학의 문헌에서 깨끗이 제거되어 있다는 것이다. 많은 심리학자들은 비웃음으로 대할 것임에 틀림없다. 현재의 여러 학설에 따르면, 모든 것은 물리적으로 설명하지 않으면 진리가 아니다. 정신은 영적인 비물질적인 것임에 틀림없다고 생각되나, 현재의 여러 학설에서는 그와 같은 것은 절대로 있을 수 없다고 주장하고 있다.

따라서 이상과 같은 생각, 즉 머리에서 독립되어 정신이 존재한다는 것은 미신 같은 생각이라 하여 아예 거들떠보지도 않는다.

물리학의 법칙은 우리들이 '심적'이라고 부르고 있는 모든 것까지 설명할 수 있으리라고 생각한다. 물리학은 그러한 신념으로 자라왔다. 그리고 앞으로도 그런 방향으로 나갈 것이라고 믿는다.

그런데 인간이라고 하는 것을 물리적으로만 해석하면 근본적으로 전혀 설명할 수 없는 현상이 때때로 일어난다. 예컨대 친척의 한 사람이 죽기 직전에 무서운 꿈을 꾸어 잠을 깼다는 경험을 가진 사람이 흔히 있다. 그리고 그 충격적인 마음의 영상이 사실이었다는 것을 후에 알게 될 때가 종종 있다. 게다가 시간적으로 거의 틀림없이 들어맞는다. 더욱더 신기한 것은 죽은 사람은 천 마일이나 먼 곳에 살고 있던 사람이다.

또한 몇 가지의 예에서 보듯이, 꿈을 꾼 다음 몇 시간 뒤 혹은 며칠 후에 그 꿈과 똑같은 사건이 일어난 일도 있어, 우리들이 가장 불가사의하게 느끼는 점이다. 더군다나 영감을 받기도 하고 혹은 심상에 나타나기도 한다.

물론 이러한 사건에 대하여 일반 사람들은 그런 감지(感知)는 단순한 우연의 일치겠지 하고 생각하는 것이 보통이다. 그런 안이한 생각에서 한 걸음 나아가서 그 이상 분명한 설명을 얻으려고 하는 사람은 별로 없는 모양이다.

그러나 다행히도 소수의 사람들은 그 진리를 끝까지 밝히려고 노력한다. 그리하여 그런 형상을 많이 찾아서 연구해 나가면, 그것은 우연의 일치라고 하는 피상적인 관찰만으로 처리할 수 없게 된다. 이것을 과학적으로 연구하는 방법으로는 말할 필요도 없이, 이러한 현상의 배후에 과연 무엇이 숨어 있는가 하는 것을 발견하는 일부터 시작해야 할 것이다.

많은 사람들이 이와 같이 이른바 '영적'인 체험을 하는 것은, 정신이란 것이 공간이나 시간을 초월하여 작용한다는 것을 입증하는 셈이 된다. 그러므로 그 때는 벌써 정신이 물리적 계통에 속하기보다 도리어 영적인 것이 될 것이다. 바로 여기에서 정신이라는 것의 단서를 잡을 수가 있다. 물론 단서일 뿐 그 이상의 아무것도 아니다. 그러나 이로써 믿을 수 있는 확증을 잡는 데 필요한 첫단계는 확보한 셈이다.

ESP 실험은 이상과 같은 '영적'인 것을 대상으로 한 실험이다. ESP란

'감각을 넘어선 감지感知:extrasensory perception'의 약어로서, 텔레파시나 클레어보이언스 등도 이 속에 포함된다. 다시 말하면, 텔레파시나 클레어보이언스는 눈이나 귀 같은, 우리들이 현재 가지고 있는 감각 기관을 빌리지 않고도 사상事象을 감지하는 것이다.

텔레파시를 시험하는 방법은, 가령 옆방에 있는 어떤 사람이 마음 속으로 생각하고 있는 트럼프의 표라든가, 숫자라든가, 그 밖의 어떤 기호를 알아맞히느냐 어떠냐를 실험하는 일이다.

클레어보이언스의 시험은 이와 반대로 대상 그 자체, 즉 카드 그 자체이다. 즉, 물건 그 자체를 보지 않고 피실험자가 인지하고 알아맞히는 것이다. 한마디로 말하면 텔레파시는 다른 사람의 마음의 상태의 ESP이고, 클레어보이언스는 물체의 ESP이다.

듀크 대학에서는 1934년에 심리학자들이 모여서 텔레파시와 클레어보이언스의 두 가지 사항에 대해서 ESP 실험에 착수하였다. 이 실험은 영국 왕립협회의 대심리학자 W. 맥도갈에 의하여 시작되었다.

맥도갈 박사는 당시 듀크 대학의 심리학과 부장이었다. 이것은 후에 '파라사이콜로지의 실험실'이라고 불리게 된 연구실에서 실행되었는데, 이것이 이 종류의 실험으로서 처음 행해진 것은 아니었다 '파라' 라고 함은 특별 또는 특이를 의미하며 정통파 심리학은 아니라는 뜻.

실험은 그 때까지 여러 곳에서 행해졌다. 각 대학에서도 상당히 실행되었으며, 이미 50여 년 전부터 계속되어 왔다. 그러나 듀크 대학처럼 수년 간이나 계통적이며 연속적으로 이 테마와 대결한 실험은 일찍이 없었다. 말하자면 '영적'인 문제에 대하여 적극적이고 영속적으로 마음놓고 연구할 수 있는 장소가 마련된 것은 이 대학이 처음이었다.

심리연구서에서는 텔레파시와 클레어보이언스라는 두 개의 ESP에 있어서, 그 어느 편도 부정할 수 없는 것이라는 결론을 내리기에 충분한 실증을 잡았다. 연구자들은 새로운 실험 방법을 창안하고, 그 기준에 따라 쉽게 실험을 되풀이할 수 있게 하였다.

그 결과 ESP 실험은 미국 내에서는 물론, 여러 다른 나라에 있는 많은 연구소에서도 널리 실행되게 되었다. 다소라도 감각에 원인하는 암시가 개입한다든가, 그 밖의 오류가 혼입하여 실험 결과에 영향을 끼치는 일이 없도록 세심한 주의를 다 했다. 실험의 결과 점수는 전부터 승인되어 온 정규의 통계 방식을 쓰고 있었기 때문에 올바르게 평가할 수 있는 것이었다.

즉, 실험의 결과에 대한 채점 방법은, 우연의 일치나 어떠한 실험상의 결함에도 영향을 받지 않도록 면밀히 행해졌다. 이 점은 명백히 입증할 수가 있는 것이며, 티끌만한 의문의 여지조차 없었다.

ESP가 실지로 존재한다는 것이 분명히 실증되고 실험이 만족할 만한 결과를 얻게 되었으므로, 연구자들은 곧 다음과 같은 중요한 문제의 연구에 착수하였다. 그것은 ESP의 성능이 물리계_{物理界}와 어떠한 관계가 있는가를 검토하는 것이었다. 이른바 영적인 체험을 물리학 법칙으로써 해결할 수 있는가 하는 점이다.

첫째로 ESP와 공간의 관계에 대해서 실험하는 일은 지극히 간단하였다. 카드가 놓여 있는 곳에서 가까운 곳, 다소 떨어진 곳, 또는 수백 마일 떨어진 곳에서 이것을 알아맞히는 것이었다. 이 실험이 증명하는 바에 의하면, 텔레파시나 클레어보이언스는 공간·각도·장벽, 그 밖의 어떤 물리적 조건일지라도 아무런 영향을 받지 않는다는 것이었다.

그러면 시간과 관계는 어떨까? 만약 공간이 ESP에 아무런 영향을 주지 않는다면 시간도 마찬가지일 거라고 우리들은 추론하였다. 미래에 관한 ESP의 실험, 즉 예견은 정규의 ESP 실험에 의하여 쉽게 발견할 수 있었다.

이러한 실험들의 결과에 의하면, 오직 하나의 해석밖에 성립하지 않는다. 즉, 인간의 마음은 이러한 '초감각적인 인지력'이라고 할 수 있는 능력에 있어서는, 물리적 세계에 존재하는 공간이나 시간의 한계를^{어떠한 결론에 의하든} 초월한다는 사실이다.

이 실험은 많은 다른 연구소의 실험에 의해서도 확인되었다. 이리하여 인간의 마음은 분명히 우리들이 아는 물리학의 범주에 속하지 않는 특성을 가지고 있다는 것이 절대적인 사실로서 인정되었다. 그리고 이 ESP 실험은 영혼의 실재를 입증한 모양이다.

이 사실은 일부 사람들이 보면 영혼의 문제를 해명하는 극히 작은 첫걸음을 내디딘 데 불과하다고 생각할 것이다. 사실상 우리는 영혼에 관한 학리(學理)의 극히 초보적인 실증을 포착한 것에 불과하다.

물론 이들의 연구에서 보여진 것 이상으로 영혼의 종교적 감염에는 아직 많은 것이 존재하며 많은 문제들이 남아 있다. 즉, 영혼은 육체에서 분리할 수 있을까? 육체가 죽은 후에도 생존할 수 있을까? 그것이 과연 가능하다면 육체를 잃은 영혼과 아직 살아 있는 사람들과의 교섭은 가능한 것일까? 그것은 어떤 영향을 줄 수 있을까? 우주의 영혼 내지는 신이라는 것을 어떻게 생각할 것인가? 영혼과 영혼 사이의 교신, 더욱이 인간의 영혼과 신의 영혼과의 교신은 어떤가? 이러한 문제라든가, 종교가 가르치는 많은 근본적인 문제에 대해서는, 이 책에서는 전혀 언급하지 않고 있는 셈이다.

단지 여기서 결론을 내릴 수 있는 것은 인간을 물리적으로 보는 유물주의가 대두한 이래로 이런 생각이 지식 계급 속에 점차 파급되고 일반화되어 가고 있지만, 이제 그것은 완전히 근거를 상실하였다는 것이다.

결론의 전부는 그것뿐이다. 그 곳에는 무엇인가 ^{무엇인지 아직 우리들은 확실히} ^{모르지만} 물리의 범위를 초월하는 것이 인간에게 분명히 존재하고 있다. 인간의 생명에는 시간과 공간의 법칙에 지배되지 않는 한 가닥의 실체가 존재한다.

그러나 가까운 장래에는 이 문제를 확실히 구명할 수 있는 충분한 가능성이 있다고 생각한다. 사람의 영혼에 대해서 확실히 말할 수 있는 종류에 관하여, 앞으로 우리가 연구를 거듭하지 않으면 안 될 많은 문제가 있다는 것이다. 이야말로 인간의 정신과학이 처음으로 쌓아올린 귀중한 주춧돌이며, 우리들은 여기서 그것을 확인하게 된 것이다. 과학의 연구는 금후 이상과 같은 방법을 써서 인간의 인격과, 그 본질이나 운명 등에 대해서 되도록 많은 발견을 계속해 나가지 않으면 안 되며, 이것이 바로 남겨진 큰 문제이다. 간단히 말하면, 종교의 범위 안에서 다루어지고 있는 큰 문제가 새로운 각도로 연구되어야 한다는 말이다.

종교의 여러 문제를 깊이 파고들어 연구하는 것이, 정통파의 종교 지도자들로부터 심한 반발을 산 시대가 있었다. 아직도 종교가들 중엔 순수한 신앙의 영역에 과학이 손을 뻗는 것을 극도로 혐오하는 보수파가 적지 않다. 물론 가장 깊은 신앙심을 가진 현대의 남녀 가운데도 인간의 마음에 관한 문제에 대해서 구체적인 지식을 얻고자 갈망하고 있는 사람들도 적지 않다. 그럼에도 불구하고 우리들이 현재 가지고 있는 정도의 지식으로선 도저히 그와 같은 갈망을 채워 줄 수는 없다.

놀라운 것은 우리들의 연구에 대해서 가장 많이 반대를 한 사람이 전통적인 과학자들이었다는 사실이다. 과학계의 보수진은 자연계가 두 갈래로 나누어지는 것을 더욱 무서워하고 있다. 정신과 육체와는 이원적인 형태로 분리되는 것을 혐오하고 있다. 즉, 그러한 이원성을 시사하는 실증 연구에 대해서는 그것이 어떠한 연구이든 아예 눈길을 돌리려고 하지 않는다.

그러나 그러한 우려에는 전혀 이렇다 할 근거가 없다. 그 이유는 우리들이 지금 확인하려고 하듯이, 설사 인간이 영혼과 육체라는 근본적으로 상이한 두 가지의 것을 가지고 있다 할지라도, 그 둘은 어떤 뜻에 있어서 융합하고 있기 때문이다.

이 둘은 서로 상호 작용을 하고 있다. 따라서 이 둘 사이에는 서로 공통되는 것이 있을 것이다. 만약 둘 사이에 모든 면에서 보아 아무런 상관성이 없다고 하면 서로 작용하는 일이 없을 것이다.

그러므로 그 곳에서는 무엇인지 숨은 실재의 세계, 즉 우리들이 아는 물리적 및 정신적인 것이 실재하고 있으며, 그것으로부터 정신과 육체, 영혼과 물리적 현상이 근본적으로 발생하는 것이라고 생각되는 것이다.

정신과 물질을 초월하여 존재하고 있는 이 피안의 영역은 전혀 개발되지 않는 미지의 세계로 내버려져 있어, 마치 콜럼버스가 발견한 아메리카

대륙처럼 말없이 장래의 운좋은 탐험가를 기다리고 있을 것이다.

그는 현재의 지식과 신앙을 근거로 하여 만들어진 항해도의 권위에 의문을 품고, 그것을 실험적으로 테스트하려고 꾀하는 사람일 것이다.

많은 지지자들

나는 심령회에도 여러 번 나가본 일이 있었는데, 때때로 그 자리에 참석한 사람 중에는 이런 문제에 대해서 믿지 않는 사람, 또 이 회합에서 행해지는 현상을 비웃는 사람이 있어서, 그 사람의 사고의 파동이 적대적인 공기를 빚어내어, 그 때문에 실험의 속행續行을 중지하게 되는 일이 있었다. 물질주의적인 생각을 품고 있는 회의파懷疑波 사람들은 이런 말을 들으면 웃겠지만, 큰 회합에 출석한 사람 속에 단 한 사람의 방해자가 있는 까닭으로 그 회합이 쑥밭이 되고, 주최자의 노력이 수포로 돌아간 예가 가끔 있다.

사고력의 파동에 관한 이론을 알고 있는 사람이라면, 이러한 실험에 대해 부정적인 생각을 가진 사람에게서 나오는 파동이 왜 전체의 일에 방해를 주는 것인가를 잘 알 것이다.

이 점에 관해선 라인 박사의 실험에 의해서도 입증되었다. 박사의 사이코키네시스物理現狀이라고 일컫는데, 염원력(念願力)으로 물체를 움직이는 힘 실험을 보더라도, 만약 피실험자의 눈앞에 방관자가 있어서 피실험자의 주의를 다른 곳으로 끌게 하고, 그 채점수採點數를 저하시키려고 생각하면 반드시 성적은 기대 이하로 떨어졌었다.

이와 반대로, 피실험자가 혼자 있을 때라든가, 중립적 입장을 취하고 있는 사람들이나 동정적 생각을 가지고 있는 방관자가 참석하고 있을 때는, 그 채점수는 상당히 높아진다.

아울러 말해 두고 싶은 것은, 에디슨·스타인메츠·테스러·말코니를 비롯한 대부분의 전기電氣 과학자들은 텔레파시의 열렬한 지지자였다.

A. 커렐 박사 역시 텔레파시를 믿고 있었으며, 이러한 연구에 대해선 생리학의 연구와 마찬가지로 과학자가 담당하여야 한다고 주장하였다.

런던의 심리연구학히의 회원이 20년간 연구한 결과, 텔레파시는 실재하는 것이라고 협회 서기장이 발표하였고, 더욱 많은 대학에서 실행된 결과 텔레파시의 실재를 똑똑히 보여주는 실증이 잇달아 발표되었다. 그러나 또 한편에서는 이러한 종류의 연구에 관한 소견을 인정하려고 하지 않는 과학자도 상당히 많다. 그리고 자기 류로 연구를 추진시키는 사람도 자꾸 늘어가고 있는데, 일부 사람들은 이들을 백안시하여 엉터리 요술꾼이라고 보고 있다.

그러나 내 생각은 이런 종류의 연구를 멸시하는 사람들은, 그들 자신이 공정한 입장에 서 있다고 생각하지 않으며, 또한 이 현상의 연구를 진행시켜 가면, 우리들이 오늘날까지 꿈도 꾸지 못했던 위대한 발견에 도달할 수 있으리라고 생각한다.

말이나 개의 애호가, 더욱이 다년간 말이나 개를 사육해 오던 사람들은 동물과 사육자 사이에 텔레파시가 실제로 존재한다고 강조하고 있다. 세계 각지의 원시민들 사이에서도 텔레파시와 유사한 현상이 무수히 전해지고 있다.

수년 전에 어떤 회사의 중역이 나에게 말해 준 것인데, 흔히 엉덩이가 무거운 손님에게는 마음 속으로 '이제 가도 좋아. 어서 가, 어서'라고 중얼거렸다고 하자. 그러면 그 손님은 엉덩이를 들썩들썩 하면서 시계를 보고 의자에서 일어나 모자를 집어들고는 곧 돌아간다는 것이다.

가정에서 손님이 너무 오래 머무르고 있을 때에도 마찬가지로 응용해 볼 수 있다. 돌아갔으면 할 때엔 마음 속으로 '이제는 돌아가십시오. 그만 돌아가십시오'라고 말한다. 그럴라치면 손님은 방을 둘러보면서 시계가 있는 장소를 살피다가,

"그만 실례해야겠습니다."

라고 하는 게 보통이다.

의심이 많은 사람들은 그것을 텔레파시와는 아무런 관련도 없다고 말할 것이다. 주인의 얼굴 표정이나 태도, 피로하여 초조한 모습들이 손님에게 이제 가야 한다는 생각을 가지게 하는 것이라고 말할지도 모르겠다. 만약 그런 의심이 있거든 상대방이 눈치채지 않도록 말씨나 얼굴 표정을 잘 주의해서 실험해 보면 곧 알 수 있을 것이다.

하지만 손님이 주인으로부터 무슨 특별한 양해를 얻고 싶어한다든가, 토론에 이겨 보리라고 열중하고 있을 때에는 물론 그 효과가 나타나기 어렵다. 그러나 대화가 중단되는 틈을 타서 시험해 보면 뜻밖의 효과가 있다.

몇 해 전, 나는 큰 빌딩의 2층 사무소를 가지고 있었다. 그 후에 내가 관계하고 있던 회사도 모두 같은 빌딩의 10층으로 이사하였다. 나는 엘리

베이터를 타면,

"10층!"

하고 엘리베이터 걸에게 말했다. 그리고 나서 이내 1, 2층에서 나와 관계가 있는 여러 회사의 일을 생각한다. 그러면 나의 얼굴도 나의 전적도 전혀 모르는 엘리베터 걸이 2층에서 엘리베이터를 멈추고 나를 돌아다보는 일이 종종 있었다.

태평양 연안에 사는 유명한 목사로서 심리 현상의 진지한 연구가가 있었는데, 그 때 그 사람이 이런 얘기를 나에게 한 적이 있었다. 교회의 꽃이 필요할 때엔 간단히 그러한 사념을 교인 중의 어떤 사람에게 보낸다. 그러면 반드시 꽃을 가지고 온다는 것이다.

R. C. 앤드류 박사는 라디오 프로그램에서 진기한 우연의 일치가 일어난 이야기를 들려주었다.

어떤 미국의 작곡가가 신작을 발표했는데, 그 뒤 모든 악보가 시종 똑같은 것이 바로 그 직전에 독일에서 따로 작곡되어 발표된 것을 알게 되었다는 얘기였다. 처음부터 끝까지 완전히 같은 것이 작곡되었다는 일은, 멀리 떨어져 있는 사람들이 같은 시간에 같은 일을 생각하고 있었다는 많은 얘기 중에서도 특히 이례적인 것이다.

미국 서해안에 사는 필자는 언젠가 동해안에 있는 출판사에 원고를 보냈었는데, 그 출판사 사장은 내 것이 도착하기 직전에 그것과 같은 소재를 취급한 원고를 동해안에 있는 다른 집필자에게서도 받았다고 통지해 온 적이 있었다.

A. 그레헴 벨이 전화를 발명했을 때에 엘리샤 그레이도 같은 것을 발명

하였다고 주장한 것도 유명한 이야기이다. 문학가·발명가·과학자·기사技師·작곡가들 사이에서 각각 같은 착상이나 발견이 일어났다는 이야기는 종종 듣는 일이다.

제 8 장
일어난다고 믿으면 반드시 일어난다

"모든 것은 생각하기에 달렸다.
사고는 그대의 힘 속에 있다."
라고 위대한 철학자이며 로마 황재였던
마르쿠스 아우렐리우스 안토니우스는 말했다…….

신념의마력
C.M.브로스톨 / 미래경제연구원

제8장
일어난다고 믿으면 반드시 일어난다

모든 생물은 정신적 교신을 주고받는다

이미 오래 전에 다이제스트라고 할 어느 대중 잡지에 과학자들이 누에나방에 관해서 실험한 기사가 실렸다.

어떤 특수한 누에나방의 암컷을 방에 가두어 놓은 다음, 같은 종류의 누에나방의 수컷을 4마일쯤 떨어진 곳에다 놓아 주었다. 몇 시간이 지나자 그 수컷은 암컷이 갇혀 있는 방 유리창에 와서 날개를 파닥거렸다는 것이다.

그 잡지 기자는 생물의 생각이란 멀리까지 날아가는 것이라고 말했다. 이를 미루어 보아 누에나방 암컷은 자기가 있는 곳의 모든 장벽을 넘어서 한 마리의 수나방을 향하여 교신하였다고 생각할 수밖에 없다는 것이었다.

조류는 텔레파시라고 하는 정신 감응이나 클레어보이언스라고 하는 투시력을 갖고 있는 듯하다. 다음의 간단한 실험도 그것을 증명해 주는 하나의 놀라운 증거라고 하겠다. 새가 거의 없는 계절에 집 뒤뜰에 빵부스러기를 뿌려 놓는다. 눈에 닿는 범위 내에서는 새라고는 한 마리도 없다.

그러나 우리들이 집 안으로 채 들어가기도 전에, 새는 벌써 여기저기서 모여든다. 처음에는 참새·굴뚝새…… 그리하여 2, 3분이 지나면 뒤뜰에는 새들로 가득 찬다. 먹이 이외의 다른 것을 내놓으면, 새는 한 마리도 오지 않는다.

그렇다면 과연 그 무엇이 새를 끌어들였을까? 현재의 과학으로는 이에 대해 명확한 대답이 나오지 않는다.

곤충학자 E. C. 힐은 나비에 관해 연구 방송에서, 앞으로 과학의 연구가 진전되면 새나 곤충들은 각각 특유한 무선 전신이나 어떤 특수한 교신 방법을 가지고 있다는 결론을 도출해 낼 수 있게 될 것이라고 말했다. 그러한 설은 자연 연구가들이 오랫동안 주장해 온 일이다.

이 문제에 관해서 이미 수많은 서적이 나와 있다. 그 중에도 W. J. 롱 씨의《동물은 어떻게 이야기를 하는가?》라는 저서가 유명하다.

캘리포니아 주의 어떤 지방의 제비는 해마다 10월 23일이 되면 어디론지 날아가 버리고, 다음 해 3월 19일에는 반드시 돌아온다고 한다. 또 표지를 붙여 콜롬비아 강 곳곳에 방생해 둔 연어는 태평양에서 4년을 지낸 다음에 반드시 놓아준 그 곳으로 다시 돌아온다.

개나 고양이는 주인집에서 몇 마일 떨어진 곳에 데려다 놓아도 대개 다 되돌아온다. 오리나 기러기도 마찬가지이다. 자연계에는 그 밖에도 여기에 다 예거를 할 수 없을 만큼 불가사의한 일이 많이 벌어지고 있다.

그렇다면 물고기나 새나 짐승 등 우리들 주변의 모든 생물들은 서로 교신하는 능력을 가지고 있는 것은 아닐까? 예일 대학에서 진행된 투시나 텔레파시의 실험을 보더라도, 그것은 이미 어느 정도 증명된 셈이라 할 수 있다.

전후, 싸움터에서 장님이 된 병사들은 '안면의 시력'이라는 것을 방송하였다. 그들은 자기 앞에 가로놓인 장애물을 '정신의 레이더'를 써서 알 수 있다고 말하였다. 전장 맹인戰場盲人들에게 제6의 감각의 사용 방법을 가르치고 있는 보스턴 시의 심리학자 J. 레빈 박사는 그 제6의 감각의 구조에 대해 상세히는 모르지만 그 감각이 작용하는 것은 확실하다고 말하였다.

이 '안면의 시력'은 인체가 현재로선 알 수 없는 몇 가지의 광선을 방사放射하고 있고, 그것이 앞에 있는 물체에 부딪쳐서 영상을 만들면, 그것이 그대로 장님에게 돌아와 그 광선의 자극이 장님의 피부에 전달되어 볼 수 있게 된다는 가설을 세우고 있다.

텔레파시나 사상 전도思想傳導 같은 것은 흔히 우리가 생각하는 것 이상으로 우리들의 일상 생활에 사용되고 있다. 많은 지도자·설교가·웅변가·회사의 간부·세일즈맨 들은 그것을 알고 있거나 모르는 중에 얼마만큼씩은 모두 이것을 활용하고 있다고 믿는다.

우리들은 누구든지 모르는 사람을 만나면, 그와 말을 나누기도 전에 이미 그 사람에게서 호감 또는 혐오를 느낀다. 그러한 인상을 받는 것은 사고의 교신이 아닐까?

정신 치료라는 것에서부터, 생면 부지의 타인에게 자기도 모르는 사이에 영향을 미치게 되는 것에 이르기까지, 그렇게 생각하는 이외에 달리 설명할 도리는 없다.

이러한 일들에 대해서 인류는 최근에야 비로소 과학적인 설명을 할 수 있는 단계에 이르고 있다.

텔레파시의 신통력

내가 알고 있는 어떤 유명한 변호사는 타이피스트에게 편지를 구술할 때에는 언제나 방 안을 왔다갔다 서성거리는 버릇이 있다. 나도 관계한 어떤 사건 때문에 그 사람의 사무실을 방문한 일이 있었는데, 그 때마다 나는 의자에 앉아서 그의 거동을 자세히 관찰하였다.

그의 정신 집중은 비상한 것이었다. 나는 그가 왜 일어서는지, 그리고 그 편지는 왜 언제나 상대를 설복시키는지 물어 보았다. 그는 이렇게 말하는 것이었다.

"첫째로 나는 서 있는 편이 뭘 생각하기에 좋습니다. 그리고 구술하기 전이나 구술할 때에나, 나는 반드시 편지를 받을 상대의 모습을 눈앞에 그리고 있습니다. 만약 본 일이 없는 상대라면 아마 이런 모습을 하고 있으리라고 생각되는 얼굴을 상상하고, 그 모습을 눈앞에 그립니다.

어떤 경우라도 마치 상대가 정말로 나의 눈앞에 서 있는 듯이 똑바로 그 상대를 노려보면서 나의 생각을 가다듬고 완전히 정신을 집중합니다.

나의 생각은 옳으니, 상대인 당신은 어떻든 내 생각에 따라야만 한다는 것을 마음 속에서 열심히 그 사람에게 알리는 것입니다."

한번은 서적을 판매하고 있는 부인이 내게와서 이런 얘기를 하였다.

어느 부유한 손님이 책 한 권을 사려 하는데, 책 두 권 중에서 어느 것을 살까 망설이고 있었다. 그 부인은 상대를 마음 속으로 생각하며, 그 사람에게 가장 적당한 책의 이름을 마음 속으로 여러 번 되풀이했다. 그랬더니 그 손님은 바로 자기가 마음 속으로 생각한 그 책을 집더라는 것이었다.

이렇게 사람의 사고를 유도하도록 마음 속으로 노력하면 판매 성적 또한 놀랄 만큼 오른다고 그 부인은 덧붙였다. 또한 어느 자동차 판매 회사 직원도 이런 말을 했다.

"충분한 재력이 있다고 생각되는 손님에겐 언제나 마음 속으로 '당신은 이 차를 꼭 삽니다. 꼭 삽니다'라고 되풀이하면 예상대로 그 손님은 틀림없이 그 차를 사게 되는 것입니다."

물건을 산다든가 무슨 일을 시작할 때, 만약 다른 사람이 마음 속으로 은밀히 생각하는 대로 그 일이 좌우되었다는 것을 깨닫게 되면 누구나 그리 유쾌한 기분은 들지 않는 법이다. 그러나 사실상 우리는 항상 그러한 미묘한 영향을 받으며 행동하고 있다.

이런 힘을 텔레파시라고 해야 할지 다른 무엇이라고 해야 할지는 별 문제로 하고, 어떻든 세상에는 그러한 보이지 않는 힘이 항상 현존하고 있으며, 이 힘을 이용해 보면 그것이 얼마나 강력하고 유효한가를 곧 깨닫게 된다.

신비한 힘을 활용하라

그러한 힘을 어머니는 아이들에게 활용하며, 또 아이들 역시 어머니에게 종종 활용한다. 부부지간에도 그 힘은 알게 모르게 작용한다. 더욱이 금실이 좋은 부부는 더욱더 그렇다. 결혼 생활을 하고 있는 사람으로 그런 경험을 한 일이 없는 사람은 새로 이것을 시도해 보면 부부 생활이 더 원활해지리라 생각한다.

얼마 전 나는 이러한 신비적인 영향력을 이용한 재미있는 실례에 관하여 들은 바 있었다. 내가 관계하던 회사의 사장은 판매부장을 늘 못마땅하게 생각하고 있었으나, 오랫동안 회사에서 일하던 사람이라 해고할 수도 없었다.

어느 날 나에게 이렇게 말했다.

"나는 그 판매부장을 어떻게 처치했으면 좋을지 몰라 골머리를 앓고 있었습니다. 그러던 중 나는 문득 이런 생각이 들었습니다. '판매부장 스스로 판매부의 책임자로서의 지위를 사직하고 세일즈맨이 되었으면 좋겠다'라고 말입니다.

그래서 나는 그가 사직을 원해 오도록 마음 속으로 가만히 암시를 주려고 생각했습니다. 어느 날 밤, 그 날은 밤새도록 그것만을 생각했습니다. 그런데 다음날 아침, 제일 먼저 그가 나의 방으로 와서 '판매부장을 사임하고, 그보다 수입이 더 많은 세일즈맨이 되어 거리로 나가고 싶다'고 말하는 게 아닙니까.

그때 나는 의자에서 굴러떨어질 만큼 깜짝 놀랐습니다. 나는 절대 마술을 쓴 일도 없었습니다. 아무튼 그는 판매부장 때보다도 수입을 배나 올렸고, 그래서 나도 지금은 그 결단을 별 가책없이 생각하고 있습니다."

이와 관련하여 어떤 부부의 얘기를 하나 더 해 볼까 한다. 어느 날, 이 부부가 함께 나를 찾아와서 이런 말을 하였다. 남편은 수개월 전까지 미국 중서부에서 큰 의류 제조 공장을 하고 있었는데, 그것을 타인에게 양도하고 국내 여행을 유일한 즐거움으로 삼으며 살아가고 있다는 것이었다.

그는 옛날의 메모를 꺼내 가지고 구 기록에 따라 다음과 같이 얘기를 들려주었다.

"30년 전의 옛일입니다만, 나는 세계에서 가장 오래 되고 가장 큰 어느 비밀 신앙 결사의 일원이었습니다. 이 결사에서는 철저하게 굳은 신앙을 갖도록 강조하고 있었지만, 대개가 그렇듯 나는 아무리 애써도 진심으로 그것을 따를 수 없었고, 그 신조에 이른바 진리라고 하는 것도 믿을 수가 없었습니다.

그런데 몇 해 후에 정신 통일 강습회에 출석하여 비로소 인간이라는 것은 한번 자기가 하려고 결심하면 놀랄 만한 일을 완수할 수 있는 위대한 힘을 몸에 지닐 수가 있다는 것을 분명히 깨달았습니다.

그 후로부터 나는 이것을 나의 사업에 활용하였으며, 그것을 이용할 때마다 현저하게 번창해져서 영업은 상당히 발전하게 되었습니다. 경제 공황 당시 동업의 다른 회사들은 심한 타격을 받고 있었지만 우리는 그렇지 않았어요. 그 결과, 후에 사업을 다른 사람에게 양도할 무렵쯤엔 전국에서 제일 가는 회사로 손꼽혔다 해도 과언이 아닐 정도였습니다."

여기서 그의 아내는 남편의 말을 이어받았다.

"그 신앙 강습회를 마치고 제가 느낀 것을 남편에게 얘기하니, 이 이는 그런 것은 시간의 낭비에 지나지 않는다고 제 말을 듣지 않더군요. 저는 신앙에 분명히 그 무엇이 있다고 생각했기 때문에, 만일 남편이 그것을 알게 되면 반드시 사업에도 이익이 있을 것이라고 믿었어요. 그래서 남편에게 여러 번 참석하도록 권하였더니, 나중에는 아주 진절머리가 난 모양입니다.

그러던 어느 날 갑자기 이제까지 제가 써온 방법이 틀렸다고 느껴졌습니다. 여러 가지 말로 권고하기보다는 제가 배운 방법을 그대로 남편에게 쓰는 것이 제일 빠른 길이라는 것을 깨달았어요. 그래서 열심히 일을 추진시켰지요. 딸애하고 저하고 하루에도 여러 번 마음 속으로 '아버지는 가신다. 아버지는 가신다'라고 되풀이했지요. 3주일쯤이나 걸렸을까……드디어 이 이가 나를 따라오더군요."

"아내는 분명히 나에게 그 위력을 주었습니다. 처음 강습회에서 듣고 온 얘기를 들려 줄 때에는 그 따위 얼토당토않은 일은 있을 수 없다고 생각했습니다. 나는 현실적이라고 말할 수 있는 실업계에서 성장했기 때문에, 그런 현실과 동떨어진 일에는 귀를 기울일 생각이 전혀 없었습니다.

그런데 어느 날 무엇인지 나에게 '아내와 함께 가거라' 하는 소리가 들리는 것 같았습니다. 그러나 그 때는 그 '무엇'이 설마 아내가 마음 속에서 암시를 주어 딸과 함께 나에게 영향을 주고 있는 것이라는 건 꿈에도 생각지 못했죠. 바로 이것이 나의 일생 중 가장 큰 사건이었던 것입니다.

그 첫번째의 강의를 들은 뒤, 그것을 곧 사업에 응용한 결과, 사업은 현저하게 잘 돼 나갔습니다. 그래서 나중에 내가 사업에서 손을 뗄 즈음에도 사업은 계속해서 번창했습니다.

그러나 오해하시면 안 됩니다. 나는 이 세상에서 보통 말하는 전통적인 의미에 있어서의 종교 신자는 아닙니다. 내가 말하는 것은 종교의 신앙이 아니라 정확한 과학입니다. 우리들이 마음 속으로 생각하며 그것을 연속적으로 염원한다면, 바로 그것이 현실이 되어 나타나는 것입니다.

우리들이 마음 속으로 생각하고 있는 일을 아마 무의식적으로 방사해서 그것이 타인에게 영향을 주는 것이겠지요. 우리가 자기의 몸 속에서 빚어낸, 좋아한다든가 싫어한다든가의 염파^{念波}를 발산하면, 그것은 곧 상대에게 반응을 일으키고 되돌아와 자기에게 부딪쳐 오는 것입니다.

모든 사람들에게 필요한 것은 인과의 법칙입니다. 그것만 알면 모든 것은 명백하게 됩니다. 사상은 강력한 보이지 않는 위력을 가지고 있는 것이라고 말하는데, 그것은 사실 그대로입니다.

이 문제에 대해서 다소라도 이해하고 있는 사람은 별로 많지 않습니다. 대부분의 사람들은 이 문제를 모르며, 그것에 대해서 뭐라고 말을 시작하면 딴전을 부리기가 일쑤입니다. 그렇기 때문에 왜 많은 비유를 써서 설명하였는가를 잘 알 수 있습니다.

그러나 앞으로 그리 긴 세월이 지나지 않아 나는 이것은 세상의 상식이 되리라는 결론을 얻기에 이르렀습니다. 지금도 많은 사람들이, 인류가 신념의 힘이라는 것을 여러 방면에 이용하는 시기에 도달하고 있음을 인정하고 있으며, 또한 이것을 이해하고 있는 사람들도 날로 급증하고 있습니다. 실업계에서는 왜 많은 사람들이 이것을 파악하여 각자의 사업에 응용하지 않을까요? 그것은 전에 내가 그러했듯이 마음의 문을 꼭 닫고 있고, 또 나의 아내가 나에게 영향을 주었듯이 그렇게 협조해 주는 원조자가 없습니다.

우리는 우선 열성적으로 신념의 힘의 실재를 믿기만 하면 되는 것입니다. 그리고 이에 관한 기술을 의식적으로 사용하기만 하면 되는 것입니다. 당신이 하시는 말씀대로입니다. 당신의 잠재 의식도, 타인의 잠재 의식도, 그것을 솟아오르게 하는 일에 마음을 집중하면 그 무슨 마술에 의하여 눈앞이 탁 트인 것 같게 됩니다. 정말 그대로 되느냐고요? 참으로 그것은 놀랄 만한 결과를 만들어 줍니다."

텔레파시는 누구에게나 잠재한다

태평양 연안 북서부에서 일반 보험 대리업으로 세상의 신용을 얻고 있는 A. B. 파커 씨는 이 과학 기술에 관하여 나에게 편지를 보내왔다. 파커 씨가 텔레파시에 대해서 어떤 의견을 가지고 있는지 모르겠으나, 다음의 편지를 보면 이 신념이 유효하다고 마음 속 깊이 믿고 있는 것을 알 수 있다.

최근 나는 잠재 의식을 이용하는 당신의 소위 심리 기술을 더 진전시켜, 이것을 실지로 이용해 보는 기회를 얻었습니다. 그 일을 보고해 드리면 반드시 기뻐하시리라 믿습니다.

나에게는 어린 아들이 있는데, 눈에 넣고 싶을 만큼 귀여운 아이입니다.

그런데 지난해가 다 갈 무렵, 무슨 병에 감염되어 중태에 빠져 생명이 위독한 적이 있었습니다. 나는 너무나 많은 걱정을 했습니다.

그러나 있는 힘을 다 해 이 사태에 대비하는 수밖에 딴 도리가 없었습니다. 그래서 당신의 지도에 따라 아들의 사진을 사무실 테이블 위에 놓고, 또 한 장은 호주머니에 넣고, 하루 종일 한 시간에 한 번씩 그 사진을 보면서 나 자신에게 말했습니다.

'아들은 낫는다. 아들은 낫는다'

라고 마음 속으로 중얼거린 것입니다. 처음에는 나 자신에게 무슨 거짓말을 하고 있는 것 같았습니다. 왜냐 하면 아들이 나으리라는 가망은 거의 없었기 때문입니다.

그러나 끊임없이 되풀이하였더니 어느 새인가 그 말을 나 자신이 믿게끔 되었습니다. 최선의 치료와 간호를 하면서, 친구들의 호의로 수혈도 했더니, 정말 아들은 낫기 시작했습니다. 지금은 집에서 요양하고 있는데, 급속히 정상적인 몸으로 회복되어 가고 있습니다.

단순한 우연의 일치인지도 모르겠습니다만, 나의 공허한 말이 점점 확신으로 변해 갈 무렵부터 회복되기 시작하였으므로, 그 일치는 마음 속 깊이 잊지 못할 인상으로 남아 있습니다.

캄캄한 방에 들어갔을 때, 우리는 전혀 아무 소리도 들리지 않지만, 마치 그 곳에 누군가 있는 듯한 기분을 느끼는 일이 많다. 확실히 그것은 누군가 파동을 내고 있기 때문일 것이다. 이것은 염파라는 것이 방사되는 사실을 증명하는 것이라고 생각할 수 있다.

독자들은 이것을 어떻게 생각하는가? 또 캄캄한 방에 있는 사람이, 다른 사람이 들어왔을 때 자기 자신에 대해 전혀 생각하지 않고, 자기가 발견되지나 않을까 하는 염려를 조금도 염두에 두지 않았다면, 다른 사람은 그 어두운 방 속에 사람이 있다고는 느끼지 않으리라고 생각한다.

또 누군가 다른 사람의 일을 생각하고 있으면, 그 다른 사람에게서 소식이 온다든가, 아니면 그 후에 곧 만나든지 한다. 이런 경험을 가지고 있는 사람은 상당히 많을 것이다.

그러나 이런 경험을 가지고 있으면서도 대부분의 사람들은 그런 체험을 어느덧 잊어버리고, 그런 일에 전혀 마음을 쓰지 않고 살고 있다. 보통 이러한 경험은 우연의 일치 정도로 생각하고 있다.

하지만 우리는 이것을 사고의 힘이라고 생각하는 것이 더 알맞은 설명이 아닐까? 공정한 마음으로 독서를 하며 의욕이 있고, 또 스스로 실험하는 것을 싫어하지 않는 사람이라면, 언젠가는 반드시 사이코 키네시스나 텔레파시는 실제로 있다는 결론에 도달하리라고 믿는다.

그러한 힘은 모든 사람에게 똑같이 잠재하고 있다. 다만 그 발달의 정도가 다를 뿐이라고 학자들은 보고 있다.

과학의 금단경禁斷境

《심리 현상의 법칙》을 쓴 허드슨의 보고에 의하면, 텔레파시의 실재를 실증한 실험은 많지만, 그 중에서도 재미있는 것이 트럼프를 사용하는 것이었다. 이것은 많은 사람 중에서 한 사람을 뽑아서 그의 눈을 가린다. 그리고 아무나 다른 한 사람이 트럼프 한 장을 뽑아들고, 나머지 사람들은 그 트럼프에 집중한다. 눈을 가린 사람은 마음에 떠오른 것을 말해서 알아맞힌다. 이러한 실험으로써 텔레파시라는 것이 확실히 있다는 것이 실증되는 것이다.

여기에 세 사람이 할 수 있는 간단한 실험 방법을 하나 소개하겠다.

못 쓰게 된 잡지에서 다섯 가지 빛깔의 색종이를 오려 내어 그것을 가로 0.5인치, 세로 3인치의 작은 종이조각으로 자른다. 종이 색깔은 진홍색·청색 등의 선명한 색깔일수록 좋다. 그러나 다섯 장의 색깔은 서로 분명히 구별할 수 있어야 한다.

한 사람이 그 다섯 장의 색종이를 오른손 엄지손가락과 둘째손가락 사이에 부채 모양으로 펴서 쥔다. 즉, 분배된 트럼프를 손에 쥘 때처럼 펴서 쥔다. 남은 두 사람 중의 한 사람이 세 번째 사람이 모르게 그 색종이 조각 하나에 손을 댄다. 이 때 첫번째 사람은 선정된 종이에만 정신을 집중한다.

세 번째 사람이 사전에 알아둘 것은, 결단을 빨리 내리고 아주 자유스러워 하며, 마음은 공백 상태로 둔 채 이 실험 이외는 아무것도 생각하지 말고 있어야 한다. 어느 빛깔의 종이가 선정되었는가를 의식적으로 생각하려 하지 말고, 첫번째로 마음 속에 떠오른 심상을 그대로 전해야 한다. 이렇게 하면 두 번째 사람이 선정한 종이조각을 세 번째 사람은 놀랄 만큼 잘 알아맞힌다.

얼마간 연습을 하면 매우 잘 들어맞는다. 더욱이 다소라도 관계가 깊은 사람들, 예컨대 남편과 아내를 짝으로 한다든가 해서, 우선 남편이 종이조각을 펼쳐 쥐고 제삼자가 선정을 한 후에 아내가 그것을 알아맞히는 경우에는 적중률이 훨씬 높아진다.

나는 이 실험을 스무 번이나 서른 번씩 해도, 한 번의 실수도 없이 진행되는 것을 본 적이 있다. 이 경우에도 신념의 효과를 내는 것이다. 종이조각을 쥐는 사람은 흔들리지 않는 정신 집중력을 가지고, 색종이의 영상을 반드시 세 번째 사람의 마음에 전달할 수 있다는 굳센 확신이 필요하다.

한 가지 주의해 두어야 하는 것은, 이 실험만이 아니라 어떠한 경우에도, 이런 종류의 실험을 불신하는 마음을 품고 있다든가, 처음부터 비웃는 태도로 장난삼아 구경하는 사람이 한자리에 섞여 있으면 좋지 않은 결과가 나타난다는 것이다.

그 경우에는 오히려 하지 않는 편이 좋다. 왜냐 하면 그런 부정적인 생각을 가지고 있는 사람의 사념은 실험자의 사념이 자유롭게 흘러가는 것을 혼란케 하거나, 그것을 완전히 방해하기 때문이다. 더욱이 강한 회의를 품은 사람이 있을 경우에는 더욱 그렇다. 항상 잊어서는 안 될 것은, 신념이라는 것은 어떠한 종류의 것이든 간에 건설적으로나 파괴적으로나 그 방향대로 모두 다 작용한다는 것이다.

듀크 대학에서 행한 라인 박사의 사이코 키네시스 실험에는 불신이 어느 정도 실험 성적을 저하시키느냐 하는 점에 관한 측정도 나와 있다. 또 하버드 대학 심리병원의 G. R. 슈마이트러 박사가 광범하게 할 수 없다고 역설하는 사람이 참석하고 있을 때엔 실험 성적은 언제든지 나쁘다.

이러한 예에서 보다라도 신념은 마력이라는 것이 분명히 드러난다. 어떠한 경우일지라도 이 일은 된다고 믿으면 되며, 이와 반대로 되지 않는다고 믿어 버리면 되지 않는다.

프랑스의 천문학자이며 과학자였던 C. 프래마리온은 일찍이 사념의 전달을 주장해 온 사람이었다. 그는 인간이나 동물뿐 아니라, 모든 것에서^식 물·광물, 심지어 공간(空間)에도 생각이 있으며, 원자에도 그것이 충만하여 독자적인 빛을 가지고 있다고 주장하였다. 그 학설은 나중에 영국의 우주학자 에딩턴 교수와 진스 교수도 지지하였다.

1947년 P. 토머스 박사는 은퇴를 앞두고 이렇게 말하였다.

"나는 은퇴 후, 전생애를 이 방면의 연구에 바치겠다. 이 텔레파시는 어떤 과학 과정 밑에서 행하여지는가 아직 모르고 있으므로 이것을 구명할 작정이다. 독심술이 성공하는 이유도 아직 과학적으로 밝혀져 있지 않다."

이 발표를 보도한 포트랜드 시의 〈오레거니언^{Oregonian}〉지는 사설에서 다음과 같이 썼다.

P. 토머스 박사는 오랫동안 웨스팅 하우스 전기 회사 연구 기사^{研究技士}로 일하고 있었던 유명한 과학자이다. 이제 그는 바야흐로 최후의 암흑 대륙이라고 할 인간의 마음이라고 하는 영역의 탐험에 나서려 한다. 그 대륙에서는 아마 아프리카에서 발견된 것보다 훨씬 큰 경이와 신비가 숨겨져 있는 사람들에게도 이 점은 명백할 것이다.

전자학^{電子學}의 세계적인 권위자인 토머스 박사는, 종래의 이른바 정통파 과학자에 도전하는 이러한 정신 현상에 대하여 이제까지 오로지 마법이라든가, 요술이라든가 하는 낙인을 찍어 배척해 왔던 집요한 우매성을 정확히 간파하고 있다.

설사 아무리 험난한 길이 가로 놓여 있다 할지라도, 정신 현상이라고 생각되는 것에 대하여 한쪽으로 치우침없이 공정하고도 합리적인 태도로 대하는 것이야말로 진정한 과학적인 연구라고 할 수 있다. 만약 그 결과로써 논쟁의 여지도 없는 확증을 얻었을 때, 그것은 벌써 세계 일반의 확신을 얻게 되어 아무도 의심할 수 없을 것이다.

사실상 초자연적 현상은 있을 수 없는 것이므로, 그것은 우리들이 이제까지 알 수 없었던 자연의 법칙이 발견된 것에 불과한 것이다. 미지의 대륙인 마음을 탐구하려는 이 위대한 과학자가 한 결의와 유사한 것이 문명 사상에 유례가 없었던 것은 아니다. 텔레파시와 기타 이에 유사한 현상에 대하여 과학자들 중에서 자기만의 생각으로, 처음부터 이것을 부정하는 연설을 발표하고 있는 사람들을 종종 보게 되는데, 이러한 태도야말로 참으로 비과학적이라 아니 할 수 없다.

토머스 박사가 지금으로부터 자신의 몸을 바쳐 구명하려고 하는 이 연구는 과연 인류에게 어떤 이익을 초래하게 될 것인가? 지금 여기서 이 질문에 답하기는 지극히 어려운 일이다. 왜냐 하면 마음의 밑바닥이라는 것은 실상 쉽게 파고들어가서 손을 댈 수 없는 금단경일는지 모르기 때문이다.

그러나 만약 이 연구에서 우리들 자신의 힘이나, 우리들 마음 속에 잠자고 있는 힘에 대하여 현재보다 훨씬 깊이 파고들어서 그 본체를 알게 된다면, 그 지식이야말로 인류 전체를 위하여 현재 이상의 크나큰 행복을 낳게 될는지 모르는 일인 것이다.

창조적 마력을 믿어라

각 개인의 잠재 의식을 생각할 경우, 그것을 커다란 전체 속의 극히 작은 부분이라 생각하고, 그것에서 생기는 파동이 모든 것에 파급하고, 모든 것을 둘러싸게 된다고 생각하면, 사이코 키네시스나 텔레파시, 또 이와 비슷한 현상에 대하여도 이해하기가 쉬울 것이다.

사이코 키네시스에 대한 설명 가운데에서 라인 박사는, 좋은 실험 성적을 얻기 위해서는 그것에 좋은 성적을 얻을 수 있다는 기대를 가지고 사념을 집중하여, 좋은 성적을 얻고 싶다고 열망하는 것이 필요하다고 말하고 있다. 즉, 사념 또는 신앙은 마력이다.

사이코 키네시스나 텔레파시를 행하는 힘의 근원이 되는 것이 신념이라는 것은 듀크 대학의 실험에서도 확인되었다. 〈뉴욕 헤럴드〉지의 기자가 보도한 바에 의하면 사이코 키네시스나 텔레파시를 행하는 힘은, 그곳에 참여하고 있는 사람들 속에 실험자의 실력에 의혹을 품고 있는 사람이 있는 경우에는 물론, 비웃는 언사를 써도 감퇴한다는 것이다.

그 기자는 어떤 여자가 주사위의 수를 뜻대로 내는 실험을 하고 있는 남자에게 다른 곳으로 주의를 이끌어 혼란시켰더니 실험 성적이 좋지 않았다고 썼다. 그 여자는 남자가 자기에게 물질을 움직이는 힘이 있다고 장담하자 그것을 비웃었는데, 그것이 그 남자의 마음에 심한 방해가 되어 그 때문에 그의 확신은 무너지고, 그 날의 성적은 보잘것없게 된 것이다. 그 기자는 다음과 같이 말했다.

"그 반대의 실험을 한 결과였다. 다음 실험은, 자신감을 강화하기 위한 자극이 될 만한 말을 걸면, 그것이 성적을 올리는 데에 얼마만큼 효과가 있는가를 실험하기 위한 것이다. 그 결과가 매우 흥미 있는 실험이다."

아직 이 실험의 결과는 모르고 있지만, 이미 듀크 대학과 기타의 대학에서 시행된 여러 실험으로 미루어 볼 때, 실험자가 충분히 신념을 가지고 반드시 좋은 실험 결과를 낼 수 있다고 확신할 때에는 성적이 또 좋아질 것은 명백하다. 또 자극적인 얘기를 하여 확신이나 신념이 없는 사람을 격려하면 그 실험의 성적이 높아지는 것은 당연하다.

예를 들어, 골프를 할 때에 자기의 마음이나 여러 가지 주위의 정황을 똑똑히 심안에 그리면, 스코아가 개선된다든지, 자기가 품고 있는 마음을 더 굳게 하면 뜻밖의 행운을 잡게 된다고 한다. 그렇다면 여러 가지 외계의 사건도 마음먹은 태도 여하에 따라 영향을 받는 것이 틀림없는 일이다.

옛사람들이 불가사의한 일이라고 생각하였던 수많은 신비도, 현대인의 연구가 진행됨에 따라, 우리들의 눈앞에서 점차로 그 신비의 베일이 벗겨져 가는 분야가 늘어나고 있다.

듀크 대학의 실험에 의하면, 소위 세상에서 말하는 행운이라는 것도 실은 강력한 마음의 파동에서 생겨나온 것이지, 우연의 일치라든가, 찬스라는 식으로 간단히 취급될 수는 없는 것이라고 한다.

듀크 대학의 실험보다 훨씬 오래 된 문헌에 의하면, 많은 문필가들은 행운이라는 것을 장래의 상태를 분명히 마음 속에 새기는 것, 사념의 집중, 의지·신념이라고 말하고 있다. 독자 여러분도 자신의 신수나 장래의 목표 등에 대해 이와 같은 각도에서 생각해 보면 좋을 것이다.

내가 주장하는 신념의 과학적 비결의 근본은 여기에 있다.

도박을 하는 사람들은 때에 따라서 '땡을 잡을 때가 있다'라고 한다. '땡을 잡는다'는 것은, 모든 사람이 다 아는 바와 같이, 확고하고 굳은 신념으로 자기는 이길 수 있다는 표현이다. 도박에 있어서까지 신념은 마력이다. 이것이야말로 가장 근본적인 힘이다.

물론 이 책은 직업적 도박사를 위해서 씌어진 것이 아니다. 성공하려고 노력하는 견실한 사람들을 위해 쓴 것이다. 기회를 노리는 게임까지 언급한 것은, 사념의 집중이나 기대, 또는 신념을 갖기만 하면 우리들은 실제로 활동력을 움직여 물질에 영향을 준다는 증거를 더욱 강조하기 위하여 덧붙여 쓴 것에 지나지 않는다.

전술한 바와 같이 수호부(守護符)·부적(符籍)·룰레트·마스코트·구마부(驅魔符) 같은 것들은, 그 자체로서는 아무런 힘도 갖고 있지 않은 물건이다. 다만 그것들을 굳게 믿는 사람들이 사이코 키네시스라고 부르는 어떤 종류의 힘을 그것에다 불어넣는 것이다.

나는 신념이나 신앙에 의해서 그러한 힘을 어떻게 함양할 수 있나 하는 것을 밝혀, 독자 여러분이 바라는 높은 위치로 끌어올리기 위한 지도를 하고자 할 뿐이다. 자기의 신앙이나 신념을 잃는 것은 지극히 쉬운 일이다.

수많은 사람들이 성공의 험한 정상을 정복했다고 생각하자마자 꿈에도 생각하지 못했던 나락으로 떨어져 가는 것을 볼 때가 있다. 어떤 사람들은 기적적으로 병을 고쳐 본래의 건강한 몸을 되찾았다가, 몇 해가 지나지 않아, 아니 채 몇 달이 되기도 전에 다시 같은 병에 걸리기도 한다.

그것은 모두 마음의 긴장이 풀렸을 때에 우리들의 잠재 의식 속에 살그머니 숨어 들어와 우리들의 힘을 약화시키는 마귀가 있기 때문이다. 이 마귀가 한번 숨어들면 순식간에 파괴력을 발휘하여 모처럼 쌓아올린 건설적인 모든 좋은 일들을 부숴 버리는 것이다. 그렇기 때문에 언제나 용감히 정면으로 발을 내딛고, 태양을 향하여 고개를 돌리는 것이 좋다. 태양을 향하라. 그러면 검은 그림자는 이미 앞길을 막지 못할 것이다.

보통 사람들에게 있어서는, 이러한 것은 좀처럼 알기 어렵고, 모든 것은 자기의 마음 속에 있다는 것을 이해하기 어려울지 모른다. 그러나 아무리 물질에만 얽매어 있는 사람이라도 자기 자신에 관한 한 자기가 인식하든가, 자기의 자각 속에 들어오는 것이 아닌 이상, 외계^{外界}에 사물이 있는지 없는지 모를 것이다. 그것은 외계에 있는 사물의 실제를 인정하는 것은 자기의 마음 속에 영상을 창조하는 일이기 때문이다.

수없이 많은 사람들이 추구하고 있지만, 극소수의 사람의 손에만 붙잡힌다는 행복, 그것은 바로 우리들 자신의 마음 속에 있다. 우리들의 환경이나 인생에 있어서 나날의 사건들은 그것 자체로선 우리들의 행복과 조금도 관계가 없다. 그것들이 우리들의 자각 속에 심적 영상으로 자리잡음으로써 비로소 행복이라든가 불행이라는 것이 우리들에게 감지될 뿐이다.

행복은 사회적 지위나 빈부의 차이나, 소유하는 물질의 많고 적음에 의하여 증감하는 것이 아니다. 그것은 우리 자신의 마음의 상태로서 우리가 자유롭게 컨트롤할 수 있는 것이요, 우리의 사념에 의하여 그것을 지배할 수 있는 것이다.

"모든 것은 생각하기에 달렸다. 사고는 그대의 힘 속에 있다."

라고 위대한 철학자이며 로마의 황제였던 마르쿠스 아우렐리우스 안토니우스는 말했다. 그는 다시 말을 이어,

"그렇다면 그대의 선택에 따라 쓸데없는 생각을 버려라. 그렇게 하면 곶을 돌아든 뱃사공처럼 고요하고, 모든 것이 안정된 물결, 잔잔한 항만 속에 있는 그대를 발견할 것이다!"

라고 말하였다.

스스로 나아가 창조하려고 사념하면 결국 행동을 재촉하여 마침내 실현으로 다다를 것이다. 그러나 참다운 힘으로써 행동 이전에 존재하는 것은 사념이다.

당신이 사념하는 것은 반드시 실현할 수 있다는 것을 잊지 말라. 건강·재산·행복 등에 대하여 훌륭한 심적 영상을 항상 마음 속에 그려 두고, 이것을 언제까지나 유지하고 있으면, 반드시 그 결과는 인과 관계에 의하여 잇달아 실현된다. 왜냐 하면 인과율은 불변의 법칙이기 때문이다. "너 자신을 알라" 는 말이 있듯이, 그 말대로 우선 자기 자신의 힘을 알아야 한다.

신념은 마력이라고 확신하는 이 책을 두 번 세 번 읽어서 그것을 자기 자신의 일상 생활 속에 받아들이고, 이 책 속에 씌어 있는 온갖 과학 기술을 활용하면, 기필코 기대 이상의 성과를 얻을 것이다. 어떻든 오직 믿

기만 하면 된다. 진정한 창조적 마력은 믿음으로써만 나타난다.

그리하여 그 힘은 놀랄 만한 마력을 발휘한다. 그렇게 되면 착수하는 모든 문제를 성공으로 이끄는 힘이 생김과 동시에, 그 힘을 강화시킬 수 있게 된다. 굳센 의지를 지니고 확고한 신념을 쌓아올려야 한다.

그렇게 함으로써만이 그 무엇에도 정복되지 않는 사람이 될 수 있으며, 인간 중에서도 한층 더 뛰어난 인간이 될 수 있고, 아울러 정복될 수 없는 참다운 승리자가 될 수 있다.

제 9 장
나는 이렇게 신념으로 이겼다

잠재 의식 속에는 천재의 자원이 잠겨 있는 것이다.
우리가 그 천재의 힘을 제대로 인정하게 될 때,
그것은 정신의 활동 분야로 폭발적으로 밀고 나와
우리의 현재의식의 능력을 능가하게 된다⋯⋯.

제 9 장

나는 이렇게 신념으로 이겼다

여성과 신념의 과학, 우먼 파워

제2차 세계대전 중에는 여성 용접공·여성 리벳공 등이 나타났으며 육군 여자 부대, 해군 여자 예비부대, 미국 연안 경비 여성 예비대 등이 생겨나 눈부신 활동을 벌였다.

그 때까지 남성들만 할 수 있다고 여겨 왔던 중요한 일들을 보기 좋게 해나갔다. 집 밖에서는 어떤 일도 할 기회가 없었던 수없이 많은 숙녀들이나 주부들은, 이런 경험을 통해서 자기네 세상에서 더 활동적인 역할을 할 잠재력을 가졌다는 것을 깨닫게 되었을 것이 틀림없다.

그런데도 실지로 자기 자신의 잠재 의식을 개발하고 신념의 힘을 활용하여 눈부신 일을 이룩해 낼 수 있다는 사실엔 무지한 것이 사실이라고 보아야겠다.

우연히 나는 '미국 여성은 기회를 잡을 줄 모른다'고 불평하는 어느 여성의 글을 보게 되었다. 나의 생각으로는 만일 오늘날의 여성들이 기회를 잡을 줄 모른다면 그것은 다름아닌 바로 그녀들 자신의 결점이다.

그녀들은 자기네보다 앞서서 스스로 '기회'를 만들었던 선배들의 예를 따라가야 하지 않을까? 때문에 나는 여성들이 자기네의 욕구를 위해서 신념의 과학을 채용할 중요성을 강조하고 싶다.

이름난 저술가이며 박물학자인 B. H. 햄프먼 씨는 여성이 신념의 힘을 활용한 이야기에 대해서 이렇게 말했다.

"여성들도 남자처럼 당신의 신비스런 과학을 활용할 수 있는데도, 그것을 모르는 여성들이 많은 것이 사실입니다. 그러나 여성들이 일단 당신의 말을 이해하고 이용하기 시작하는 날에는 그야말로 세계를 뒤엎을 위치에 올라서게 될 것입니다. 여성들이 굉장한 이기주의자거든요. 그녀들은 무슨 일을 하겠다고 한번 생각하면, 그리고 그 생각이 의식을 완전히 차지하게 되면, 그 목적을 달성하려는 그녀들의 끈질긴 노력은 아무도 말릴 수가 없다는 이야기입니다.

여성들이 자기네 힘을 자각하게 되면 물론 그 실마리는 당신이 줄 수 있습니다만 아무도 그녀들을 붙잡을 수 없을 겁니다. 그녀들은 사실 이 세계를 뒤바꿔 놓을지도 모릅니다.

여성들이 일단 일어서서 자기네도 뭔가를 할 수 있다고 자각하게 되면 아무도 그것을 막을 수가 없을 겁니다. 여자는 남자보다 어떤 면에서 더 적응성이 뛰어납니다. 나폴레옹은 자기가 세계를 재생시켰다고 말했지만, 그러기 위해서 얼마나 많은 남자들이 희생되었습니까……여성은 그녀들의 따스한 이해심으로 세계를 남자에게 봉사하도록 묵인해 준 것입니다."

다음에 드는 몇 가지 예는 바로 위와 같은 말을 증명해 주는, 신념으로 세계를 움직인 여성들의 이야기이다. 여성이 눈을 뜨는 날에는 세상의 일에 더욱 중요한 역할을 맡고 나서게 되리라는 것을 우리는 알아야 한다.

여성이 신념의 과학을 이용하여 눈부신 힘을 발휘한 예로써 우선 그 유명한 봉듀랑 부인의 이야기가 생각난다. 봉듀랑 부인은 여성 노동법·자선법의 통과에 힘이 컸으며, 소년 노동법을 처음 제정하는 데도 큰 활약을 했다. 또한 소녀 범죄자를 위한 집이나 병원을 짓는 데 힘쓰는 한편, 여성과 미성년자들의 이익을 증대시키기 위한 법안의 통과에 진력했으며, 시력 장애나 그 밖의 신체 장애자를 돕기 위한 대대적인 운동을 벌이기도 했다.

약 40년간에 걸친 그녀의 노력은 한마디로 끈질긴 항쟁이었다. 일흔의 나이를 넘기고도 한쪽 다리가 불편한 몸으로 새로운 세계를 정복하는 데 여전히 열정적이다.

최근에 그녀는 지체 부자유자·시력 장애자, 그 밖의 장애자들의 단체인 〈치누퍼스The Chinuppers:격려자〉를 설립하기 위해 열정적으로 일해 왔다. 봉듀랑 부인이 이들 신체 부자유자들이 만드는 물건을 팔 상점을 개업할 계획을 세우고 있을 때, 그녀는 그 가게를 여는 데 기꺼이 자기가 가게세를 내겠노라고 내게 말했다.

그러나 이익은 물론 모두 〈치누퍼스〉에게로 돌려져야 한다는 조건이었다. 그녀는 이제 나이 탓으로 다리가 불편하여 목발에 의지하면서도 전차나 비스를 누구의 도움 없이 타고 내리곤 한다. 그녀는 신념의 문제에 대하여 이렇게 말했다.

"신념의 힘은 놀랍습니다. 70평생을 지나온 동안, 그에 관한 이야기는 많지요, 신념의 힘이 존재한다는 데는 의문의 여지조차 없다고 할 수 있습니다. 나는 그 동안 가족을 돌보아 왔을 뿐만 아니라, 당신도 잘 아는 여러 가지 운동과 활동에 관계해 왔지요.

그런데 거기에는 힘이랄까 신이랄까, 아무튼 알 수 없는 무언가가 있어서, 우리가 곤궁에 빠지면 영락없이 와서 도와주는 것이었어요. 필요할 때면 그것이 언제나 찾아와 주는 거예요.

내가 지난날을 되돌아볼 때 훌륭한 부인들이 많이 생각납니다. 그분들과 나는 여성과 미성년자들의 노동 조건을 개선하기 위해서 합심하여 입법 활동을 벌였지요. 우리가 그렇게 많은 법안을 통과시킨 것은, 우리의 취지가 정당하다는 것을 굳게 믿었던 '불굴의 신념'이었다는 것을 알게 됩니다.

난 보통의 여자들이 자기의 뛰어난 힘을 의식하지 못하고 지낸다는 사실에 대해 안타깝습니다. 그녀들을 결코 바보라고 하진 않겠어요. 난 여자들이 바보는 아니라고 생각하니까요. 오히려 그녀들이 그것에 흥미를 가지지 못하는 것이라고 하겠어요.

그러나 수많은 여자들과 대화하면서 느낀 것이 있답니다. 여성이나 미성년자들을 돕기 위한 이 위대한 개혁이, 같은 여자로부터 비롯되었다는 것을 그녀들 대부분이 전혀 알지 못하는 것은 놀라운 일이에요.

하지만 내 생각으로는 여자들이 한번 자신의 힘과 능력을 깨닫게 되면, 이 세상을 더 살기 좋고 영원한 평화를 구현하는 데 있어서 유명한 남자

투사들이나 자칭 평화주의자보다 더 많은 일을 할 수 있을 것 같아요. 모든 위대한 운동이나 사업은 남자이거나 여자이거나 간에 자기의 꿈이 실현되리라는 데 대해 추호의 의심도 없었던 몽상가들에 의해 이루어진 게 아닐까요?

위대한 일이란 오로지 그렇게 해서만이 이루어지는 것이죠. 마치 옛날 이야기와 같은 이치예요. 어느 쪽으로 올라가든 꾸준하게만 오르면 언젠가는 정상에 다다른다는 것은 자명한 일이죠. 그것은 신념의 문제에 있어서도 마찬가지입니다. 우리의 신념이 실질적인 것이든 상상적인 것이든 그다지 문제가 안 됩니다. 일이 되도록 하는 것은 신념과 그것을 끝까지 밀고 나가는 행동이 아니겠어요!

나는 다른 사람을 비평하기는 싫어합니다. 그러나 사람들이 하는 일을 눈여겨 보면, 자기의 신념을 뒷받침할 충분한 행동과 힘이 없는 것 같아요. 예를 들면, 어떤 여성 단체에서는 이런저런 일에 대해서 찬성 또는 반대의 결의를 해놓고는, 그것으로 일이 다 된 줄 여기거든요. 그러나 결의를 해도 표현된 의견이 신념과 행동으로써 뒷받침되지 않는다면, 그것이 무슨 소용이 있겠어요.

나는 인생에서 남에 대한 봉사에서 오는 만족 말고 더 큰 어떤 만족이 있는지 모르겠어요. 수년간 여러 사업을 후원하고, 법률을 통과시키고 하면서, 단 한푼의 보수도 경비도 받아 본 적이 없어요. 이것은 바보 같은 사업이라고 할지 모르겠지만, 물 위에 던져진 빵은 언젠가는 돌아오기 마련이지요.

나의 남편은 경제공황 때 8만 달러를 잃어버렸습니다. 남편은 앓아 누웠고, 나는 날마다 사무실로 나가서 우편물을 받아보고 업무가 원활히 돌아가는지 확인하는 것이 일이었어요. 어떤 때는 생활에 위협을 받을 만큼 수입이 없을 때도 있었지요.

그런데 막 빚을 질 판에 이르면, 전에 남편으로부터 빚을 얻어간 사람이 수표를 보내오거나, 오래 된 미불금이 송달되는 것이었어요. 우리는 당시 상당히 쪼들리는 형편이었지만 꼭 필요한 때엔 언제나 어딘가에서 도움의 손이 뻗쳐와 덕분에 나는 나의 신념을 잃지 않고 살아왔습니다."

나는 그녀를 바라보며 이야기를 듣는 동안 보통의 부인과 마주앉아 있는 것이 아니라, 마치 인간 동력기랄까, 신념을 원동력으로 해서 거대한 사업을 추진하는 어떤 막강한 힘과 마주보고 있는 듯했다.

그녀는 여성들과 미성년자들의 권익을 위한 법률을 그 누구보다도 많이 통과시킨 장본인이다. 만일 다른 모든 여자들이 그녀와 같은 진취성과 추진력으로 이 신념의 과학을 받아들이면, 그것이 이 세계에 어떠한 영향력을 끼칠 것인지 이해할 수 있을 것이다.

오펄의 미스터리

기록으로 전하는 이야기 중에서 가장 기이한 이야기이며 엄청난 신념의 힘을 증명해 주는 사례가 있다. 바로 오펄 파이틀러라는 한 소녀의 이야기이다.

신념은 사실에 의해서 증명을 보여준다고 W. 제임스가 지적했듯이, 신넘은 반드시 증명되고야 마는 놀라운 힘이 있기 때문에, 흔히 사람이 크게 품는 욕망은 그의 미래를 좌우하게 되기도 한다.

오펄은 이와 같은 사실을 입증해 주었다. 그녀는 원래 파이틀리라는 미국인 가문의 딸이었고, 그녀의 아버지는 오레곤에서 벌목꾼이었다 한다. 그러나 그녀는 자신이 헨리 로를레앙의 딸이며, 브르봉 가의 후계자라고 하면서, 프랑스 왕관에 대한 권리를 주장했다.

어려서부터 일기를 쓰기 시작한 그녀는, 여섯 살인가 일곱 살 때에 그것을 책으로 간행한 것으로 전해지고 있다. 그녀는 일기 속에서 왕족의 피를 이어받은 '천사' 아버지, '천사' 어머니에 대해서 이야기를 하고 있다.

1920년에 이 내용이 《아틀란틱 먼스리^{Atlantic Monthly}》라는 잡지사의 후원으로 출간되었는데, 세상에 큰 화제가 되었고, 심리학자·점성학자·과학자·정신분석자·목사 등으로부터 신랄한 문학 논쟁을 불러일으켰다.

알프레드 파워의 《오레곤 문학사》에서 알버트 베데는 이렇게 말했다.

"나는 오펄의 일기는 거의 새빨간 거짓말이라는 것을 조금도 의심하지 않는다. 또한 거기에는 대부분 표절되어 있는 거라고 생각한다. 나는 오펄 파이틀리가 자기의 부모를 양부모라고 주장하는 것을 논박할 근거를 사실로써 제시할 수 있다."

오펄이 22세 되던 해 그 일기가 출간되었다. 그리고 그녀는 실제로 인도의 왕족이 아닐지라도, 어쨌든 훗날 그녀는 그렇게 인정되어졌다.

그녀의 일기가 출간된 지 약 13년 후인 1933년에 한 신문은, 인도를 여행하던 어느 미국 여인의 이야기를 게재했다. 어느 날 그녀가 마차를 타고 가다가 맞은편에서 오고 있던 중대의 반쯤 되는 기병의 호위에 싸여

으리으리한 마차와 맞닥뜨리게 되었는데, 놀랍게도 그 안에는 오레곤 주의 통나무집 딸, 오펄 파이틀리가 타고 있는 것이 아닌가.

그 후 조사원들이 밝힌 바에 따르면, 그녀는 인도에서도 지배적인 군주인 우다이푸르 주의 회교 군주 집안에 살고 있다는 것이다. 같은 신문의 기사에서는 그녀의 일기의 출간을 후원한 《아틀란틱 먼스리》의 편집자 엘러기 세드워크가 오펄이 실제로 왕족 집안에 살고 있다는 사실을 확인하였다고 보도하였다. 세드워크 씨는 《행복한 고백》이라는 자신의 저서 속에서 이 신비한 미스터리를 썼다고 한다.

나는 수년간 오레곤 주의 신문 기자였던 베데 씨를 만나 오펄이 도대체 무슨 기묘한 방법으로 그런 지위를 차지할 수 있었는가에 대해 많은 이야기를 나누었다. 그는 경이로움은 감추지 못하면서 이렇게 말하는 것이었다.

"그런 일은 정말……무시무시하고 거의 초자연적인 방법으로 주위 환경이 스스로 그녀의 계획에 맞추어 나간 것이라고밖에 달리 설명할 수 없습니다."

다른 사람들과 마찬가지로 베데 씨는 유년기의 오펄을 잘 알고 있었고, 그녀가 파이틀리라는 미국인 부모에게서 태어난 것을 의심할 바 없이 확신하고 있었다. 그는 그녀에 대해서 너무나 잘 알고 있었으며, 어린 소녀였던 그녀는 코타즈 그로브에 있던 그의 집에 자주 놀러 왔었다는 것이다.

"내가 처음 오펄을 알게 된 것은 코타즈 그로브에서 〈소년 크리스천 노력회〉의 총회가 개최되는 것을 보도할 때였습니다. 그때 나는 인근의 통

나무집 소녀가 회장으로 당선되는 것을 보았습니다. 내가 본 그녀의 첫인상은 이국적인 차림을 하고 있었는데, 떨리는 목소리에다가 안절부절못하는 아이였죠. 나이보다 성숙해 보였고, 진지하며 열성적으로 보였습니다.

결국 그녀는 나에게 납득할 수 없는 수수께끼가 되었지요. 그녀는 항상 무엇인가 계획을 세우고 있었습니다. 게다가 한번 맡은 일은 반드시 성공할 수 있게 계획하는 것입니다.

무엇보다 놀라운 사실은, 그녀가 집필하고 있던 〈우리 주위의 신비경〉이란 박물학 책을 준비하기 위해, 어떻게 해서 A. 카네기나 록펠러 같은 막강한 사람들을 설득하여 기부금을 받아냈는가 하는 것입니다. 사실 그녀는 몇몇 인사들로부터 돈을 얻어냈으니까요.

그 책의 선전 팸플릿 속에는 그 밖에도 벨기에의 엘리자베스 여왕이나 데오도르 루스벨트, 니콜라스 뮤레이 버틀러, 진스트랜턴 포터 등 유명한 사람들의 감동적인 찬사가 실려 있었습니다."

나는 베덴 씨의 다음과 같은 마지막 말로써 그만 아연실색하고 말았다.

"이렇게 기가 막히게 잘 꾸며진 모든 계획을 가지고 그녀가 매사추세츠 주 문화원을 찾아가기 훨씬 전부터, 오펄이 자신의 일기를 출판사에 넘기기 위해 어떤 계획을 꾸몄는지 무척 궁금합니다. 아무튼 어느 날인가 세드위크 씨는 밑도 끝도 없이 그녀의 일기를 찾게 되었으니 참으로 희안한 일이 아니고 뭐겠습니까?"

나는 그의 말을 깊이 되새겨보다가, 만일 오펄이 자기의 텔레파시를 세드워크 씨에게 보내지 않았던들 세트워크 씨가 그녀의 일기를 찾을 수가 없었을 거라고 생각했다. 나는 문제에 대해 베데 씨와 더 이상 논의하지 않았다. 그러나 만일 오펄 파이틀리가 텔레파시를 알고 있었다고 가정한 다면, 세드위크 씨가 난데없이 그녀에게 일기를 가지고 있느냐고 문의한 일은 쉽게 설명이 된다.

나는 여러 해 전부터 대자연 속에 파묻혀 있는 사람이나, 야생 동물 또는 가축 동물과 가까이 지내는 사람들은, 도시에 살면서 우유병 외에 는 암소도 모르는 사람보다 더 많은 것을 볼 수 있고 이해한다고 확신해 왔다.

자연은 현대 도시의 갇혀진 집 속에서만 사는 사람들에게는 숨기는 비 밀도, 이 사람들에게는 많이 들어내 보인다고 나는 믿는다. 텔레파시나 자기 생각을 조용히 다른 사람의 마음에 전하는 능력이 자연에게 가까이 가는 사람에게 제공되는 비밀의 하나인지도 모르겠다.

그러나 정글에 사는 사람이나 미개인들은 텔레파시의 비밀을 알고 있으 며, 수세기 동안 그것을 사용해 왔다. 미개인 사이에 쓰이고 있는 텔레파 시에 대해 다룬 책은 많이 있다.

그래서 유명한 어느 편집자는,

"미개인들이 텔레파시를 쓴다는 것을 부정하면 우리는 지금과 같은 정 보 차단 시대로 들어가게 되는 것입니다."

라고 나에게 말했다.

베데 씨는 오펄과 자연과의 사귐에 대해서는 다음과 같은 조언을 해 주 었다.

"자연으로부터 스스로 많은 것을 터득한 아이의 퍼스낼리티^{人格}는, 그것 을 요약한다 해도 책 한 권으로는 모자랄 것입니다. 그녀의 일기를 보면 알 수 있는데, 그녀는 9세 때 자기의 은밀한 비밀을 미카엘 안제로 산치오 라파엘^{전나무}에게 고백하고 있었으며, 그녀가 가깝게 사귄 것은 사람이 아닌 클라시엄에 있는 라스 퍼세나^{까마귀}와 토모스 채터턴 주피터 제우스^{가장 귀여운 다람쥐}, 브레이브 호레이시우스^{셰퍼드 개}, 피터 파울 루벤스^{귀염둥이 돼지}였으며, 이와 비슷한 명칭의 다른 많은 동물들이었습니다. 성장기로 접어들자 오펄은, 지질학적 표본이나 벌레·풍뎅이 같은 것을 잔뜩 수집해 들여오기 시작했습니다. 그녀는 번데기를 양동이에 가득 넣어 두고 그 생태를 관찰했습니다. 이렇게 스스로의 방법으로 여러 가지 자연에 대한 지식을 쌓아가고 있었습니다. 덕분에 고등학교 과정을 뛰어넘어 이 소녀는 곧바로 오레곤 대학으로 들어가게 되었습니다. 대학은 그녀가 지질학·천문학·생물학에 관한 놀라운 지식을 가지고 있는 것을 보고는 입학 자격 문제는 무시하였던 것입니다."

베데 씨나 혹은 오펄을 어렸을 때부터 아는 사람들은 아무도 그녀가 파이틀리의 친딸이 아니라는 따위의 소리는 들어 본 적이 없었다고 한다. 《아틀란틱 먼스리》사가 그녀의 일기를 출판함으로써 비로소 그들은 그녀가 자기는 그 집 딸이 아니라고 생각하고 있다는 것을 알게 된 거라고 베데 씨는 말했다.

그애가 친딸이 아니고 왕실의 후예라고 주장한 데 대해서 파이틀리 씨는 어떻게 생각하더냐고, 나는 베데 씨에게 물어 보았다. 그는 자기 '딸'이 어떤 조종자의 손에 걸렸다고 생각했다는 것이다.

그 일기가 출간된 지 얼마 안 되어 오펄 파이틀리는 신뢰성 있는 여권으로 몰래 미국을 빠져나갔다. 그 패스포트는 보통의 서류가 아니었다.

국무성이 서명하고 영국 영사관의 에드워드 그레이 씨가 서명한 대단한 서류였다.

베데 씨나 그녀를 어려서부터 아는 사람들은 도대체 그녀가 어떻게 이런 엄청난 서류를 손에 넣을 수 있었는지 놀랄 뿐이었다. 그러나 만일 그녀가 진짜 미국인 부모의 딸이고 인도 왕족의 혈통이 아니라면, 그것이 바로 내가 언급한 바와 같이 인간의 마음에는 이미 우리가 잘 아는 이상한 힘이 작용한다는 증거가 아니겠는가!

그 후에 그녀가 영국에서 살고 있다고 보고되었다. 그러나 베데 씨는 몇 해 전에 쓴 기사에서,

"지난번 들어온 보도에 의하면, 오펄 파이틀리는 분명히 인도의 왕녀로서 인정되었다고 한다. 그것은 그녀가 일기에 '천사' 아버지라고 쓴 헨리 오를레앙의 강제 결혼에 의해서 그렇게 된 것이다."

라고 했었다. 베데 씨에게 나는 그녀가 왕녀로 태어나지 않은 것이 사실이라면 오펄이 어떻게 인도의 왕녀가 되었는가에 대해 자세히 설명해 달라고 했다. 그것에 대해 그는 자기도 도무지 알 수 없다고 했다. 그래서 나는 그에게, 그것은 그녀가 늘 그렇게 생각하고 깊이 믿고 있었기 때문에 잠재력의 힘이 나와서 그렇게 된 것이 아니냐고 물었더니, 그는 이렇게 말하는 것이었다.

"솔직히 말해서 난 모릅니다. 어쩜 그럴지도 모르죠. 우리는 아직 인간의 마음 깊은 밑바닥을 볼 수 없으며, 그 능력의 한계가 어디까지 가는지도 모르니까요."

이 신비한 소녀에 대해서 쓴 세드워크 자신의 이야기를 읽어 보면, 그도

역시 오펄의 친부모는 파이틀리 부부라고 믿고 있으며, 그녀가 자기는 왕족으로 태어났다고 믿는 것은 어처구니없는 공상이라고 여기는 것 같다.

그것은 물론 공상일 수도 있다. 그러나 사실 그녀는 왕족으로서 인정되어진 것이다. 그것은 필경 오펄이 일반 사람은 모르는 왕족의 비밀을 많이 알고 있었기 때문일 것이다. E. 세드위크 씨의 《행복한 고백》에 게재된 이 오레곤 태생의 아이가 어떻게 자기의 꿈을 실현했는가에 대한 가설을 들어보자.

나는 한 가설을 견지해 왔다. 이러한 연유는, 내게 오는 많은 편지 중에서, 어느 날 프랑스인 부모로부터 태어난 미국인의 편지 한 통이 섞여 있었다. 그 발신인의 말에 의하면, 자기 아버지는 1870년 보불전쟁普佛戰爭 때 상사로 근무했다고 한다. 이 상사가 속한 연대 연대장이 혹은 그의 사단장이 부르봉 왕가의 헨리 왕자였다고 한다.

그리고 그 왕자가 말년에 미국을 여행하면서 그전의 부하를 만나 보기 위해서 오레곤에 들렀다는 것이다. 이것이 사실인지 아닌지 나는 확실하게 단언할 수 없으나, 편지를 보낸 사람은 그것을 조금도 의심치 않는다. 그의 어렸을 때의 가장 큰 기억은 아버지의 오두막집에 그 왕자가 찾아온 일이었다.

"나는 그분의 무릎 위에 앉았습니다."

라고 그는 말했고, 나는 그의 말을 믿고 있다.

그런데 나의 가설로는 그 왕족이 오레곤의 시골 구석을 찾아간 일은 대단한 사건이었다. 그러한 사실과 거기에 따른 전설은 순식간에 근처의 마을로 전해졌음이 틀림없다.

그리고 그보다 더 중요한 일은, 그 이야기가 단조로운 시골에서 자라는 외롭고 온갖 공상으로 가득 찬 아이의 마음을 꼭 사로잡아 버려, 그 뒤로 그 소녀의 꿈은 오로지 거기에만 집착되었다는 점이다. 대부분의 소녀들은 신데렐라의 꿈이 있기 마련이다.

오펄에게 있어서도 그 전설이 사실처럼 여겨졌고, 그 사실은 해가 갈수록 굳어져, 마침내는 그녀의 모든 마음과 공상과 생애를 이루었던 것이다.

이것이 오펄의 소녀 시대에 대한 나의 가설이다. 그러나 끝내 이 이야기가 하나의 사실로 되어 증명되었다. 하지만 이에 대한 의문이 완전히 없어진 것은 아니다. 오펄은 뉴욕과 워싱턴으로 나가 많은 유명한 사람들을 알게 되었고, 그들의 귀여움과 보호를 받게 되었다.

그러나 얼마 뒤 그들에게 싫증을 느끼게 되자 그녀는 영국으로 건너갔다. 그리하여 그녀 특유의 사교성으로 마침내 자기 신앙의 '아버지'를 만나 옥스퍼드의 카톨릭 사회에 위치를 굳힌 것이다. 내가 그녀에 대한 획기적 소식을 접한 것은 그 때였다.

오래 전에 유명해진 어느 극작가의 어머니 로시나 엠머트 셔우드 부인은 나의 어렸을 때의 친구인데, 하루는 그녀의 편지가 나에게 도착해 있었다. 자기 친구 하나가 직접 목격한 일을 알려온 바에 의하면, 오펄이 마치 동화 속의 공주처럼 덮개를 뗀 사륜마차에 앉아 아라하바드의 거리를 위엄 있게 달려 내려가더라는 것이었다.

이 말이 대체 신빙성이 있느냐고 물어 왔다. 왕족이 외출할 때 으레 그렇듯이 앞장 선 경호원들이 길을 정비하며 나가는데, 그녀가 다름아닌 부르봉 왕가의 프랑코 H. R. H. Mlle라니, 도대체 어찌 된 일이냐는 것이었다.

그녀의 친구가 알려온 이야기는 사실이었다. 나는 그것을 실증할 수 있다. 이와 같은 수수께끼를 풀기 위해 내가 오펄에게 편지를 띄웠더니, 그녀는 자기의 인도 여행 때의 사진을 몇 장 보내왔다. 그 사진에는 코끼리 등의 가마를 타고 호랑이 사냥을 나가려는 그녀의 모습이 있었다. 그리고 터번을 두른 많은 인도 사람들이 그녀를 에워싸고 있었다.

오펄은 편지에서 자기를 초대한 마하라자^{회교군주}에 대해 얘기했으나 나의 의혹은 가시지 않았다. 사진이란 때로 할리우드의 화려한 장면을 뽑아 와 그 속에 다른 인물을 감쪽같이 들여앉힐 수 있는 속임수도 부릴 수가 있는 것이 아닌가.

그래서 나는 그녀가 말한 그 두 마하라자의 궁전에 편지를 띄워 사실 여부를 확인해 보기로 했다. 얼마 후 왕가의 문장으로 장식된 편지 두 통을 받았다. 궁정 비서들로부터 온 것으로 내용인즉,

"전하께서 부르봉 왕가의 프랑코 H. R. H. Mlle를 대접하여 드리는 것은 전하의 명예로운 특권이며, 그녀를 위해 축연이 열렸다고 회답하라는 하명이 있었다."

라는 것이다. 그래도 나의 모든 의문은 풀리지 않았다. 그 때 기동 연습을 하기 위해 앨더쇼트에 진주하고 있던 마하라자 군대의 한 육군 중령

에게서 별안간 한 통의 편지가 날아들었다. 편지에서 중령은 사무적인 투로, 이번에 공주를 위하여 열리는 공적인 원유회에서 명예롭게도 공주를 응대하라는 명령을 받았으며, 아울러 공주의 신분에 관해 뒷조사를 하고 다니는 못된 자가 누구인지 알려 달라고 청했다.

나는 이 보고를 우울한 말로 끝맺는다. 오펄이 그녀의 사진과 함께 보낸 일기에는 어렸을 때의 매혹적인 환상 같은 것은 그림자도 없었다. 그녀는 사물을 있는 그대로 보고 느꼈다. 초롱한 빛은 사라지고 중년의 메마른 햇빛이 그녀를 감싸고 있는 듯했다.

그 동화의 세계는 이제 다른 아이들의 놀이터가 되고, 오펄은 닫혀진 세계에서 있었다. 그러나 여전히 그녀는 '이해성 있는 마음의 일기'의 오펄이면서 자기의 예견을 갖고 있었고, 그 예견은 사실이 되고 있었다. 어린아이의 마음을 밝게 해 주는 진실보다 더 확실한 진실은 없다.

이 기이한 이야기에 대해서 과연 그런 일이 있을 수 있을까 하고 의문을 품는 독자도 있을 것이다. 그러나 사실은 여기에서 말한 그대로이다. 또 세드워크 씨의 말대로 《오펄의 일기》를 쓴 아이는 그것은 틀림없는 사실로 믿고 있었다. 신념에는 '순수한 마력'이 있다는 사실을 오펄 파이틀리의 이야기보다 더 분명하게 밝혀 주는 것은 없을 성싶다.

지구를 뒤흔드는 힘

세상에는 점성가나 점쟁이·예언자 들의 능력을 비웃는 사람들이 많이 있다. 그러나 또 한편에는 그런 사람들의 예언을 믿는 사람이 많은 것도 사실이다.

오늘날의 몇몇 위대한 정치가며 재정가를 위시하여, 심지어 정부의 각료, 그리고 일류 배우들과 모든 분야의 사람들에 이르기까지 자기에 관한 예언자의 말을 굳게 신봉하는 사람들이 상당한 수에 이르고 있다.

그런데 사람의 힘으로 도대체 미래를 예언할 수 있느냐 없느냐 하는 데 대한 나의 개인적인 견해는 차치하고, 나는 오래 전부터 이런 생각을 품어 왔다.

즉, 예언자가 어떤 예언을 했는가 하는 것은 그다지 중요한 일은 아니다. 중요한 것은 자기에게 해 준 그 점성가나 점쟁이의 말에 의지하는 일이다.

그 말을 굳게 믿고 있으면 언젠가는 그것이 반드시 실현되는 것이라고 나는 생각한다. 다시 말해서 예언의 형태로 주어진 암시는 그 예언자에 의해서 개인의 마음이나 무의식에 심어진다. 그러면 앞으로 그 일이 실현되도록 즉각적으로 작용하기 시작한다. 예언을 현실로 만들어 마침내 결과를 생산해 내는 것은, 그 개인 속에서 활동을 계속하고 있는 암시의 힘이다.

내가 이 책에서 인용하는 여러 이야기의 경우에서도 모두 그러한 일이 실현되었던 것이다.

잘 알려진 위대한 배우 마리 드레슬러의 경우를 보자. 아마 현대에 그녀만큼 많은 사람들에게 유쾌한 웃음을 안겨 주었던 여배우도 없을 것이다. 《틸리의 밤귀신》이나 〈예인선(曳引船) 앤니〉, 그 밖의 여러 무대나 스크린에서 그녀를 본 사람은 누구나 그녀의 매력적인 개성을 잊을 수 없을 것이다.

그러나 마리 드레슬러도 각고의 난관이 있었다는 것을 아는 사람은 드물다. 그녀는 대스타가 되기 전에 궁핍한 생활 속에서 쪼들리며 고생했다. 그런데 사실 여부는 분명히 알 수 없으나, 내가 듣기로는 그녀를 성공의 정상으로 이끌어 준 것은 어느 점성가의 조언과 예언이었다고 한다.

이것과 관련된 일로써 미스 드레슬러가 죽기 얼마 전 나와의 사이에서 일어난 재미있는 일을 소개하겠다.

내가 《TNT, 지구를 뒤흔드는 힘》을 쓰고 난 바로 직후 나에게 하나의 착상이 떠올랐다. 그것은 모든 위대한 사람들은 남자든 여자든 내가 그 책에서 설명한 힘을 사용하고 있는가 하는 것을 알아보자는 생각이었다. 여러 유명한 남녀에게 편지를 띄워 의견과 조언을 얻은 셈이었다.

마리 드레슬러는 내가 열렬하게 칭송하는 여성이었으므로 당연히 맨처음으로 선택된 사람이었다. 그런데 나는 그 일이 있기 전에, 한번은 그녀와 함께 라디오에 출연한 적이 있었다.

그 자리에서 대화를 나누면서 나는 그녀가 '어떤 것'을 꼭 잡고 있다는 것을 깨달았다. 그것은 많은 사람들이 구하려 하지만 좀체로 얻지 못하는 어떤 것이었다.

그런 연유로 나는 마리 드레슬러에게 그 문의의 편지를 보내면 반드시 긍정적인 답을 받아볼 수 있다고 생각했던 것이다. 내가 비서에게 그 편지 내용을 구술할 때 비서는, 그녀는 아마도 그런 편지나 내가 보내는 책이 자기에게 온 줄조차 모를 거라고 감히 단언했다. 그래서 우리는 그 뒤에도 다른 사람들과 걸었던 작은 내기를 하기로 했다 대개 그렇듯이 대스타들은 모르는 사람들로부터 온 편지는 거의가 온 줄조차 모르고 지낸다. 사람들이 나와 내기를 건 것도 그런 근거에서였다.

그런데 마리 드레슬러가 내 편지에 즉각 답장하리라고 느끼긴 했으나 막상 그녀의 편지가 도착하고 보니 몹시 당황스러웠다. 더구나 나의 소책자 20권을 더 보내 달라는 수표를 보았을 때는 정말 놀라지 않을 수 없었다. 그녀는 편지에서 다음과 같이 말했다.

정말 고맙습니다. 오! 얼마나 유익하고 훌륭한 책입니까. 이 책은 제대로 활용한다면 내겐 상당한 도움이 될 거예요. 지금까지 이런 일은 내게 거의 없었던 일입니다. 정말로 인생에서 오랫동안 기억할 책입니다. 이 책을 읽고 보니 내가 옳은 길을 걸어왔다는 것을 알 것 같습니다.

그녀가 죽은 후에 자연히 그녀의 편지는 나의 가장 소중한 소장품 중의 하나가 되었다. 그 이유는, 휴머니티를 높이기 위해서 그토록 자기의 마음과 혼을 일에 쏟아넣었고, 또 숱한 역경을 겪으면서 성공의 정상에 오르기 위해 투쟁을 벌였던 여성과 또다시 편지를 주고받은 일이 한 번도 없기 때문이었다.

여기에 그녀의 편지 속에서 나타난 두 가지 훌륭한 생각을 들어보겠다.

첫째, 과거를 생각하고 그것에 집착하는 것은 무익한 일이라는 사상이다. 과거의 생각에 얽매이다 보면 완성을 위한 생각에 몰두할 수가 없다는 것을 잘 알고 있었던 것 같다.

둘째로, 그녀는 내 책자를 여분으로 주문한 것으로 보아 항상 남을 도우려 했던 것 같다. 그것은 대부분 고독한 몸짓이다. 그러나 그녀는 도움을 베푼다는 일이, 비록 남에게 도움을 준다고 생각하는 데서 오는 만족이라 할지라도, 그것은 보답을 받을 수 있는 일이라는 것을 이미 잘 알고 있었던 것으로 여겨진다.

헬렌 켈러라 하면 세상 사람들에게 불굴의 투지의 여성으로 너무나 잘 알려진 이름이다. 이 여성은 나에게 늘 신비스러운 존재로 남아 있다. 알려진 바와 같이 그녀는 출생한 지 20개월만에 시각과 청각·언어를 모두 빼앗겨 버렸다. 그럼에도 불구하고 그녀는 신문 기사와 책을 통해서 그녀보다 더 장애를 받은 사람들을 늘 격려해 주는 존재가 되고 있다.

그녀의 생애는 하나의 아름다운 이야기가 아닐 수 없다. 그녀는 끈질긴 노력으로 말을 터득함으로써, 신체 장애자도 누구나 자기 능력을 믿게 되면 무엇이든 할 수 있다는 것을 모든 인류에게 보여준 것이다.

헬렌 켈러가 또 하나의 스웨덴보그임은 흥미로운 일이다. 독자들도 아는 바와 같이 스웨덴보그는 18세기 초엽에 살았던 세계의 가장 큰 신비한 존재였다. 그는 매우 비범했으며, 미래를 예견하는 놀라운 능력을 갖고 있었다. 잠수함·기관총·비행기, 그리고 말이 끌지 않아도 1시간에 20마일을 달릴 수 있는 마차를 예언한 장본인이다.

나는 스웨덴보그가 현대적인 개념으로 강신술자降神術者인지 어떤지는 말할 수가 없다. 그러나 그는 분명히 보통 사람의 힘이 미치지 못하는 곳에 무엇을 가지고 있었다. 그는 인간의 마음의 힘을 굳게 믿었으며, 무의식에서 오는 황홀경·환상, 그리고 이상한 꿈 같은 것을 가지고 있었다.

시스터 엘리자베스 케니, 그녀는 자기의 확신에 의해서 자기가 발견한 효과적인 치료법을 소아마비에 시달려 온 세계의 환자들에게 주어, 새로운 희망과 용기를 불어넣어 준 위대한 여성으로 손꼽힌다. 영화가 그녀의 생애를 그려냄으로써 그 이름이 세계적으로 알려지게 되었다.

그녀는 1940년 소아마비 환자의 치료법을 가지고 미국으로 돌아왔다. 간호사로서 오스트레일리아에 있을 때 그녀는 소아마비 환자의 아픈 부위를 뜨거운 물로 찜질하는 '온수 찜질법'을 발견했다.

그러나 별로 인정받지 못해서 많은 전문가나 비전문가들의 조소를 샀으나, 그녀는 자기의 신념에 따라 강력 요법이라는 치료법을 줄기차게 밀고 나갔다. 그 결과 그녀의 치료 원리가 미국 국민의 관심을 사게 되었다. 그리고 그녀의 노력으로 말미암아 시스터 케니 병원이 미니애폴리스에 세워졌다.

시스터 케니의 사진을 보면, 그녀의 강한 마음을 나타내고 있는 우락부락한 얼굴을 볼 수 있다. 그녀가 한번 행동을 착수하면, 그 얼굴이 웅변으로써 그녀를 도와 승리로 이끌어 주는 것이다. 모국인 오스트레일리아에서 그녀는 여러 가지 난관에 부딪쳤으나 조금도 굴하지 않았다. 미국에 와서 그녀의 요법이 의학계로부터 인정을 받은 것도 그녀의 지칠 줄 모르는 끈기 덕택이었다. 우리 시대에 그녀만큼 커다란 역경을 딛고 일어선 여성도 그리 흔치 않다.

시스터 케니에 대해서 우리가 읽고 들은 바로는, 그녀는 자기의 치료법이 옳고 실제적이라는 것을 완전히 확신하고 있었던 것으로 보인다. 그래서 아무리 온 세계가 그녀를 불신하고 몰아붙인다 해도 그녀는 당당하게 돌진해 나갈 수 있었다. 그럼으로 해서 하나의 사고, 하나의 목적, 철저한 확신에 찬 여성의 표본이 탄생되었던 것이다.

다이내믹한 힘을 만년까지

이번에는 여성에게 있어서 다이내믹한 힘이 어떻게 말년에까지 그 위력을 나타내 주는가 하는 예를 보자.

마리 콘버스 선장, 그녀의 놀라운 개척의 이야기는 1947년 신문에도 소개되었다. 그녀는 75세의 고령인데, 3,400마일에 가까운 항해 기록을 수립한 베테랑이면서도 다시 바다로 나가기를 희망하고 있었다. 보스턴 출생인 그녀는 스팀 요트를 가졌던 남편으로부터 항해술을 배웠다. 미숙한 항해사로서 7개의 바다를 누비다가 1935년에 제2의 파일럿 면허를, 1940년에는 선장 면허를 취득했다. 2천6백여 명의 해군 장교들이 콘버스 부인으로부터 항해술을 배웠다. 그녀는 이 장교들에게 덴버에 있는 자기 집의 식당에서 항해술을 가르쳐 주었다. 마리 콘버스 선장이 또다시 바다로 향한다!

미국의 여성 인명록 《후즈 후 인 아메리카Who's Who in America》에는 뛰어난 여성 1만 2백22명의 약력을 소개해 놓고 있다. 이것은 1년에 5만 달러 이상의 수입을 올리는 실업계의 중역이나 전문직에서 이름난 3만 3천 명의 이렇다 할 여성들 중에서 다시 선정한 여성들의 이름이다.

그러나 그 중에서는 우리 시대에서 리디어 핑크햄보다 더 위대한 여성 실업가는 아마 찾아볼 수 없을 것이다. 그녀는 단 한 가지의 착상으로 거대한 사업체를 건설하여 몇 백만의 돈을 벌고 보기 드문 생애를 살았던 것이다. 그녀와 같은 생애는 아마 전세계에서도 유례없는 것이리라.

남자이기 때문에 나는 핑크햄 부인의 식물성 합성제의 커다란 역할에 대해서는 자세히 알지 못한다. 그러나 어렸을 때 자주 그 회사명이 부착된 약병을 가정 상비약 상자에서 본 기억이 난다.

광고라는 것을 실제로 현대화시킨 것도 바로 핑크햄 부인과 그 회사였다. 그녀는 가장 우수한 광고인의 한 사람이다. 오늘날 많은 광고에서 쓰이는 아이디어는 대부분 핑크햄 부인이 처음으로 시작한 것들이다.

그녀는 자기의 광고에 일종의 가정 철학을 가미했으므로, 감정적 호소력이 뛰어나 가정 주부들의 마음에 파고드는 힘이 있었다. 그 결과 그녀의 식물성 합성제가 너무 잘 팔려 수백만 달러를 벌어들였을 뿐 아니라, 반 세기 이상 동안 린과 매사추세츠에 있는 약품 실험실의 대대적인 지지와 신용을 얻게 되었다.

핑크햄 부인은 개인의 성공에 있어서 신념이라는 것이 무엇을 완성할 수 있는가를 재삼 확증해 주었다. 그녀가 젊었을 때는 손수 만든 약으로 이웃 부인들의 주의를 끌었을 뿐이다. 물론 그녀 자신도 자기의 아이디어에 흥미를 갖고 있었으므로, 그녀는 초창기에 자기 약을 부엌에서 만들어

이웃의 고통을 받는 부인들에게 무료로 나누어 주었다. 그것은 단지 이 혼합물을 팔 수도 있다는 의식을 심어 주기 위함이었다.

그 후 그녀는 이것을 판매하기 시작했다. 아이디어 하나로 사업을 시작한 대부분의 사람들과 같이, 그녀 역시 자금 부족, 주위의 반대, 또는 판매와 제조의 어려움 등 수많은 난관에 부딪치게 되었다. 그러나 그 어느 것도 맹렬한 그녀의 의지를 꺾을 수는 없었다. 그녀의 억척스런 추진력은 장애를 하나하나 극복해 나갔고 반대하던 가족들을 모두 사업으로 이끌어 갔다. 따라서 그녀의 사업이 궤도에 오른 뒤에는 가족들의 참여가 더욱 커졌다고 한다.

다음에는 역시 다이내믹한 여성인 슈만 헤인크가 있다. 그녀도 역시 신념을 가진 사람이 행동적으로 될 때, 어떠한 일을 이룰 수 있는가를 보여주는 좋은 예증이 되는 인물이다. 15세의 어린 나이에 그녀는 일약 오페라 가수로 세상에 아름다운 목소리를 들려주면서 사람들을 감동시켰다.

동유럽에서 그녀는 유명한 사람이 되었다. 그 후 미국으로 건너오자 그녀의 몸 속에서 오랫동안 뜨겁게 타오르던 꿈이 이루어지는 것을 느꼈다. 그녀의 마음은 수없이 상처받았으나, 극도의 불평등한 대우에도 그녀는 언제나 미소지었다.

헤인크 부인의 큰아들은 제1차 세계대전이 발발하자 독일의 황제폐하를 위해 싸우겠노라고 하면서 떠났고, 나머지 네 아들은 반대 진영의 참호 속에서 싸워야 하는 운명적인 상황에 직면했었다.

그러나 미국인 중에는 그녀가 '성조기'의 노래를 이국적인 독특한 악센트로 노래 부르는 것을 듣고서, 모자를 벗고 눈물을 감추지 못한 사람들도 있었다. 전국의 라디오 중계로 그녀의 목소리는 수백만의 사람들의 마음에 울려퍼졌다.

그녀는 모든 사람에게 사랑을 받았다. 그녀에게는 누구나 타고나면서도 거의 일깨워지기 어려운 기본적인 것, 포기하지 않는 정신이 있었던 것이다. 72세 때 그녀는 마리 드레슬러의 후계자로 승인되었다.

잠재 의식의 위력

그러면 잠재 의식을 활용하여 성공한 여성들의 이야기를 보자. 《리치 매거진Reach Magazine》에 게재된 유명한 은막의 여배우 안젤라 랜스버리의 인터뷰 기사를 여기에 소개하겠다.

빛나는 은막의 여배우 안젤라 랜스버리는 그녀의 미와 연극적 재능 외에도 뛰어난 두뇌를 가진 여성이다. 금발의 미녀 안젤라는 여러 가지 다양한 역을 완전히 소화하여 연기함으로써 수백만 영화 팬들의 극찬을 받아 왔다.

그녀는 〈가스라이트〉에서 하녀로, 〈국가의 이익〉에서는 매혹적인 청춘의 심볼로서, 〈도리언 그레이의 그림〉에서는 비극적인 카페의 가수로 변하여 날카로운 연기력을 과시했다. 그토록 다채로운 역할의 소화에는 아름다움과 함께 두뇌가 요구되는 일이 아닐 수 없는데, 안젤라는 그것을 둘 다 겸비하고 있었다.

여기^{할리우드}에서 휴식 기간에 잠깐 그녀를 잡고 인터뷰를 청했는데, 그녀는 이내 자기가 좋아하는 테마, 즉 운명에 대한 신념으로 이야기를 끌고 가는 것이었다.

"아, 아마도 내가 그것을 너무 격찬하는 것 같군요. 하지만 그것이 무슨 마술이라든가, 신비로운 것이라는 뜻은 아닙니다. 잠재 의식을 믿는다는 건 아마도 그런 것보다 더 좋은 것인지도 모르겠어요."

"이를테면 테니슨이나 스티븐슨이 하는 것처럼 말인가요?"

"맞아요. 내 능력이 그들의 천재성을 닮았다는 말이 아니에요. 하지만 잠재 의식의 원천에서 어떻게 힘을 뽑아내는가를 안 것 같아요. 누구나 알고 있듯이 잠재 의식에는 온갖 능력과 기억과 재능이 다 저장되어 있는데, 우리는 웬만해서 그것을 이용하려 하질 않거든요……. 내가 강조하고 싶은 것이 바로 그거예요. 우리가 잠재 의식의 힘을 끌어내는 방법만 알게 되면, 어떤 일을 완성하는 데 한계가 없어지거든요."

안젤라는 이 자기 암시의 기술로써 자신을 단련했다. 그녀는 직업인으로 나선 이후부터 자기가 도달하려는 모습의 그림을 끊임없이 마음 속에 그렸다. 그녀는 도달하려는 목표를 종이에 쓰고 또 쓰고 했다고 고백했다.

그녀는 우리들 대부분이 이용할 줄 모르는 마음 속의 창조적인 자원을 끌어낸 것이 분명했다. 잠재 의식 속에는 천재의 자원이 숨어 있는 것이다. 우리가 그 천재의 힘을 정식으로 인정하게 되면, 그것은 정신의 활동 방면으로 폭발적으로 밀고 나와 우리의 현재 의식의 능력을 능가하게 된다…….

"그러면 어떻게 잠재 의식의 힘을 뽑아낼 수 있습니까?"

"어머! 난 다른 사람의 눈에 고답적인 사람으로 보이는 건 싫어해요. 하지만 그것은 굉장히 간단한 일이죠. 누구나 자신에게 수없이 반복해서, 자기 속에 있는 창조력은 한없이 크다고만 말하면 그것으로 할 일을 다 하는 셈이 되지요. 나는 정말이지 그렇게 믿고 있어요. 지성이나 창조력이란 것은, 그것이 어떤 것이든 이 세상에 가득 차 있는 겁니다. 마치……"

여기에서 그녀는 아름다운 손들 들어 풍부한 제스처를 해 보인다.

"오, 마치 빛이나 공기처럼 말이에요. 그것은 나 혼자에만 속해 있는 것이 아니죠. 그저 거기에 있을 뿐이에요. 손댈 수 있는 사람은 누구든지 끌어가라고 말이에요. 이것은 그러나 쉽게 얻은 성공의 법칙이 아니랍니다. 대충 놀아 가면서 재미를 보란 얘기가 아니에요.

당신이 어떤 종류의 표현을 택하든, 그것을 완성하려면 힘든 일을 미친 듯이 밀고 나가야 해요. 끊임없이 기술을 쌓아야 합니다. 그것이 연극이든, 그림이든, 단순히 옷을 만드는 일이든 똑같이요. 그렇게 해야만 일단 자기 표현의 기회가 왔을 때, 당신의 잠재 의식의 힘을 불러내도 좋다고 여겨지는 시기가 왔을 때, 그것을 활동하게 만드는 좋은 도구를 갖게 되는 것이지요. 적당한 중개물을 통해서만 당신의 창조적인 충동도 표현될 수가 있어요. 아셨어요?"

그녀의 특유의 유머를 곁들였다.

"잠재 의식에 암시를 주는 방법에 대해 말씀해 주시겠어요?"

"아, 그거 말이에요? 좋죠. 당신이 막 잠들려고 할 때 당신 자신에게 말하세요. 내일은 오늘 당신이 했던 일이 더 좋아지게 하는 날이라고요. 그리고 당신이 어떤 일을 맡게 되든지 당신의 모든 능력과 배운 것의 전부, 그리고 지금은 잊었으나 전에 알았던 모든 것이 당신에게 도움을 줄 것이라고 말하세요. 하지만 이보다 더 나은 방법은, 아마도 달성된 상황을 생생한 이미지로 머릿속에 간직하고 있는 일이라고 할 수 있어요. 예를 들면, 당신이 영화에 출연하기 위한 연기 테스트를 받기로 되어 있다고 해요. 그러면 그 테스트를 이제까지 누가 한 것보다도 훨씬 뛰어나게 잘 하는 당신의 모습을 그려 보라는 것이죠.

그 역을 미친 듯이 마음 속에서 연기하란 말이에요! 당신 자신이 유명한 영화 배우 듀즈가 되시는 거예요. 또 번하츠가 되세요. 마음 속에 최고가 된 자신을 그리세요! 그렇게 하면 테스트에 나갔을 때 당신이 상상조차 못 한 좋은 연기가 술술 나오게 될 겁니다.

난 잠재 의식이 퍼스낼리티에서 정말로 극적인 요소라고 생각해요. 잠재 의식은 움직이고 노래 부르고 그림을 그리며 스스로를 표현하고 싶어해요. 잠재 의식은 무슨 일이나 하라고 요구받으면 어떻게 해서든지 잘 하기를 바라고 있답니다. 당신의 책임은 그것에 표현의 준비물을 갖추어 주는 일이죠. 그것에 기회를 주는 일이라고요. 그리고 그것과 은밀히 동맹을 맺는 일이에요……."

또 한 사람의 위대한 여성을 말하려면 《톰 아저씨의 오두막Uncle Tom's Cabin》이 어떻게 나오게 되었는가를 이야기해야 되겠다. 이 책은 H. B. 스토라는 연약한 여성에 의해서 씌어졌다는 것은 누구나 알고 있으리라.

1850년 스토 부인은 노예 제도가 얼마나 저주받은 일인가를 온 국민이 깨닫도록 뭔가를 글로 써야겠다고 엄숙한 맹세를 했다. 그러고 나서 그녀는 두 달 동안 이야기거리를 생각했으나 이렇다 할 착상이 떠오르지 않았다.

그러다가 1851년 그녀가 대학 교회에 나가 예배를 드리고 있을 때 갑자가 톰의 죽음의 장면이 머릿속에 생생하게 떠올랐다. 전해지는 말로 스토 부인은 눈물을 흘리면서 집으로 돌아가서 톰의 죽음의 장면을 썼다고 한다. 그리하여 그것을 가족들에게 읽어 주었더니 가족들도 눈물을 흘렸다고 한다.

그녀는 실제 자료를 수집하기 위해 대대적인 조사 활동을 벌였다. 그러나 막상 소설을 쓰려고 책상과 마주 대하자 그 조사한 것들이 하나도 쓸모없이 되어 버렸다고 한다. 이야기 자체가 그녀를 사로잡아 저절로 글자화되어 나갔기 때문이다.

오랫동안 묻어 두었던 기억이나 사진과 같은 선명한 인상들이 잠재 의식 밖으로 밀고 나와 거의 자동적으로 알맞은 순서로 배열이 되었다고 한다. 스토 부인이 자신의 머리로써 이들 사건이나 배경을 생각해 낸 것이 아니라, 그저 그것들이 저절로 눈앞에 나타나는 것을 보았을 뿐이었다.

그녀의 시대에는 잠재 의식이라는 것이 거의 알려지지 않았으나, 잠재 의식이 이 이야기의 원천이 되었던 것은 분명하다. 많은 사람들이 주장하는 바와 같이 남북전쟁을 일으킨 소설은 그렇게 해서 생겨난 것이다. 스토 부인은 임종 때에 이 책을 쓴 것은 자신이 아니고 하느님이었다고 말했다고 한다.

다음에 말 그대로 누더기에서 황금마차로 뛰어오른 베라 니만의 특이한 이야기가 있다.

그녀는 하나의 아이디어와 15달러로써 출발하여 크게 성공은 하였는데, 마침내 그녀의 공장을 1백만 달러에 팔라고 해도 거절할 만한 사업체를 소유하게 되었다.

1920년 남편 버나드와 결혼하면서, 그녀는 남편과 힘을 합쳐 1백만 달러 이상을 모은다는 신념을 품었다. 1백만 달러의 목표 달성에 그녀는 27년이라는 시간을 소요했다.

그런데 어떤 제약회사로부터 그녀의 공장을 1백만 달러에 팔지 않겠느냐는 제의를 받자, 이미 수중에 1백만 달러를 쥐고 있던 그녀는 이것을 한마디로 거절해 버렸다. 돈을 벌던 초창기에 니만은 가가호호 방문하여 액체 세제를 팔았던 것이다. 그리고 저녁때 집으로 돌아오면, 화학 물질을 끓이면서 페인트를 90퍼센트까지 지워 없애는 화합물을 만든 결과 성공에 이르렀다.

그녀의 생산물은 오늘날 수많은 가정 주부들에게 호평받고 있다. 단 하루도 빠짐없이 집집마다 찾아다니며 5만 명이 넘는 가정 주부들을 상대했던 니만은 좌절이라는 것이 무엇을 의미하는 것인지 너무나 잘 깨닫게 되었다. 그러나 1백만 달러를 만들고야 말겠다는 그녀의 신념이 그녀를 주저앉지 못하게 해 주었던 것이다.

도전이 전략이다

붉은 머리에 자그마한 몸매를 가진 영국 교육상, 엘렌 윌스킨은 자기의 끈덕진 의지로써 정계의 각료까지 밀고 올라갔다. 5피트도 채 못 되는 그녀였지만, 영국의 가장 몸집이 큰 지도자에게도 겁내는 법이 없었다.

그녀는 원래 학교 교사였다가 여성 참정권론자가 되었고, 이어 소설가를 비롯해 신문사 주필로서 활약하다가 마침내 각료가 되기까지, 몹시 어려운 경력을 거쳐 왔다고 전해진다.

온 영국 땅에서 그녀만큼 활동적이고 머리를 많이 쓴 여자도 없다고 많은 사람들은 평한다. 아마도 그녀의 가장 큰 공헌은 의무 교육을 마치는 나이를 14세에서 15세로 끌어올린 운동이었을 것이다. 동료 각료들의 막강한 반대에다가, 영국의 산업이 젊은 노동력에 대한 수요가 컸음에도 불구하고 그녀는 마침내 이 싸움에서 당당하게 이기고야 말았던 것이다.

유명한 라듐 발견자인 퀴리 부인은 어려서 폴란드의 바르샤바에서 자랄 때, 한 늙은 집시 여자로부터 앞으로 유명한 여자가 될 것이라는 말을 들었다. 전해지는 얘기로는 이렇다.

마자 스클로도프스카 ^{훗날의 마리 퀴리}가 친구들과 놀려고 뛰어가는데, 어떤 집시 노파가 그녀를 멈추어 세우더니 손바닥을 내보이라고 했다. 다른 아이들은 집씨 노파에게 손바닥을 내보이지 말라고 했으나, 그 노파는 조그만 손을 꼭 움켜잡아 펴보고는 예사로운 손금이 아니라고 흥분하여 떠들어대면서, 장차 틀림없이 유명한 사람이 될 거라고 단언했다.

우리가 모두 알고 있는 바와 같이 퀴리 부인은 현대의 가장 유명한 여성 중의 한 사람이 되었다.

우리 주위의 신비로운 물리 현상의 배후에 존재하는 방사능이라고 알려진 것을 찾고자 하는 욕심이 마리 퀴리와 그녀의 남편 피에르 퀴리를 열정적으로 이끌어 갔으며, 드디어 세기적인 라듐의 발견을 하기에 이른 것이다.

과연 그 늙은 집시 점쟁이의 말이 퀴리 부인에게 용기를 주었고, 그녀의 경력에 영향을 주었는지 어떤지는 알 길이 없다. 그러나 우리가 그녀의 전기를 읽어 보면, 결론이 다른 데로 갈 수가 없다. 왜냐 하면 퀴리 부인은 이미 어린 소녀였을 때, 과학자가 되겠다고 결심을 굳혔기 때문이다.

그러나 크라스코바 대학은 그녀가 여자라는 이유로 과학 지망을 탐탁하게 여기지 않고 입학을 거절했다 서기는 그녀에게 여자는 과학을 공부하는 것보다 가정과로 들어가도록 말했다는 것이다. 그래서 그녀는 파리로 건너가 소르본 대학에 입학했다.

거기에서 그녀는 실험실에서 일하고 가르치며 생계를 유지해 나갔다. 그녀가 피에르 퀴리를 만난 것도 그 곳에서였다. 그리하여 그와 방사능 탐구에로 향한 공동 작업을 시작하자, 그 무엇도 그녀를 말릴 수가 없었다.

두 딸을 가진 그녀는 가사를 돌봐야 했고, 딸이 아플 때는 간호도 해야 했다. 그러나 그녀는 실험실의 연구를 포기하지 않았으며, 남편의 애원도 뿌리치고 자신의 신념을 굳게 세웠다. 드디어 집시 노파가 예언한 대로 그 어린 소녀는 유명한 여성이 되었으며, 그녀만큼 높은 명성을 얻은 여성도 드물 것이다.

전세계는 간호라는 사업에 있어서 플로렌스 나이팅게일의 덕을 크게 입고 있다. 나이팅게일은 최초로 효율적인 방법을 사용하여 수천 명의 인명을 살렸고, 간호사란 직업을 오늘날 공인되고 있는 바와 같은 수준으로 끌어올린 장본인이다.

그녀는 아프거나 다친 사람을 돌보고자 하는 큰 열정을 어릴 때부터 품고 있었다. 그러나 그녀가 이 큰 일을 맡고 나설 무렵에는 간호라는 것이 아직 직업으로서도 인정되지 않던 때였다.

그녀는 영국에서도 부유한 상류층 집안에서 태어났다. 그녀는 독일 플리드너에 있는 간호 학교에 입학, 복도 바닥을 닦는 일부터 시작했다. 얼마 후 그녀는 복도를 닦을 뿐만 아니라, 상처에 붕대를 감을 수도, 환자를 격려하여 희망을 심어 줄 수도 있다는 것을 보여주기에 이르렀다.

그녀 역시 주위의 심한 반대에 부딪쳤다. 그러나 자기의 타고난 운명에 무엇인가를 깨닫고 있던 그녀에게 그러한 반대는 문제가 되지 않았다. 그녀는 완고한 신앙가를 싫어했으며, 모든 사람은 신앙·피부색·이념의 차별 없이 돌봐주어야 한다고 믿었다.

크림 전쟁 때 영국 육군성의 남자들은 플로렌스 나이팅게일이 벌이는 사업에 코방귀를 뀌면서 그것이 실패로 끝날 것이라고 조소했다. 그들은 마지못해 '무모한 처녀'가 하는 대로 내버려두었다.

나이팅케일은 자기 재산을 털어 개인적인 간호 부대를 조직하여 스쿠터리로 갔다. 거기에서도 병원 일을 맡은 장교들은 여자들이 끼어드는 것을 원치 않았으나, 그녀는 개의치 않았다. 이 '현대 간호학의 창시자'의 지도하에 여성들은 병원 일을 온통 도맡아서 분주하게 일하기 시작했다. 그녀가 크림에 머물러 있는 동안, 그녀는 반대하는 무서운 힘들과 끊임없이 대항해야 했다.

대영제국의 가장 유력한 몇몇 정치가도 이 전대미문의 여성들의 사업을 비웃었고, 그녀들의 개혁을 중지시키기 위해 온갖 수단과 방법을 다 썼다. 그러나 그녀가 부쳐오는 편지마다에는 어떤 엄청난 힘으로 넘쳐 있었다.

마침내 고국의 사람들도 하나 둘 눈을 뜨게 되었고, 그녀를 찬양하게 되었다. 82세의 나이에 나이팅케일이 병석에 눕게 되어 간호사가 그녀를 침대에 눕히면, 그녀는 자꾸 일어나 앉아 간호사가 또다시 침대에 눕혀 주었다는 일화가 있다. 90세 때 그녀가 죽기 직전 한 친구가 그녀에게 지금 어디에 있는지 아느냐고 물었더니 그녀는,

"난 지금 살해된 사람들의 제단을 바라보고 있어요. 그분들의 억울함을 풀기 위해 싸울 거예요."

라고 말했다고 한다.

신념에서 나오는 마력

위에서 든 몇 개의 예에서 우리는 여성이라는 '연약함'을 과감히 벗어던지고, 마음을 움직이는 기술적인 활용으로써 위대한 성공을 거둔 예를

보아 왔다.

잠재 의식의 힘은 남자의 이익을 위해서 활용될 수 있을 뿐 아니라, 여자를 위해서도 마찬가지로 유용하다. 어느 편이나 다이내믹한 신념의 힘을 활용하면 된다.

앞서 여러 번 지적한 바와 같이 현재 의식이 하고야 말겠다는 의지를 잠재 의식에게 믿고 건네준다면, 잠재 의식은 그 사람의 욕망을 실현하기 위해 즉각적으로 행동에 착수하게 되며, 마침내는 상상을 초월한 놀라운 결과를 가져오게 된다.

현재 의식과 잠재 의식의 이런 새로운 협력에 의해서 당신은 생명과 행복에 절실히 필요하다고 느끼는 것들을 얻게 된다. 또 당신이 아무리 오래 살더라도 자기는 무한히 발전하고 있다는 믿음을 생생하게 지킬 수가 있다.

잠재 의식은 직관의 자리인 동시에 커다란 힘의 저장고이며, 마르지 않는 자원이라는 것을 명심하라. 이들 자원은 그것을 요구하면 요구할수록 더욱 많은 것이 당신의 처분에 맡겨진다.

잠재 의식에는 나이가 없다는 것도 기억하라. 그것은 결코 늙는다거나 지칠 줄 모른다. 당신은 그것에 온 생애를 의지할 수 있다. 그 때 당신에게 필요한 유일한 것은 신념의 힘이다. 진실하고 강하고 완전하게 그것을 믿어야 한다. 잠재 의식이 일단 당신의 메시지를 수리하여 당신의 희망과 욕망을 이해하게 되면, 당신의 욕망이 만족되고, 당신의 대망이 이루어지는 것은 그리 어렵지 않는 일이 된다.

두말할 것도 없이 앞에 제시된 여성들은 이 과학의 힘을 써서 성공했다. 그러나 나는 이 책의 여성 독자들에게 위대한 여성들의 똑같은 두 개의 마음을 가지고 있다는 것을 분명하게 말해 주고 싶다. 그것은 현재 의식과 잠재 의식이다. 그리고 그 둘을 통해서 그녀들은 성공할 수 있었다는 것을 알리고 싶다. 이것은 모두 신념의 문제이며, 두 마음의 협력의 문제이다. 신념에서 나오는 마력은 진실이다. 그것은 가장 성공한 사람들의 체험에서 증명된 것이다. 이제는 당신의 삶에서 그것이 증명될 수 있으리라, 당신 자신의 신념에 의해서.

프로이트 심리학 해설
S.프로이트 / C.G.홀

마음의 행로를 찾아 나서는 이들을 위하여, 인간과 그 심리 세계를 탐구하려는 이들을 위하여 인간 심리의 틀을 밝혀 주는 프로이트 심리학의 해설서.
인간이 인간답게 살아갈 수 있도록, 심리학에 입문할 수 있도록 인도하는 최고의 해설서.

정신 분석과 유물론
E.프롬 / R.오스본

인간의 정신을 의식·무의식의 메커니즘으로 파악하는 프로이트 사상과 철저한 일원론적 자세로 설명하는 마르크스 사상이 어떻게 영합하며, 어떻게 상반되며, 그리고 무엇을 문제로 빚는가를 사회 사상적 입장에서 논한, 우리 시대 최대의 관심사에 관한 해설서.

융 심리학 해설
C.G.홀 / J.야코비

인간의 깨어 있는 의식의 뿌리를 캐며, 아득한 무의식 속에 깊숙이 감춰 있는 세계까지 탐색하고, 그 심대한 체계를 세운 융 사상의 깊이와 요체를 밝혀주는 해설서. 무한한 세계까지 헤아리는 융 심리학의 금자탑. 그리고 인간 생활에서의 실제와 응용을 명쾌하게 설명해 주는 최고의 입문 참고서.

인간의 마음 무엇이 문제인가?(1)
K. 메닝거

현대 정신 의학의 거장 메닝거 박사가 이야기하듯 밝혀 주는 인간 심리의 미로, 그 행로의 이상(異常)과 극복의 메시지. 소외와 불안과 갈등과 알력과 스트레스 속에서 온갖 마음의 문제를 안고 사는 이들의 자아 발견과 자기 확인 및 정신 건강을 위한 일상의 지침서.

무의식 분석
C.G. 융

프로이트의 〈정신 분석의 입문〉과 쌍벽을 이루며, 또 누구도 따를 수 없는 독보적인 폭과 깊이를 담고 있는 융의 '무의식의 심리학'에 관한 최고의 걸작. 인간의 정신세계에의 연구에 있어서 끝없는 시야를 제시하는, 그리고 미지의 무의식 세계를 개발하려는 융 심리학의 핵심 해설서.

인간의 마음 무엇이 문제인가?(2)
K. 메닝거

제1권에 이어 관능편·실용편·철학편 등이 실려 있는 메닝거 박사의 정신 의학의 명저. 필연적으로 약점과 결점을 지닐 수밖에 없는 인간의 마음에서 빚어지는 갖가지 정신적 문제들에 대처할 수 있는 메닝거식(式) 퇴치법이 수록되어 있다.

프로이트 심리학 비판
H. 마르쿠제 / E. 프롬

인간의 정신세계의 틀을 제시하는 프로이트 사상의 근거와 사회적 영향을 검토하고 검증하려는 비판서(이 책을 통하여 우리는 프로이트 심리학의 출발과 실제와 한계를 생각할 수 있다). 우리가 프로이트 심리학에 무엇을 기대하며, 무엇을 문제시해야 할 것인가를 말해 주는 명저.

정신 분석 입문
S. 프로이트

노이로제 이론에 있어서 새로운 영역을 개척함과 아울러, 거기에서 획득할 수 있는 혜안과 견해를 프로이트는 스물여덟 번의 강의에서 총망라해 다루고 있다. 인간의 외부 생활과 내부 생활과의 부조화로 인해 빚어지는 갖가지 문제점들이 경이롭게 파헤쳐지는 정신 분석의 정통 입문서.

아들러 심터학의 해설
A.아들러 / H.오글러롬

프로이트의 본능 심리학과 융의 심리학과 함께 꼭 주지되어야 하는 것이 아들러의 개인 심리학이라고 볼 때, 그 개인 심리학이 논구하여 설명하려는 개개인의 의식 세계를 또 다른 시각으로 설파해 주는 해설서. 개인의 의식 세계에 대한 간결하고도 이해하기 쉬운, 이 시대 최고의 저술.

꿈의 해석
S. 프로이트

꿈이란, 어떤 형태의 것이든 소망 충족의 수단이며, 꿈을 꾸는 사람은 그 자신이면서도 현실의 자신과는 완전히 단절되어 있다는 꿈의 '비논리적' 성질을 예리하게 갈파해 주는 꿈 해석 이론의 핵심 입문서이며, 프로이트는 자신의 명성을 전 세계에 드높인 이 시대 최고의 명저.

숙명과 운명을 우연으로만 체념하고
그에 순응해야 할 것인가!

주역과 명리학 등을 바탕으로 한
이해하기 쉽고, 명확한 작명법!

성공하는
이름 짓는 법

청암 곽동훈 지음 / 327쪽 / 정가 21,000원

이 책에서는 사주와 함께 쉽게 이름 짓는 법과 한글식 이름,
그리고 상호를 짓는 법을 수록하였으며, 대법원에서 확정 고시한
인명용 한자 중 중복 한자와 오자를 삭제하고
전체를 수록한 국내 유일의 성명학 책이다.

인생을 살아가는 최상의 방법은
물의 속성과 같이 살아가는 것이다.

현재의 시련과 고통을
극복할 수 있는 지혜서!

곽동훈의 주역

청암 곽동훈 역해 / 686쪽 / 정가 45,000원

운명이란 우리가 알지 못하는 현실의 부재 속에서
예측하기 힘든 곳으로 흘러가는 것은 항다반(恒茶飯)이다.
주역은 이러한 흐름을 파악하여 삶을 좀더 영위롭게 하기 위해
꼭 필요한 학문이라 할 수가 있다.